藏书家

主编／宫晓卫　执行主编／韦力

第13辑

齊魯書社

图书在版编目(CIP)数据

藏书家·第13辑/齐鲁书社编.—济南:齐鲁书社,2008.1
ISBN 978-7-5333-1915-1

Ⅰ.藏… Ⅱ.齐… Ⅲ.藏书—文集 Ⅳ.G253-53

中国版本图书馆CIP数据核字(2007)第182284号

藏书家·第13辑
齐鲁书社 编

出版发行 齐鲁书社
社　　址 济南经九路胜利大街39号
邮　　编 250001
网　　址 www.qlss.com.cn
电子邮箱 qlss@sdpress.com.cn
印　　刷 山东新华印刷厂
开　　本 680×980/16
印　　张 12.625
插　　页 2
字　　数 178千
版　　次 2008年1月第1版
印　　次 2008年1月第1次印刷
标准书号 ISBN 978—7—5333—1915—1
定　　价:17.00元

目 录

一。扉叶题书名，次李维钧题序，或附传状。目次。计《苻溪诗集》四卷，嘉兴梅会缪泳潜初撰。卷首一卷，李序外有缪先生墓志铭，同学弟李绳远撰。朱彝尊撰序。十二行，二十三字。白口，左右双边。以下诸集版式并同。

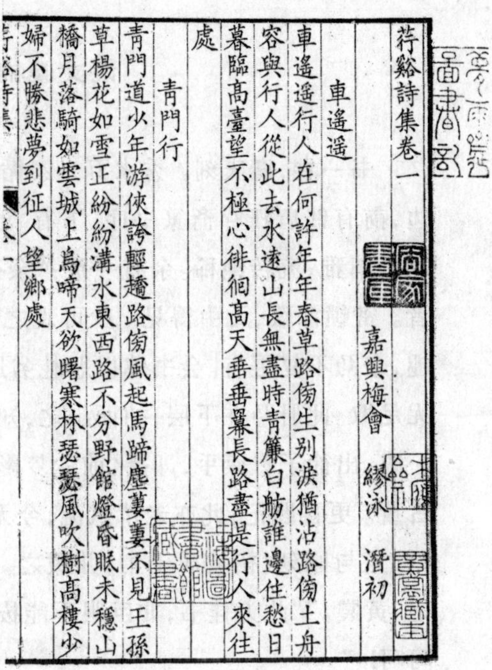
苻谿詩集卷一

嘉興梅會　繆泳　潛初

車遥遥

車遥遥行人在何許年年春草路傍生别淚猶沾路傍土舟容與行人從此去水遠山長無盡時青簾白舫誰邊住愁日暮臨高臺望不極心徘徊高天垂垂羃長路盡是行人來往處

青門行

青門道少年游俠誇輕趫路傍風起馬蹄塵萋萋不見王孫草楊花如雪正紛紛溝水東西路不分野館燈昏眠未穩山橋月落騎如雲城上烏啼天欲曙寒林瑟瑟風吹樹高樓少婦不勝悲夢到征人望鄉處

《渔庄诗集》一卷，嘉兴梅会屠焯昭仲。首有李序，受业世侄朱愿为题词。

《演溪诗集》一卷，嘉兴梅会徐在皆山。李序外有李介复题词。

《道南堂诗集》四卷，嘉兴梅会李琇琢亭。李序外有康熙己卯同学弟周家耀旧序，钱来修序，侄符题词。

《花南老屋诗集》五卷，嘉兴梅会李符耕客。李序外有康熙戊午徐乾学旧刻香草居诗集序。按符康熙二十八年卒于福州，墓表但云暴卒，沈西雍诗话记其死事甚诙诡，为清初一疑案。

《嬾人诗集》一卷，嘉兴梅会蔡耀远士。李序外有金介复题词。

按：余初得嘉业堂本苻溪诗，后更得残卷存六种，以苻溪诗复出，遂易去。今在社会科学院图书馆。有见之者，为文记于报端。为妄人所见，造为浮词，且旁及郑西谛，见者失笑。此集传本甚稀，刻于康熙季年，作者皆嘉禾诗人，所存清初故实皆堪珍重。刻复精雅，清初佳椠也。丁亥五月初十日记，黄裳。

说文凝锦录

书一卷，嘉庆刻。秀水万光泰循初撰。十行，二十字。白口双边，前有钱唐汪存斋篆书序，下有“瀛波”“存斋”二印，又江衡序。刊刻精雅，流转绝稀。余有一跋：“余久不买书，书肆亦不以书应读者。密锁深藏，无由得见。少可观之册，皆入图书馆。冷摊负手之趣，今乃不复更有。会书肆以恶札劣册，陈于外架。少过而检之，皆无足取。此册乃在下层，抽而出之，知为原刻佳本，颇令心喜。前有一跋，出徐子晋康手，即撰《前尘梦影录》者。设肆吴下，颇有异书古董。更喜题记，此亦老辈风流，今无之矣。此为嘉庆丁巳泽经堂刻，当与原刻《柘坡居士集》并藏之。癸卯灯节前三日，严寒拥炉记。黄裳。”“此为佳书，非巨眼不能拔之出于丛残之中。重阅再跋，呵呵！”

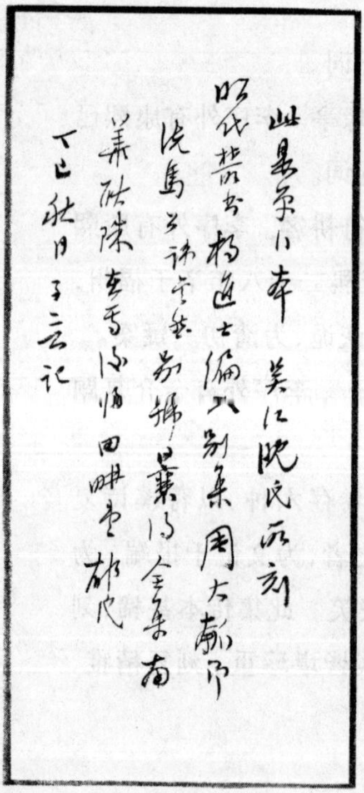
此是單行本 吴江沈氏所刻
昭代叢書楊進士編入別集周大瓠即
洗馬公諱金然別號曩得全集南
華映珠在焉后歸田畊堂郁氏
丁巳秋日子云记

徐氏跋云，“此是单行本。吴江沈氏所刻。《昭代丛书》杨进士编入别集，周大瓠即洗马公讳金然别号。曩得全集，《南华映珠》在焉。后归田畊堂郁氏。丁巳秋日，子晋记。”

徐子晋为书肆中老辈，撰有笔记，江建霞为刻之。所记过手名物多奇秘，如记柳如是集稿本之踪迹，皆人间未见之书。柳是《湖上草》及《尺牍》，皆子晋赠旧山楼赵氏者。又如金冬心墨“五百斤油”，世多赝品，惟渠曾见真品残笏。凡此莫非人间奇秘，俱在《前尘梦影录》中。

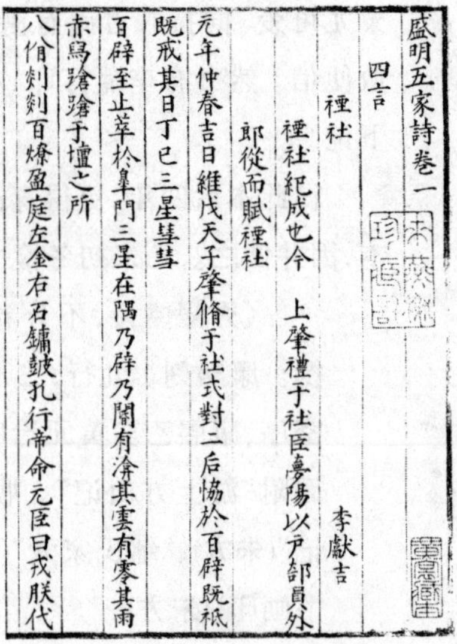

盛明五家詩卷一

四言

禋社　　李獻吉

禋社紀成也今　上舉禮于社臣夢陽以戶部員外

郎從而賦禋社

元年仲春吉日維戊天子肇脩于社式對二后協於百辟既祗

既戒其日丁巳三星彗彗

百辟至止萃於皐門三星在隅乃辟乃闔有渰其雲有零其雨

赤烏蹌蹌于壇之所

八佾剡剡百燎盈庭左金右石鏞鼓孔行帝命元臣曰戎朕代

盛明五家诗

癸巳春日，收此四明陆氏写本诗一册，写手精妙，大可爱玩。黄裳。

此明人皮纸蓝格钞本一册，甬估林集虚挟来沪上售余者。写手精雅，重是甬上藏书旧家，聊复收之。陆宝号中条先生，居月湖西畔，宅有双桂，蟠结如井，故至今其地犹名桂花井。去天一阁甚近，去冬余客四明，曾过其地，访故友陈氏旧居，小驻月湖之滨，以是见此不欲弃去也。宝撰有《甬东诗括》，国难作，倾家输饷，披发入山。藏书四散。全谢山得其宋板开宝、宝庆四明二志，世间绝无之书也。会将携故籍去吴下装池，重检此册，爰记得书始末，距收此已将一年矣。癸巳十一月初六日，裳。

《盛明五家诗》，明皮纸蓝格钞本，十行，二十四字。白口单边，板心有“月湖陆氏家藏”六字。

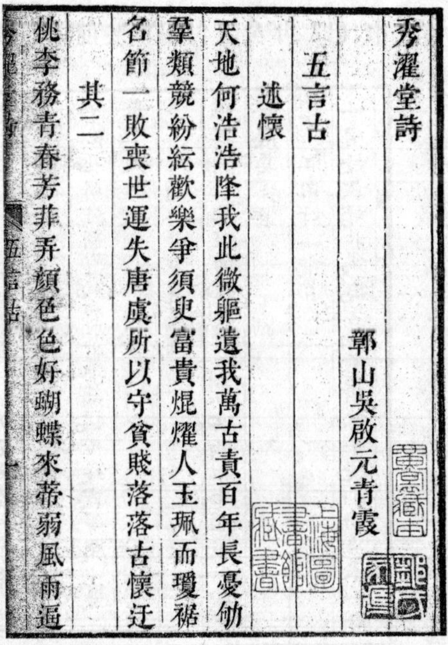

秀濯堂詩

鄮山吳啟元青霞

五言古

述懷

天地何浩浩降我此微軀遺我萬古責百年長憂劬

羣類競紛紜歡樂爭須臾富貴焜燿人玉珮而瓊裾

名節一敗喪世運失唐虞所以守貧賤落落古懷迂

其二

桃李務青春芳菲弄顏色好蝴蝶來蒂弱風雨逼

秀濯堂诗

此吴青霞诗集，石麒今日携来售余。为邹俪笙故物。康熙原刻，抚印甚初。年来见此种清初人别集必收之，似较明桨尤可爱。同持来者尚有滂喜斋藏松雪斋文集二册，云是元板，未敢便信。然书有李蒲汀印，亦是名迹也。壬辰春分后一日，夜窗灯下记。

得此本后四年，更得青霞《万石山房词》一卷，亦康熙中精写刻本，因并储之。乙未初冬检书记。黄裳。

《秀濯堂诗》不分卷，以诗体各为起讫。鄣山吴启元青霞撰。康熙刻。九行，二十字，白口，左右双边。康熙辛未成都费密序，康熙乙亥黄元治序，康熙丙子汪士鋐序，康熙己巳自序。后附"游上方山记"。收藏有"俪笙珍口"(白方)、"邹俪笙读书记"(朱方)、"邹氏家藏"(白方)、"俪生重阅"(朱方)、"保艾堂家藏书画印"(朱方)。

按：此邹俪笙藏书。海宁人，字存淦，筑室杭州白莲花寺前，名勤艺堂，亦号师竹楼主人。客居越中，有客居所居堂，在山阴斗门镇。曾撰《修川小志》，即故乡长安镇志也。子寿祺，字适庐。存淦咸同间人，至光绪戊戌犹存，年正七十。劫中藏书散于杭州。周作人曾由杭城旧肆搜罗得多种，为文记之，并辑其藏书题识。此本得于沪市，已二年矣。付工重装前记。癸巳残腊。

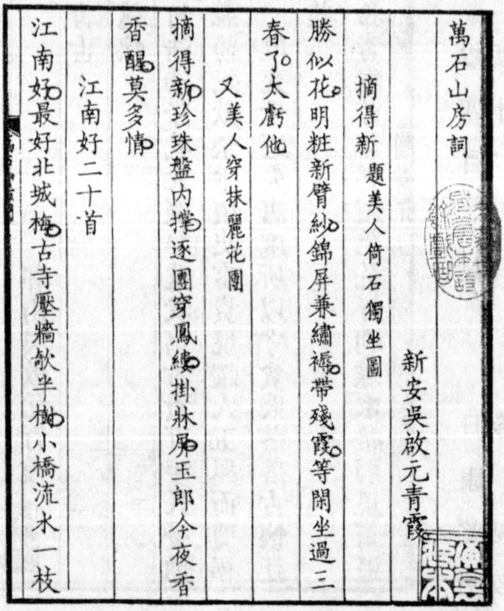
萬石山房詞
新安吳啟元青霞
摘得新 題美人倚石獨坐圖
勝似花明粧新臂紗錦屏兼繡褥帶殘霞等閑坐過三
春了太虧他
又美人穿抹麗花圖
摘得新珍珠盤內撐逐團穿鳳縷掛牀屏玉郎今夜香
醒莫多情
江南好二十首
江南好最好北城梅古寺壓牆欹半樹小橋流水一枝

万石山房词

书一卷，新安吴启元青霞撰。康熙精写刻本。十行，二十一字，白口，左右双边。前有"康熙辛巳梁溪同学弟王一元题于燕山寄园之无波艇"序。康熙乙丑自序，目录。收藏有"吴兴陆氏□平父所藏书"

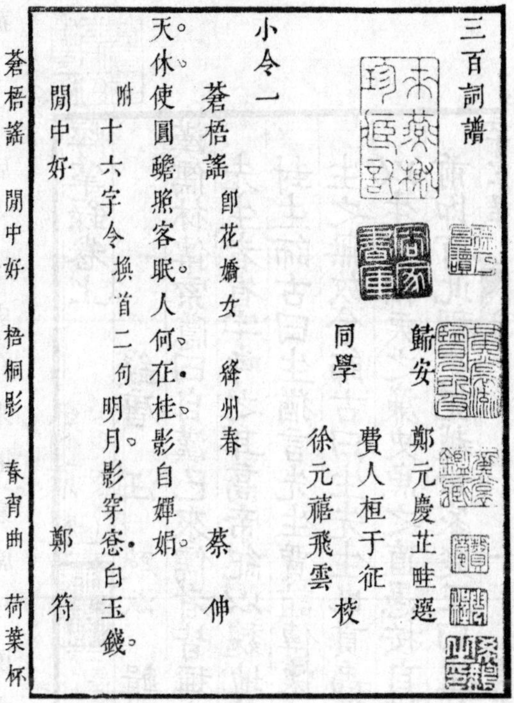
三百詞譜
歸安　鄭元慶芷畦選
同學　費人桓于征　徐元禧飛雲　校
小令一
蒼梧謠　郎花嬌女　絳州春　蔡伸
天。休使圓蟾照客眠。人何在。桂影自嬋娟。
附十六字令換首二句明月影。穿窗白玉錢。
閒中好　鄭符
蒼梧謠　閒中好　梧桐影　春宵曲　荷葉杯

(朱文方印)、“归安凌氏鸿术堂藏书记”(朱文长印)。此册甲辰十一月收于徐绍樵乱书案上,余肆力收诗馀旧本,康熙中刻有五十馀种,此其一也。书前有王一元序。一元有《岁寒咏物词》,亦康熙刻,极精,前有作者名印,则得之林子有家者。

三百词谱

此三百词谱上下册,南陵徐氏旧藏。石麒携以示余。书极罕见,诸家目皆无之。即收得之,并记岁月。庚寅六月初四日晚窗记。时金风送爽,暑退凉生矣。

此徐积馀所藏词集善本之一,得之经岁。近始命工重装。其家书每喜衬以素纸,裱成帐册,最是恶事。乃一一拆去之,装成两册,觉楚楚多矣。癸巳正月廿二日,小雁题记。

《三百词谱》上下册,归安郑元庆芷畦选。康熙刻,九行,二十字。白口,每半叶作单阑套边。康熙己巳郑元庆序,次“征新声谱逸词启”。次例言,凡五叶,次目录,凡分六卷;其卷六则词韵也。收藏有“南陵徐氏”(朱文界格方印)、“徐乃昌读”(朱方)。

焠掌录

“嘉庆甲戌二月,录十数条入《道听录》,杭氏序识之。余谓此书胜于杭氏所为文选□□□□多矣。谓察而不惠、辨而无用,非也。雕

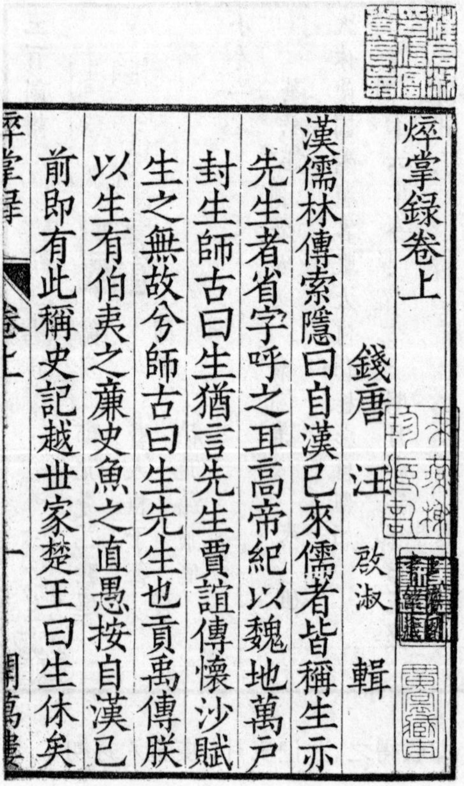
焠掌録卷上
錢唐 汪 啟淑 輯
漢儒林傳索隱曰自漢巳來儒者皆稱生亦
先生者省字呼之耳高帝紀以魏地萬户
封生師古曰生猶言先生賈誼傳懷沙賦
生之無故兮師古曰生先生也貢禹傳朕
以生有伯夷之廉史魚之直愚按自漢巳
前即有此稱史記越世家楚王曰生休矣

菰楼主人记。”

“嘉庆五年四月浴佛前二日，得于郡城市中。是日午后大雨。江都焦循记。”

“壬戌秋七月，又阅一过。丁卯秋七月。是书考证经史简授，颇资于学者之参订。在近年新出诸说之上。秀峰来扬，访江都汪容甫明经，见面两相争詈。尝饮于汪比部家，擎杯忽大恸，举座为之罢席。亦奇士也。焦循记。”

癸巳十月廿三日，枕上读《文禄堂访书记》，录里堂三跋。王晋卿余见之北京。好谈板本而不识文义。“访书记”著录佳本无数，而往往有误字。篆文亦每不能辨，甚可惜也。《焠掌录》一乾隆刻耳，以里堂数跋而收之，眼光可佩服也。杭氏以老师宿儒为后生撰序，言大而夸，其言曰，“钱唐汪君秀峰，年少而气锐，发箧而探索之。其高者远者，故嗛嗛以有待，而特比切其事，危疑其论，以求前哲之间，得毋傲与啧与？嵬且琐与？甚察而不惠、辨而无用，多事而寡功与？……”大言厉斥，秀峰一字不易，刊之卷耑，亦属难能；宜里堂之有后言也。此书刻甚精而流布绝稀，其《水曹清暇录》亦稀见，余箧中俱有之。至印谱特稀有，余只有《集古印谱》及它一二小种耳。又于厂肆得旧青田佳石，为丁钝丁刻赠秀峰者；因钤之卷首，以为纪念。黄裳。”

《焠掌录》上下卷，钱唐汪启淑辑。乾隆刻。八行，十七字。白口；左右双边。板心下有“开万楼”三字。前有仁和杭世骏序。

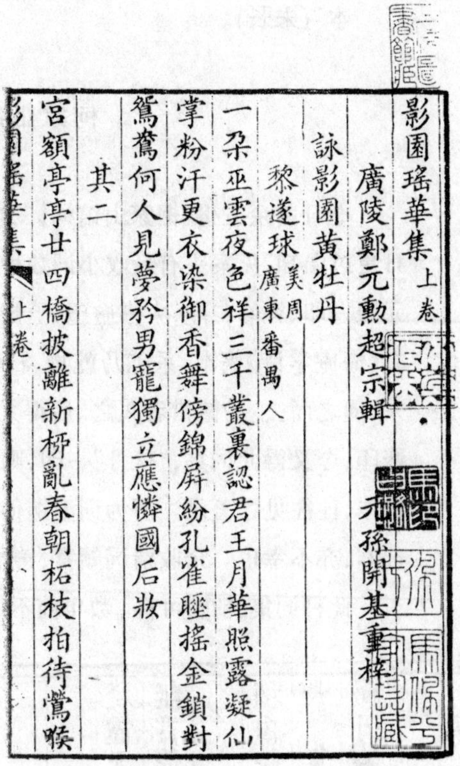
影園瑤華集上卷
廣陵鄭元勳超宗輯　元孫開基重梓
詠影園黃牡丹
黎遂球美周廣東番禺人
一朶巫雲夜色祥三千叢裏認君王月華照露凝仙掌粉汗更衣染御香舞傍錦屛紛孔雀壓搖金鎖對鴛鴦何人見夢矜男寵獨立應憐國后妝
其二
宮額亭亭廿四橋披離新栁亂春朝柘枝拍待鶯睽
影園瑤華集　上卷

影园瑶华集

今日过市，于书店架上见此书二册，此册前有马佩兮藏印；另册为竹纸印本，前无杭序而有牧翁旧序一通，题“崇正庚辰”，因并得之。此秘册也，而一日之间得遇二本，同一板片而序不同，当禁网渐密，钱氏文字多遭禁毁，遂不得不弃钱而取杭也。影园黄牡丹诗案本由牧斋品定甲乙，钱之撰序事属当然。今以杭代钱，岂料大宗长序中昌言超宗死国难，美周毁家纾难，毕命虔州。牡丹诗会与顾阿瑛之玉山情事大异，鬼雄国殇，呼之欲出。慷慨言之，绝无顾忌，可见此老腹中块垒，藉此而发。龚定庵为作“逸事状”，旁敲侧击，以见其人；得此一序而大宗心事毕现矣。两本之异，板本学之细事也，而有关国政士风，有如此者。丙申腊尾，黄裳记。

六年前群书尽去，近始少少归来，此册先至，牧翁序本尚滞留未还，漫阅记之。闰六月十二夜窗当风书，黄裳。

《影园瑶华集》三卷，广陵郑元勋超宗辑，元孙开基重梓，乾隆刻。九行，二十字。白口，左右双边。前有乾隆二十八年仁和杭世骏序，后有五世孙开基跋。卷尾双行牌记：“乾隆二十七年九月重刊”。收藏有“马印曰璐”(白方)、“佩兮”(朱方)、“马佩兮家珍藏”(朱长)、“南斋秘笈”(朱方)、“南斋读本”(朱长)。

柯家山馆词

七日前余方得《柯家山馆词》三卷于旧肆，意颇快。惟无补逸。今日更过温知，见案头有新收小词数种，少翻阅之，此本原刻初印，且有元照一印、香修二印，大喜逾望，亟挟之归。书缘之美，如何可言。九能有《悔庵学诗》稿本，系陈乃乾物，石麒持以见示，方议价而赵斐云南来，攫之而去。为憾惜者久之。后得九能手写诗词小笺数十通，皆钤香修印，今又得此词集，“秋月”一印，则前所未见者也。九能喜藏书，多善本，往往见之著录。所为词温婉俏丽，为清词名家，而无识者，不入选本，亦不幸也。余收清词颇富，善本亦夥，此本足当白眉。

此种词集，精整可喜。数年前不以为意，今则不可更遇矣。徐球集亦曾收得一本，后亦附词，皆罕遇难求之册也。重阅更书。甲辰春日，记于来燕榭中。

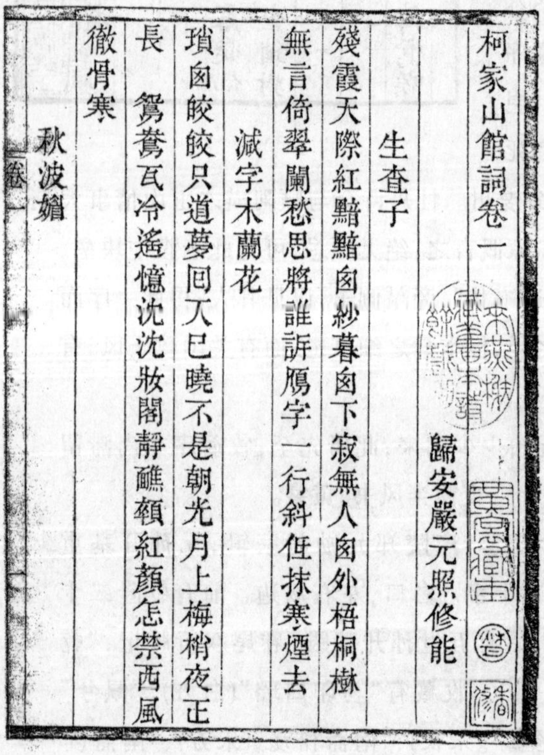
柯家山館詞卷一
歸安嚴元照修能
生查子
殘霞天際紅黯黯囪紗暮囪下寂無人囪外梧桐樹
無言倚翠闌愁思將誰訴鴈字一行斜任抹寒煙去
減字木蘭花
瑣囪皎皎只道夢回人已曉不是朝光月上梅梢夜正長
鴛鴦瓦冷遙憶沈沈粧閣靜醮頓紅顔怎禁西風徹骨寒
秋波媚

“半生负气不相服，晚悔新词向我夸。闻说小红犹未嫁，春风泣损马塍花”。附诗注，“严九能上舍与余论诗，各不相下。及来梁溪，卧病半载，数来招余，曰，“向不服君，乃负气耳。”因出词稿，属余点定以付刊焉。九能有姬人香修，绝爱怜之，故末句云尔。”右锡山顾蒹塘翰感旧诗之一，在《拜石山房诗集》卷七中。此集卷三有与蒹塘唱酬词，即客梁溪时作。偶检顾集得之，附记卷尾。乙巳十月初一日，黄裳记。(此跋在卷二尾。)

此数页原夹于书中，今装于卷末。辛酉除夕，爆竹声中检书及此，因记。黄裳。

《柯家山馆词》三卷，附补遗。归安严元照修能。嘉庆刻。十行，二十一字。白口，左右双边。扉叶大书书名，又“嘉庆癸酉初夏”、“九十一翁梁同书题”。有嘉庆癸酉德清徐球序。次目录。卷三尾有徐球识语，在甲戌二月。补逸仅四叶，后有丁丑中秋徐球识，略云，“今岁孟夏，复检甲戌剩稿，付球缮写。球既报命，而居士病剧，竟不起。”补遗卷上有旧人题语，“前三卷有修能及张香修印，乃修能曾寓目者。此卷原粘附于后，修能不及见矣。”收藏有“元照之印”(白方)、“秋月”(朱圆)、“香修”(朱方)三印。

纸尾草(二)

范景中

心孺诗选

此残本《心孺诗选》，雍正间刊刻，存《东池集》、《薄游集》、《曹江鸣》初次后三集、《戊己集》，共六卷，清傅仲辰撰。仲辰字苍野，又字心孺，生于康熙十三年，卒年不详，六十岁尚在世。山阴人，诸生，尝官山左，书中《茌山集》、《观海》初次集、《萦浦》初二三四集，皆在山左时诗，惜此残帙不存山左诸集，仅由目录子目得知。书非名作，又非全本，快然惬余心者，盖卷中《姑苏善摹西洋画，舟次随友人选购数种》一诗也。其所咏疑为桃花坞年画，或有益于画史，其诗则对西洋透视画法放笔赞美，与张浦山“非雅赏”、邹小山“无笔法”之论大异，与卷中《题高观察指头画卷后》、《观刘生泼墨》诸诗旨趣亦迥然不侔，视《独漉堂》、《笛渔小稿》所题洋画则珍贵有加。推想其人，殆一不斤斤于地域门派所囿之士。余留心裒辑明末清初文人论西洋透视画之诗久矣，二十年来，所得仅此，亟手录如下，以当于今日稽古典学之实义：“西洋绘事好结撰，欣赏须当具只眼。独开生面析毫芒，要以尺寸深筹算。峥嵘台榭望玲珑，木石参差分界限。高下方圆总不淆，阴阳向背亦善变。睥睨何异剥蕉心，层层入胜逾宽展。衣衫蕴藉器精良，位置都宜非苟简。岂惟万态穷自然，还俾虚影随形显。从众且分买棹钱，长绡短幅颇拣选。归悬素壁生光辉，仿佛此身游宛转。无劳运甓数花须，侧目凝神求汗漫。"

诗见于卷二《薄游集》,从卷前吴诗成序考知,当作于康熙年间,为文人歌咏透视法之最早文献,可与魏叔子《跋伯兄泰西画记》并观。方其时,皆径庭之辞也。

雍正七年,年希尧以郎世宁所贻书数种,参详折衷,造成板本,是为《视学精蕴》。越数年,又以《视学》授梓,附图愈精,以资当世,俾学者显白观之,定点引线之法始为中华所深知。所谓视学者,即*perspectiva artificialis*之法也,诚如年氏所云:其尽物类之变态,一得定位,则蝉联而生,虽毫忽分秒,不能互置;然后物之尖斜平直,规圆矩方,行笔不离乎纸,而其四周全体,一若空悬中央,面面可见。至于天光遥临,日色旁射,以及灯烛辉映,远近大小,随形呈影,曲折隐显,莫不如意,盖一本乎物之自然,而以目力受之,犁然有当于人心,然后知视之为学如是也。

至乾隆间,泰西线法画已屡见诸诗文吟咏及稗史札丛。观翁方纲《复初斋诗集》、金孝柟《寿宁堂遗稿》、袁栋《书隐丛说》、姚元之《竹叶亭杂记》诸书,皆可毛举钩摭,见真赏不绝。若江昱《松泉诗集》之《题西洋画》,则宛与心孺诗为连床剪烛之唱,合致同趣。其诗云:"圣王有道宾四夷,飞苞驿篚来丹墀。西洋人巧画更绝,尺幅琐琐精毫厘。围场大合竞角逐,如闻格杀声纷驰。诡形怪状不可辨,情态略以悬臆知。人物在纸不著纸,凹凸势分面背移。画法要与中国别,界线密密纤莫追。吾闻洋人有视学,一线既定千里随。目根功德乃异禀,用之绘事尤称奇。天朝揆奋基丕丕,海外疆域从略遗。尔洋具兹入微手,描摹猎戏徒尔为。何不各画尔岛族,山川风俗森列眉。图成上备史官笔,外国列传同昭垂。"

泰西画能于尺幅竭其目力所及,俨然一幅皇家行猎图置之眉睫。诗人循览之外,又欲睹其山川风物,阅其列国之志,宾谷老人冀望不浅矣。其又有《西洋显微镜小景歌》,惊绝赞叹:我闻西洋人最巧,碧眼精莹穷杳渺。虽一人之叹,实千人之叹也。其时,洋画非特宫廷璧台玉府之所珍,亦为民间深院朱阁之所弃。皇府之外,京师之教堂画，广南之玻璃画，江南之姑苏画，各称独步。李遐龄《观黄总戎所藏西洋镜屏画》，蒋士铨《泰西画为南昌顾瓒园锡鬯题》，皆为赏鉴私家藏品而作。泰西画在中土举动风华如此，不禁教人意志动荡，暗揣悬想：雍正之禁教，其网疏焉；若非嘉庆十年至十六年，严令稽察洋书，禁民习教，几于航断港绝，光采转坠，图籍焚泯，或不必待百年后康南海振臂一呼，为先时之人物。

曩年阅*Art and Illusion*，见作者引*Ruskin*之巨作*Modern Painters*(1843)，有谓The Chinese, children in all things, suppose a good perspective drawing to be as false as we feel their plate patterns to be, or wonder at the strange buildings which come to a point at the end，恨不能寄心豨诗于作者，而一驳此英吉利大艺评家之臆论。

去岁春日，曾漫跋此册，为《新美术》补白。今夏无事，得山静日长之趣，因排比所知，增广补缀，重新写定，书于护叶。甲戌五月于楼霞岭下。

竹嬾画媵

明刻本《竹嬾画媵》，近人书目著录均作正集一卷，续编一卷。曩时翻阅，见两卷之间缺漏十年，不觉诧异。后遇星凤阁据鲍氏知不足斋钞本传录之《画媵》卷二，正为通行本所缺，惊喜之馀，曾写长跋。但何故佚去一卷，深愧谫薄无由知也。今见此帙，始获全书面貌。卷目依次为《竹嬾画媵》卷一卷二，《续画媵》卷上卷下，共四卷，因知续编卷下亦飘零久矣。亟阅一过，并记少见不读之陋。

案：正编字体与续编不同，板式亦稍异，据卷尾年月，盖刻于天启乙丑之夏。续编下卷纸末纪年为甲戌元日，时在崇祯七年，翌年先生即谢世，书板行格与《恬致堂集》同，或刊于同时，约在崇祯十四年前后，距甲申之乱，只数年矣。似此之逃于红羊劫火者，不惟因罕而珍，亦颇有益于比核史乘，稽考参证也。丙戌年十一月初八记。

韦苏州集

海上容轩所藏《须溪先生校本韦苏州集》十卷《拾遗》一卷，唐韦应物撰，宋刘辰翁评点，元刻本，框高十二·七厘米，宽十·一厘米。半叶十行，行十六字，细黑口，左右双边。版心记字数，上下不一。

韦应物(七三七——七九五?)，京兆万年(今陕西西安)人。韦待介曾孙，初以祖荫入选三卫郎事玄宗，玄宗崩，始折节读书。肃宗时入太学，代宗年间(七六五——七七九)先后任洛阳丞与京兆府功曹。大历十四年(七七九)称疾归沣上善福精舍。德宗建中二年(七八一)擢尚书比部员外郎，年馀，出为滁州刺史，寻改江州刺史，追赴阙，迁左司郎中。贞元初外调为苏州刺史，世称韦苏州。罢守寓居永定精舍。贞元十一年(七九五)曾与令孤峘有诗酬唱，其后事迹，寻无所见。工诗，有集传世，与陶渊明合称"陶韦"，与王维、孟浩然、柳宗元合称"王韦孟柳"。两《唐书》无传，事迹略见唐《国史补》、《唐才子传》。

评点者刘辰翁(一二三二——一二九七)，字会孟，庐陵(今江西吉安)人，景定三年(一二六二)进士，因廷对忤贾似道，置丙第，遂辞举荐，请为濂溪书院山长。教学之暇，批点编纂唐宋诗文多种，《韦苏州集》乃其一。宋亡，托方外以归。须溪为其所居之地。一生著述宏富，然大多散佚。世所传者惟《须溪记钞》八卷、《须溪四景诗集》四卷，《四库全书》本据大典本增益，亦不过原集之十一。

韦应物精于五言，善咏田园，唐时即为人所重，白居易《与元九书》尝谓："韦苏州歌行才丽之外，颇近兴讽，其五言诗又高雅闲澹，自成一家之体，今之秉笔者谁能及之。"其后才俊，亦有类评。苏轼《书黄子思诗集后》云："李杜之后，诗人继出，虽间有远韵，而才不逮意。独韦应物、柳宗元发纤秾于简古，寄至味于澹泊，非馀子所见。"明陆时雍《诗镜总论》亦曰："盈盈秋水，淡淡春山，将韦诗陈对其间,自觉形神无间。”韦苏州《咏琉璃》诗云:“有色同寒冰,无物隔纤尘;象筵看不见,堪将对玉人。”可比类自评其诗。

《新唐书·艺文志》载《韦苏州集》为十卷。宋嘉祐元年(一〇五六)太原王钦臣重行编定本序曰:“有集十卷,而缀叙猥并非旧次矣。今取诸本校定,仍所部居,去其杂厕,分十五总类,合五百七十一篇,题曰《韦苏州集》(旧或云《古风集》,别号《沣上西斋吟稿》者又数卷),可以缮写。”此为嘉祐本,虽非唐人编次,然居于现传各本之祖。惜亡佚久矣,宋室南渡后恐已罕见。康熙中有项絪玉渊堂刊本,《四库全书总目》提要以为据此翻雕,但难以征信。熙宁九年(一〇七六)吴县葛蘩据晁文元旧藏韦集,镂板刊行,序称“凡十卷,以相校除,定著五百五十九篇”,较嘉祐本少十数篇。此板亦废,不见流传。

《文禄堂访书记》著录一本,称南宋绍兴(一一三一——一一六二)刻本。现藏台北。尝见书影,框高二十三厘米,宽十六·九厘米,每半叶十行,行十八字,白口,单鱼尾,左右双边。版心鱼尾下署韦几,中记叶码,下载刻工,存徐珙、贾琚、李中、马良、牛智、乙琦等名。卷前目录连属正文。玄、眺、弘、树、旭、構字缺末笔,暾、郭不避,因断为孝宗前刊本。惟残缺过甚,仅存卷七之第一至第八叶,又卷六第十九叶,共九叶,以包背装之。

乾道七年(一一七一)魏杞守平江,命教官刊定韦诗,编为正集十卷,拾遗一卷。崔敦礼跋曰:“以葛蘩本为正,参以诸本,是正凡三百处而赢,又得《九日》一诗,附于卷末。”是为平江府刊大字本。后出韦集,大都源于此编。毛晋旧藏本,后归清宫,现藏国家图书馆,已影印。

国家图书馆另藏宋板韦集三部,其一亦付中华再造善本印行,因卷末有《九日》诗,知当晚于平江府本,据讳字,或刊于宁宗时。傅增湘记此本曰:“宋刊本,十行十八字,白口,左右双栏,版心上记字数,下记刊工人名,有余同甫等名。钤嘉兴戴氏藏印及天禄琳琅诸玺。余曾取校明翻宋书棚本,行款虽同,目录及卷中行次均有异,文字亦有异处。此书袁克文君藏,后辗转归潘宗周。”《宝礼堂宋本书录》集部著录綦详。袁寒云尝写跋语六通,乃其所藏宋刊韦集第一本。然其定为书棚本,恐非。南京图书馆藏残宋本四卷,为八千卷楼旧物,后归江南图书馆,民国间有影印本行世。行格与此本同,字体亦同,惟稍粗厚些,但无刻工名,前有沈明远补传,颇疑为明翻宋本。未见原书,姑且悬疑。嘉业堂有一帙,号为宋本,印入书影中,实亦明翻宋本。杨氏海源阁、叶氏观古堂诸家书目均有南宋书棚本。案,海源阁本后归研易楼沈仲涛,现藏台北。杨绍和跋为书棚本,实明覆宋本。叶氏藏本盖同。沈健庵元炳志颐堂所藏书棚本,自诩崭然完好,海内当无二本,捐馆后,其子姓移书橱门向壁,以防散佚。今不知所踪。然所谓书棚本有沈明远补传者,殆据《宾退录》卷九补入,大抵均系明翻。傅增湘尝记周叔弢所藏宋本云:"宋刊本,十行十八字,白口,左右双阑,版心上记字数,下记刊工人名,有季振宜藏印及题识,版心与书棚本同,而无牌记。"此本保留书棚本面貌,为宋末所翻,真本或鞠为茂草矣。《天禄琳琅书目》卷六著录一韦苏州集,亦有沈明远补传,馆臣断为元初刊本,以其有辰翁识语。杨绍和则以沈明远为宋人而遂入宋板。此书或已付诸丙丁,目验无从。但辰翁识语殊可疑。因有沈明远补传,恐亦明翻宋本。宋本最著名者向称叶德辉《郋园读书志》所载北宋胶泥活字本。现据各家考证,知为明刊九行十七字活字本唐人诗集之一。

历代所刊韦集,不少三十种,宋刊有数,明刊独多,元刊则鲜见,今日所知仅此《须溪先生校本韦苏州集》一种。杨守敬《日本访书志》卷十四所记有何湛之跋者,实万历间何氏刊陶韦合刻本,杨氏误以须溪此本据何本增补,遽断为元板。

此元刊本存世者,仅知两部,一部为八千卷楼旧藏,缺第一至四卷,一部即此,完本孤行,恐无二帙。

此帙编定于南宋德祐年间,正集十卷,分十四类,收古赋一首,杂拟二十一首,燕集二十一首,寄赠一百二十四首,送别六十六首,酬答五十六首,逢遇七首,怀思十九首,行旅十首,感叹三十二首,登眺十五首,游览五十八首,杂兴八十九首,歌行四十二首,共五百六十一首。拾遗一卷,八首,以《和晋陵陆丞早春游望》一首重见于《杜审言集》,实为七首。此辑尽据平江府刊本,字间校语亦多移录。

罗振常《善本书所见录》尝记此本,以为宋椠。首册护叶袁克文、汪笑侬亦题为宋刊。丁丙《善本书室藏书志》著为元板。刘辰翁序曰:"丁亥正月为康绍宗刻此本,复书其后。"知为至元二十四年(一二八七)刊本也。

卷前有刘辰翁序四叶,王钦臣序二叶,次目录三十叶。行间有点掷,评语在每句或每首之末。卷尾又有刘辰翁跋七行,与孟浩然并举,末书双行四字楷书"孟浩然诗/陆续刊行",当与孟集合刻者。

刘辰翁跋云:"韦应物居官自愧,闵闵有卹人之心。其诗如深山采药,饮泉坐石,日晏忘归。孟浩然如访梅问柳,偏入幽寺。二人趣意相似,然入处不同。韦诗润者如石,孟诗如雪,虽淡无采色,不免有轻盈之意。德祐初初秋看二集并记,须溪。"《天禄琳琅书目后编》卷六载一本亦有此跋,跋后并有至正丁酉九月十五日天全叟题识,因皆为墨迹,故证之为宋本。原为谢迁、毛晋诸家递藏,后归内府,不知尚在天壤否。疑辰翁跋或非亲笔,殆从此本录入。

辰翁跋语写于德祐初年(一二七五),其时雕板风行已久,士人读书便捷。景定(一二六〇——一二六四)以降,批点之风蔚起,辰翁为卓然大者。李东阳《麓堂诗话》称其语闲意切,别自一机轴,诸人评诗者皆不及。观其卷中批点,落笔轻倩,常从格调之间深求,品味殊高绝。此评本今虽极鲜见,然明人刊本多所风从。弘治四年张习本,嘉靖二十七年华云太华书院本,万历间何湛之本,明末凌濛初朱墨套印本皆取资援例。其为后世所重,可知也。

此本钤有"神品"、"沧苇"、"王泽私印"、"子卿"、"皕宋书藏主人廿九小景"、"胡氏所藏宋本"诸印,为清初季振宜、嘉道间王泽、民国间袁克文、胡若愚等递藏。护叶有袁克文隶书三行"宋德祐刊本须溪先生校点韦苏州集十卷拾遗一卷寒云",汪笑侬行书四行"云合楼主人藏宋刊韦苏州集第二本仰天题"。此虽非宋本,但颇称珍秘。傅增湘尝借校,以绿笔批于席氏琴川书屋本上。

五世书香(一)

——周馥和他的书

周启晋

现代化的北京委实很方便，儿时无风三尺土的情景不见了，父母辈口中骑驴去逛香山的风情画更早成陈迹。遗憾的还是太噪杂，有时，不禁会让人怀念起群“萤”乱飞的“深院静，小庭空”来。

于是，便只有在夜中——当四野寂寂，月色透过窗帷，仿佛同你手中捧读的“书”(注：意指古籍)和“书”中的故实、韵味、纸墨香气一起溶成一种无言的乐章，轻轻地、慢慢地牵引着回味及心弦馀音，渐飘向遥远的年代和回忆中……。如果此时“书”也能开口讲话，将它的刊布流传，将它在历史上每位读者的心得和故事都讲述出来，我想，其绝妙之处当不下于“书”的本身。惜乎时至今日只有在少数“幸运”的“书”中，才可以看到历代藏印累累，或有批校、跋语——在历经沧桑特别是浩劫后显得分外醒目。但我们还是要感谢这些“痴顽”的读者与藏家，也正因为有了他们，从“焚书坑儒”开始，中国的典籍、文化才能代代相传，延续至今。在我的藏书中，有一本梁任公《先秦政治思想史》头版签名本，上钤“曾在周叔弢处”、“勤学斋”(注：先祖叔迦先生书斋名)及“曾在周绍良处”的小印，我想两代先人的心意，由此可见一斑。余生也晚，于至德(今安徽东至县)周氏钟鸣鼎食治国齐家的史实所知甚少，然每一忆及，唯读书、惜书、藏书、著书进而刻书的一脉书香贯穿百年，犹若历历在目。

近代至德周氏家族是自先高祖玉山公周馥布衣从戎，历任清末山东巡抚、两江、两广总督开始的。至于他在近代史上的地位，除了《请史稿》外，近时天津市政协所刊《周馥家族与近代天津》及合肥工大所刊《周馥与晚清社会》二书中论述甚详，我就不在此一一重复了。唯一想补充的是在周作人《知堂文集外文·〈亦报〉随笔》中，曾有这样一段描述："……有一天大概是次年二三月光景，学堂派人来叫去见制台去。其时两江总督是周馥，有事到城北，顺便来看学堂，又记起留校的两个学生，要叫来看一看。周玉山站在体操场上，穿了棉袍马褂，棉鞋也很朴素，像是一个教书先生模样。看见我们便问什么代数三角都学过了么，答说学过了，又问了些话之后，即云那很好，回过头去吩咐道，给他们一个局子办吧。在他后边跟着好些官，大概是藩臬府县之类吧，都答应道：'是'，吴君同我回答说不愿去办局子，请大帅还是派我们出去改学别的东西，他略一思索，便道：'那么去学造房子也好。'我们谢了他的好意，实在那一天他给予我们一个很好的印象，可以说在五十年中所见新旧官吏中没的一个及得他来的，并不是因为他叫我们办局子，乃是为了他朴素诚恳的态度，不忘记我们两个留校的学生，这在刘坤一、张之洞、魏光焘大概是不会有的。"知堂先生后被保送日本留学。

历经浩劫后，家中藏书几乎已捐售一空，故玉山公生前所刊书籍手边只馀一部，为《建德尚书七十赐寿图(附寿言)》一函二册，连史纸精印。书后有先父绍良先生手书题记云："此清光绪三十二年(一九〇〇)先曾祖悫慎公七十生日纪念册也，皆当日友朋祝嘏之词。转瞬迄今九十七年矣。偶于旧书丛中捡出，因付兒子启晋臧之，俾识旧德云尔。此书经历文化大革命，未遭劫数，亦云幸矣！此等书籍，过去世家，多有编制者，犹今日纪念论文集也，但世鲜有收存之者，即此一册，恐亦是人间孤本也。一九九六年六月二十六日曾孙绍良谨识。"

玉山公平生著作，除少数诗文集为生前刊印外，俱系身后由先曾祖止庵公等于民国十一年校录刊印，收入《周悫慎公全集》。全集共十卷，三十六册，分诗集、文集、奏稿、治水述要、负喧闲语、年谱等。有仿宋聚珍版大字本及石印小字本两种。此书台湾文海出版社曾于1996年重印，名《秋浦周尚书(玉山)全集》。去年上海朵云轩秋拍曾出现一全套红印本，惜得信太迟，失收，殊憾。

玉山公的诗作，家叔景良(弢翁哲嗣)于近作《周馥一生》中曾谈及：“周馥有《玉山诗集》四卷。集中收诗，始于咸丰十年(1860年)庚申，时年二十四岁。终于民国十年(1921年)辛酉九月，为八十五岁于临终前十馀日之绝笔。钱锺书先生是亡兄珏良的老师，从西南联大时期起，师生关系就比较密切。在上世纪八十年代初，有一次珏良拜访钱锺书先生。临走出来时，钱先生在后面送，边走边谈，说了一句：‘《玉山诗》很好。’当时谈话未及继续下去。钱先生所指是什么？钱先生是因为周馥是珏良祖上而说的一句客气话？或确是一种评价？我想，这当然是一句客气话。我们不一定要说诗如何如何好，但如果诗显然不好，钱先生就不会选《玉山诗》作话题了。钱先生竟读过这本民国以后才印行的诗集，足见先生之博览群书。我读《玉山诗》有两点感觉：一是诗中感情都很真挚，许多是联系到史实、人物、社会状况而发，没有什么虚浮的情趣；二是从中可以了解到一些史实或人物，很可以作为他的《年谱》的补充。于式枚在《玉山诗集》序中说：周馥的诗，独抒性灵，自行胸臆。不规规于法古而自得真趣。少

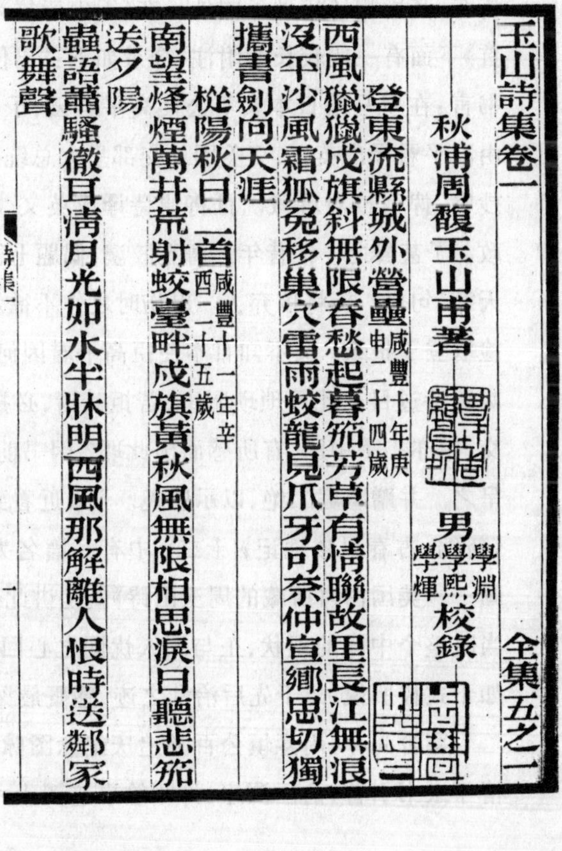
玉山詩集卷一　　全集五之一
秋浦周馥玉山甫著　男學淵 學熙 學煇 校錄
登東流縣城外營壘 咸豐十年庚申二十四歲
西風獵獵戍旗斜無限春愁起暮笳芳草有情聯故里長江無浪没平沙風霜狐兔移巢穴雷雨蛟龍見爪牙可奈仲宣鄉思切獨攜書劍向天涯
樅陽秋日二首 咸豐十一年辛酉二十五歲
南望烽煙萬井荒射蛟臺畔戍旗黃秋風無限相思淚日聽悲笳送夕陽
蟲語蕭騷徹耳清月光如水半牀明西風那解離人恨時送鄰家歌舞聲
詩集一

长兵间，重睹升平，故于先后治乱之迹，感慨最深。写乱离之景象，陈民间之疾苦，沉痛微婉，有少陵、次山遗风。至其触事舒情，因物寓意，如元相之称白傅所云激切赡实者，体尤近之。晚岁优闲，流连景光、闲适平远之作，又出入于渭南。昔桐城张文瑞公爱白、陆之诗，以为'日读其诗，则企见其人'是也。"

玉山公出任山东巡抚时，据《行状》说，"尝冒雪赴胶入青岛，悲怆时局，托诸咏歌。诗云：'朔风吹雪海天寒，满目沧桑不忍看。列国尚尊周版籍，遗民犹见汉衣冠。是谁持算盘盘错，相对枯棋着着难。挽日回天宁有力，可怜筋骨已凋残。'"

李伯元在《南亭四话》之一的《庄谐诗话》卷二谈到这首诗，并说："周馥客岁赴东，……周即席间作诗一首曰：朔风吹雪(下略)，……，亦可谓雅人深致矣。"玉山公此诗当时不但在国内报纸上传布，其影响还传到了国外。在《玉山诗集》卷四《寄黄暄庭星使二首》下面有一段较长的附注，今录如下："出使意大利黄暄庭星使来书言：在罗马晤日本头等公使高平君云，予任鲁抚时有诗一律，曾由高平君译出英文，交美国外交部呈大总统一阅。击赏。属将原诗抄寄，俾得校对珍藏。且将原诗译成英文，复由英文译汉，寄予阅政。予甚异之。忆昔年巡海至胶澳，偶题七律一首，即'朔风雨雪海天寒'句也。旋将稿弃去。以伤时之作不欲示人也。后来不知何人检取登于报纸。又不知日本使臣高平君因何得之，转呈美总统罗斯威路特过目。此等琐琐闲事，若拒其请，必招猜疑。美总统夙重邦交，殆亦心乎中国，有所感而出此耶？因书前诗寄暄庭，转寄高平君呈之。并赠暄庭二绝，以示感愧。"(最近看到台湾作家高拜石所著《新编·古春风楼琐记》(十二) 中有一篇名为《老罗斯福的中国字画——美国白宫所藏的周玉山诗》就是讲此事的。)玉山公此诗感慨当时整个中国的现状，正与国人忧国之心回应。因其为当事人，故如于式枚所说"故于先后治乱之迹，感慨最深"。

寒舍尚存《周悫慎公百龄追庆纪念图咏》一册，徐石雪题签，赵椿年隶书引首，俞巨溟序，许昭绘事迹图十六幅，姚孟振配图撰诗。

手书上版，白棉纸精印，大方册，图文对开，亦民国刊本之精品。

光阴冉冉，弹指百年，抚今思昔，感慨系之。昔人云：“王谢堂前双燕子，飞入谁家”，此所谓也。然而，至今在我的案头上还放着一卷玉山公八十五岁时手抄的《孔子家语》，卷末有这样几句：“余幼读《孔子家语》，以其语泛而杂不及《论语》精粹，遂搁置未卒读。今养老无事，复取昔年未卒读之书，一一玩索，觉《孔子家语》中旨有关养身治世之言，的为孔氏家藏之书，王肃特捡取凑集之耳，非彼杜撰，彼亦不能杜撰也。诸小孙读书旨不暇及此，然此书万万不可不读。余因择取世俗人所共解者若干条，冒暑录之，眼昏手钝，未敢中辍，爱孙心切，忘其老惫，诸孙幸幸勉之毋忘。”全册共五十六页，洋洋近万言，字迹工整，一笔不苟。两个月后老人便去世了。他仿佛在用尽人生的最后一丝力气告诫子孙，一定要读书。

近人宋路霞在《上海滩豪门望族》(龙门风雨)一书中曾这样写道：“纵观东至周氏家族的百年历史，可从中发现一条经验，即读书和藏书的潜在作用，这种作用有时是看不见、摸不着的，可一旦看的见、摸的着时，往往已成高山峻岭、汪洋纵海之势了。”

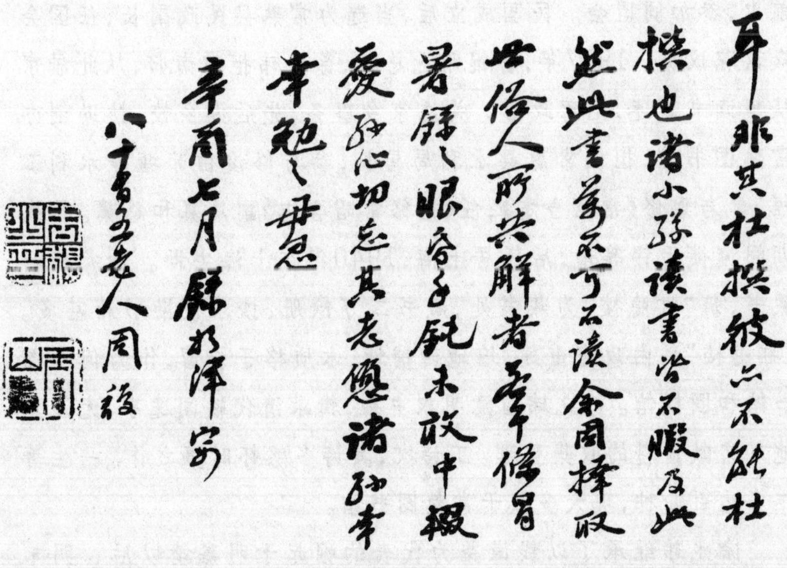
耳非其杜撰彼亦不能杜
撰也诸小孙讀書皆不暇及此
然此書万〃不可不讀余因擇取
世俗人所共解者若干條冒
暑録之眼昏手鈍未敢中輟
愛孙心切忘其老憊諸孙幸
幸勉之毋忘
辛酉七月録於津寓
八十五歲老人周馥

虹隐楼主人徐兆玮藏书著述考略

曹培根

徐兆玮(1867—1940),字少逵,号倚虹、棣秋生,晚年号虹隐,别署剑心,常熟何市人。徐氏先世清康熙年间从昆山迁居常熟桂村(何市)陈泾桥,至徐兆玮为第七世。徐兆玮生父徐麟书,号芾棠,后嗣给其叔徐鸿诰。徐兆玮光绪二年(1876)师从太仓胡益谦学经文。光绪十四年(1888)中举,次年中进士。光绪十六年(1890)恩科补行殿试,任翰林院庶吉士,光绪十八年(1892)授编修,淡于宦情。光绪三十三年(1907)赴日本留学,治法律。辛亥前夕,参加同盟会。民国成立后,当选为常熟县民政副长,任国会众议院议员。1917年,曹锟贿选总统,徐兆玮拒贿南归,从此居家从事读书著述,无意政治。关注家乡事务,先后办乡校,协助创办常熟图书馆,担任常熟县水利局局长,参与修浚白茆塘等水利工程。参与重修《常昭合志》,任《重修常昭合志》副总纂和总纂。抗战期间流徙无锡等地,后迁居上海,1940年在上海去世。徐兆玮好藏书,筑"虹隐楼"为藏书处,藏书二万馀册,抄录校勘书籍甚多。"虹隐楼"近由政府重建,墙地砖铺地,木质格子长窗,作为何市图书馆和围棋馆。徐兆玮留意明末史乘,辑录清代轶闻逸事,尤注意地方文献资料的收集整理。工诗文,其诗多感怀时事之作。一生著作多达百馀种,现大多藏于常熟图书馆。

徐兆玮继承了以钱谦益为代表的崛起于明嘉靖以后、明末清初成为具有辐射和影响力的独特流派—常熟藏书流派的主要特点，是读书者之藏书家，于书无所不读，经史子集手自校雠成为传统。作为藏书家和文献学家，徐兆玮的主要成就有以下几个方面。

一、利用藏书编纂地方文献。首先，协助丁祖荫编纂《重修常昭合志》。民国初年，丁祖荫任常熟县民政长，民国六年众推丁祖荫为《重修常昭合志》总纂，徐兆玮为《重修常昭合志》副总纂，至十三年书成，共二十二卷，于常熟开文社陆续付印。丁祖荫不幸于民国十九年秋病殁，徐兆玮继任总纂，加紧整理和刊行，至1937年已印成十七卷及图三十一幅。而日寇侵华，常熟县境沦陷，成书毁残过半，徐兆玮1940年亦病殁。1946年由庞树森任总纂，主持全书付印、制表整理等扫尾工作，最终完成全书稿本。《重修常昭合志》在地方志中颇有特色而为方志界称誉，其中有丁祖荫和徐兆玮的探索和贡献。全书《例言》十一条规定收载范围、分卷统门、文图表谱诸问题，为体现常熟地方特色，在有关门类中对艺术、藏书等特详载录以彰邑粹。书中集前志之长，多有创新，体现前志无憾则续其所有、前志有阙则补其所无的修志原则，补撰志表，将金石志广及碑拓等。全书较好地处理了方志主体与掌故、文征三者的关系，如诗文等“较有关系者以类相从并见各卷事实之下”，体现文征旨在证史的原则。为体现求实精神，全书体现务求信实，《例言》规定：“是编裒集旧志之成，甄录私家之纪载，上自商周，下逮清季，征引必从所出，疑义互相折衷，例不从同，言皆征实。”举凡一邑掌故、官私著述均广征博访，凭征集的第一手史料修志，许多资料出处注明据访稿、家谱、家述、碑拓之类，采用亲见的第一手材料，参稽考核，补缺正伪，书中随处可见。这方面徐兆玮的贡献尤大，例如唐代陆器是苏州府最早的状元，历代志书既无字号，又无中魁年份。徐兆玮寻访到陆氏第三十六世孙陆永亨处存《陆氏宗谱》。据谱载，陆器，字祖容，系唐朝开成五年(840年)状元，并有其曾祖父陆贽、祖父陆筒礼、父亲陆宗阮等资料。据此，《重修常昭合志》的《选举志》“陆器”

条增按语:“邑《陆氏宗谱》世系载器字祖容,开成五年状元”等语。其次,徐兆玮还编纂与邑志和乡镇志相关的大量史志。如有:《常熟艺文考》五卷,《海虞艺文目》一卷,《海虞艺文志剩稿》一卷,《金石诗录》一卷,《金石诗续录》二卷,《金石诗再续》三卷,《桂村金石录》一卷,《桂巷纪闻》一卷,《虞乡琐记》一卷,《海虞诗文征附目》一卷,《桂村诗文征》一卷,《桂村诗钞》二卷,《续桂村诗钞》一卷(清管文植辑徐兆玮续辑王伊增订跋),《海虞诗话》一卷,《海虞闺秀诗话》二卷,附《虞山诗史》一卷,《续海虞诗话》一卷,《海虞画人传》一卷,《桂村耆旧传》一卷,《桂村士女传》一卷,附《艺文略》一卷,以上存稿本,常熟市图书馆藏。

二、利用藏书编纂汇辑史料丛书。徐兆玮编辑的丛书有:(一)《蒙学诸书考》九卷,存稿本,常熟市图书馆藏。子目为《千字文考》、《百家姓考》、《千家诗考》、《三字经考》、《神童诗考》、《酒诗考》、《急就篇考》、《蒙求考》、《四言训蒙诸书考》,皆一卷。(二)《虹隐楼书目汇编》四十七卷,存稿本,常熟市图书馆藏。子目为《虹隐楼书目》二卷、《虹隐楼藏书记》二十二卷、《检存书目》三卷,《佛学书存目》、《医学书存目》、《年谱长编未完稿》、《本省地志存目》、《善本书目》、《邑人著述存目》、《石印丛书目》、《邻邑人著述存目》、《应用书存目》、《旧刊善本书存目》、《新刊善本书存目》、《旧刊善本丛书子目》、《新刊善本丛书子目》、《文艺类杂诗存目》、《演义弹词传奇存目》、《申报馆聚珍版书存目》,以上皆一卷,《聚珍版石印小本丛书存目》二卷、《新书目录》二卷。(三)《北松庐杂著》十卷,存稿本,常熟市图书馆藏。子目为《红豆录》(按:此又有瞿凤起抄本等,题《芙蓉庄红豆录》,常熟市图书馆藏)、《困学璅语甲编》、《测字》、《优语》、《酒令》、《骗术》、《乩示试题》、《译本小说考异》、《诗文杂著》、《读译本小说诗》。(四)《虹隐楼考古丛录》十一卷,徐兆玮辑,存宣统元年(1909)稿本,常熟市图书馆藏。子目为清张仁熙撰《雪堂墨品》、清宋荦撰《漫堂墨品》、清徐康撰《霏叟墨忆》、清徐元润撰《铜仙传》、清徐渭仁撰《建昭雁足镫考略》、清莫友芝撰《汉竟宁雁足镫考略》、清顾广圻撰黄丕烈注《百宋一廛赋》、清吴修撰《青霞论画绝句》、清吴骞撰《论印绝句》、清张廷济撰《清仪阁杂咏》。(五)《海虞六家诗选》六卷，徐兆玮辑，存虹隐楼抄本，常熟市图书馆藏。子目为清钱陆灿撰《圆沙和尚诗选》、明孙森撰《续松韵草堂集选》、明魏冲撰《小碎集选》、明何云撰《何士龙诗选》、清许嵎撰《蕉风集偶录》、清陈鸿撰《定庵漫兴集唐》。(六)《邑志拾遗》六卷，徐兆玮辑，存稿本，常熟市图书馆藏。子目为《邑志拾遗》、《海虞艺文考》、《海虞孝节贞烈文编》、《海虞诗乘》、《乡贤遗事》、《邑人诗汇钞》。(七)《海虞稗乘》二十卷，徐兆玮编，存1919年稿本，常熟市图书馆藏。子目为明佚名撰《常熟县讨叛公檄》、清冯孝威、冯孝庆撰附清冯舒撰《杀父奇冤揭》附《上瞿知县四揭》、清冯武撰《明故先考文学彦渊府君行实》、明佚名撰《阁讼纪略》、清佚名撰《牧斋遗事》、清柳隐撰《柳如是诗钞》、清尚湖渔父撰《虞谐志》、清佚名撰《祝赵始末》、清佚名撰《老生蒙难》、清翁嗣圣撰《明伦堂述言》、清戴兆祚撰《邑侯于公政绩纪略》、清谭嘘云撰《守虞日记》、清佚名撰《蠡滨异乡序》、清漫游野史撰《海角遗编》、清七峰樵道人撰《七峰遗编》，以上皆一卷。这些丛书史料价值甚高，在近代丛书中颇具特色。

三、利用藏书博览群书记载读书成果。徐兆玮有撰写日记的好习惯，积四十二年成《徐兆玮日记》，又名《虹隐楼日记》，现存常熟市图书馆，自光绪二十年二月十二日(1894年3月18日)年始，终于民国二十九年六月十二日(1940年7月16日)。1894年较简略。中间缺1895年至1897年、1904年四年，1911年缺三、四、五月。日记每年均有名称，二百六十七卷，包括《甲午行记》一卷、《棣秋馆戊戌日记》一卷、《己亥日记》五卷、《庚子日记》五卷、《辛丑日记》四卷、《壬寅日记》二卷、《癸卯日记》三卷、《乙巳日记》一卷、《燕邸日记》五卷、《燕台日记》八卷、《丙午日记》二卷、《丙午丁未日记》一卷、《丁未日记》三卷、《戊申日记》四卷、《己酉日记》八卷、《讲习馆日记》一卷、《庚戌日记》五卷、《棣秋馆辛亥日记》二卷、

《棣秋馆壬子日记》二卷、《剑心簃癸丑日记》六卷、《剑心簃甲寅日记》七卷、《剑心簃乙卯日记》六卷、《剑心簃丙辰日记》九卷、《剑心簃丁巳日记》十卷、《剑心簃戊午日记》五卷、《剑心簃己未日记》九卷、《剑心簃庚申日记》十卷、《剑心簃辛酉日记》九卷、《剑心簃壬戌日记》十一卷、《剑心簃癸亥日记》九卷、《剑心簃甲子日记》八卷、《剑心簃乙丑日记》九卷、《剑心簃丙寅日记》八卷、《剑心簃丁卯日记》卷、《剑心簃戊辰日记》九卷、《丛书草堂己巳日记》十卷、《丛书草堂庚午日记》十卷、《丛书草堂辛未日记》九卷、《丛书草堂壬申日记》九卷、《丛书草堂癸酉日记》九卷、《丛书草堂甲戌日记》七卷、《丛书草堂乙亥日记》八卷、《丛书草堂丙子日记》九卷、《丛书草堂丁丑日记》七卷、《丛书草堂戊寅日记》七卷、《丛书草堂己卯日记》八卷、《丛书草堂庚辰日记》四卷，另有宣统元年(1909)《讲习馆日记》一册，附于日记之后，共二百九十四册，约五百万字。《徐兆玮日记》内容丰富，堪称清末民初区域性百科全书，而其中最为丰富的内容是著者每日读书札记和见闻。正如作者《己亥日记》所载："予自甲午始为日记，不过读书有得，随笔札记一二，每岁取盈一册而止。……爰立此日记簿，自定课程，虽严寒盛暑，俗冗猬集，必登载一日所行之事，所读之书。前此五年日记录出有资考证者数十条，其馀则拉杂摧烧之，盖非阅历所得，或裨益身心之言不足为省览警觉之一助也。江河倒流，日月迅逝，独行无侣，独倡无和，我其奉古人为师友，而忍与靡靡者终古乎？"《徐兆玮日记》常熟市图书馆整理本列为国家清史编纂委员会清史编纂工程。此外，徐兆玮另有《剑心簃读书记》四卷，《虹隐楼丁未读书记》一卷，存常熟市图书馆。

四、利用藏书专治明末清初的史事。据谢国桢撰《江浙访书记》(上海书店出版社2004年版)载，当年谢国桢在常熟访书时，发现不少未读之书，有些可增订《晚明史籍考》，其中尤以徐兆玮手抄编写的三百多种书为最，这些书包括清代的轶闻轶事，常熟的地方文献，如《牧斋遗事续编》、《河东君遗事》、《沈万三遗事》

等，还有辛亥革命时期在上海编印的明末野史，如《荆驼逸史》、《明季稗史》等。现存常熟市图书馆的有：《河东君遗事》二卷，《牧斋遗事续编》二卷，《沈万三遗事》一卷等等。其中徐兆玮辑录的《沈万三遗事》手稿，从杨循吉《苏谈》、俞樾《茶香室续钞》、孔迩《云樵馆纪谈》、徐复祚《花当阁丛谈》、田艺蘅《留青日札》、朱国祯《涌幢小品》以及王世贞《锦衣志》等数十种前人著述中撷取了大量关于沈万三的传说资料，内容非常丰富。常熟图书馆和昆山图书馆合作将手稿整理印成了内部资料。徐兆玮潜心收集钱柳诗文，将明末清初三百年来各家吟唱红豆的诗歌辑成《芙蓉庄红豆录》一卷，存稿本《北松庐杂著》本，又有瞿凤起抄本，均常熟市图书馆藏。钱育仁（南铁）主编《虞社》杂志1934年第一期开始连载过，1998年徐兆玮之孙徐昂千内部刊行。

五、利用藏书汇辑专题史料。徐兆玮手抄编写的书内容丰富，范围甚广。如《黄车掌录长编》八卷，徐兆玮辑，稿本，常熟市图书馆藏。此书为通俗小说资料汇编，收通俗小说六十多种，汇辑数百种书报资料，其中第七册涉及《红楼梦》资料九十八面，不少资料不见《小说考证》、《小说丛考》等书。书前载《编例》，编例严谨，全书以条目形式载录史料，注明出处，方便查核。关于灯谜等类书，徐兆玮编有《诗钟·联语·酒令·隐语》一卷、《文虎琐谈》一卷、《灯虎汇录》一卷，稿本存常熟市图书馆，后两种收入人民日报出版社《中华谜书集成（三）》。其他著述存常熟市图书馆有：《壶庐秘史》二卷，《剑心簃野乘》一卷，以上二种稿本。《国朝史论萃编甲集》四卷，徐兆玮辑，光绪二十八年铅印本。《清蒋士骥墓志》，徐兆玮撰，蒋元庆书，光绪二十五年拓片。《称谓录》十一卷，《名贤生日诗辑补》一卷，《后身》一卷，《官僚混号》一卷，《通议录》一卷，《贞节文编》二卷，《南宋北杜》一卷，《虹隐楼藏近刊善本书目》一卷，《选青日札》十五卷，以上稿本。《墨子》十六卷附《墨经校语》二卷，清毕沅校注校语，徐兆玮辑，光绪浙江书局刻《二十二子》本，《墨经校语》稿本，徐兆玮校跋并临王壬秋、汤伯述评语。《养花法》一卷，

《雕虫小记》一卷,《帖考》二卷,《梦篘所见录》一卷,《博具》一卷,《砚林》三卷,《砚林续》二卷,《砚林再续》二卷,《砚林三续》一卷,《麟凤》一卷,《海客谈瀛录》三卷,《梅心草堂琐言》二卷,《虹隐楼随笔》十六卷,《棣秋馆谈薮》十卷,《棣秋馆琐记》八卷,《丛书草堂杂录》九卷,《梦篘述旧录甲编》九卷,《乙编》二卷,《梦篘丛话》四卷,《虹隐楼丛钞》四卷,以上徐兆玮编辑,稿本。《东安杂记》一卷,《三国演义回目异同考》一卷,《梦篘鸠异记》五卷,《梦篘消寒录》十九卷,《篘室消寒录》二卷,《叹逝集》七卷存卷一、四至七,共五卷,《楚雨集》二卷,《癸卯质神集》一卷,《虹隐楼尺牍录》存一卷,以上稿本。《闰馀集》一卷,1942年铅印本《虹隐遗著》之一。《集义山诗稿》一卷,稿本。《茆桂题襟集》二卷,光绪二十九年刻本。《宫词汇纂》一卷,《艳体诗钞》一卷,《女子题壁诗》一卷,《女子题壁诗录续》一卷,《嘲谑诗》一卷,《四书论续编》二卷,《寿哀骈文汇钞》一卷,《海上文社文选》一卷,《诗文选》一卷,《杂文选》一卷,《文杂俎》一卷,《杂文传奇》一卷,以上徐兆玮辑,稿本。《江亭倡和诗录》一卷,《文社杂著》二卷,以上徐兆玮撰并辑,稿本。《论诗四种》,《词律拾遗》,《曲话》,《艺苑集评》,《诗词家标目》,以上皆一卷,稿本。《北松庐诗话》十二卷,附《体制》三卷,光绪二十八年至1913年稿本。《院本考》一卷,光绪三十二年稿本。

徐兆玮藏书，与常熟众多藏书家一样是好古者之藏书家,所藏多善本、抄本及稿本。如藏有《苏使君墓志铭》无跋初拓本,此《铭》刻于隋仁寿三年(603),清光绪十四年(1888)出土于陕西蒲城县,是隋代铭刻碑帖代表作,正方形边长0.83米,铭文一千三百二十一字,记隋朝使持节大将军苏慈,字孝慈,陕西扶风人,任过工部、兵部尚书、洪州总管等职,有惠政。此初拓本1959年归常熟县文物管理委员,今存常熟博物馆。同时,徐兆玮又是与时俱进的藏书家,他赴日留学过,又是民主人士,所以藏书中古今中外兼及,甚至当时的科技图书乃至报刊均是他所关注的,这又不同于传统的藏书家。徐兆玮藏书强调开放利用,与常熟众多藏书家一样是开放型之藏书家。据徐兆玮《棣秋馆戊戌日记》载:(五月)廿六日(7月14日)"过常熟泊舟亦半日。潘毅远创西学社,余捐入书二十五种:《英国条款税例》、《英国会议条款》、《法国条款税例》、《义国和约税则章程》、《荷兰国和约章程》、《美国税则条款》、《美国续增条约》、《比国条约税则》、《丹国条约税则》、《奥国条约税则》、《日国通商条约》、《日本条规税则》、《俄国条约章程》、《瑞典那威国条约》、《布国条约税则》、《长江通商统共章程》、《古巴华工条款》、《摘录各国条约》、《越南边界通商章程》、《水雷问答》、《哈乞开司枪图说》、《克鹿卜新式驳图说》、《克鹿卜电光瞄准器具图说》、《子药图说》、《鱼雷图说》共二十六册。"徐兆玮曾帮助瞿氏铁琴铜剑楼聚书,校跋藏书。如宋嘉泰《吴兴志》原版本明代失传,陈光贻《稀见地方志提要》(齐鲁书社1987版)载:"宋谈钥撰,近人徐兆玮辑。"徐兆玮应铁琴铜剑楼主人所聘,据归安姚氏咫进斋抄本与《吴兴丛书本》校核重辑而成。《陶渊明集》十卷,清初李文韩刻本,铁琴铜剑楼藏书,有徐兆玮题诗:"瓶庐卷帙散如烟,手迹摩挲一惘然。雠校园公姚墓志,好凭名印考乡贤。汲古储藏秘本存,郎亭考索诩专门(徐注:莫氏跋谓:毛斧季《秘本书目》所举二条并与此本合,所据即毛氏宋本)。我宗好事曾翻板,貌类中郎有虎贲(徐注:余藏桐城徐椒岑复刻本)。甲戌冬至日,为旭初内表阮题,虹隐居士。"下有"兆玮印信"白文篆体印记。此书铁琴铜剑楼楼主瞿耀邦弟熙邦收藏,于1985年赠常熟市文物管理委员会,现常熟博物馆珍藏。徐兆玮对瞿氏保护藏书并公开其藏书,供读书人前往阅览、校勘、转抄、参观,大为称赞,据瞿启甲遗属陶桂芬老人回忆:"日本人愿出三万银元向瞿启甲购买铁琴铜剑楼藏书,被瞿启甲峻拒。"徐兆玮高度评价瞿启甲保护藏书的功绩:"瞿氏如大河砥柱,独峙中流。华夏千馀年之文明得维系于不坠者,实惟君(瞿启甲)一身是赖。"这也从一个侧面反映了徐兆玮的藏书思想。徐兆玮身后著述全部归公,也实现了其愿望。

适园藏书的聚与散

柳和城

六十多年前，陈乃乾先生曾指出：刘承幹嘉业堂、蒋孟苹传书堂与张石铭适园为民国十年(1921)前后“上海藏书家最著者”[1]。行家之言，说到点子上了。这三位都来自湖州南浔的藏书家，精品之多，数量之巨，确为当时沪上藏家之佼佼者。若论他们藏书最后的流散与归宿，倒要数张氏适园幸运得多。其藏书的精品大抵踪迹可考，现今又比较完整地保存在几家图书馆中。刘、蒋二家的藏书则命运迥异，或流离四方，或灰飞烟灭。

张石铭祖孙三代的藏书情结

张石铭(1871—1928)，名钧衡，号适园主人，清末举人。张家世代经商致富。石铭自幼仰慕前辈藏书家鲍廷博、刘桐与严元照，二十岁时开始聚书，很快藏书逾万卷。辛亥革命后，他定居上海，利用他雄厚的财力迅速扩大其收藏。1916年，他请缪荃孙编《适园藏书志》，收录善本七百六十三部，内有宋本四十五部，元本五十七部，明人抄校本逾百部。朱学勤结一庐、张蓉镜小琅環福地、吴骞拜经楼、顾沅艺海楼等旧刊名抄，应有尽有。张

张石铭像

石铭对己藏善本也不秘惜，先后将部分宋元古本刊刻成《张氏适园丛书初集》、《适园丛书》和《择是居丛书》行世。那时虽已有石印、铅印等新技术，而他用的仍是雕版印刷，成为民国时期最后一批雕版印刷品中的几种珍品。张在其刊刻的近百部古籍中，还留下许多校勘文字和题跋。

1928年1月张石铭去世，其长子张乃熊继承其父藏书最多。张乃熊(1890—1945)，字芹伯，号菦圃，是张石铭四个儿子中对藏书最有兴趣并最下功夫的一位。他还积极参加文化社团的活动，如1933年时就曾与吴稚晖、蔡元培、李石曾、柳诒徵等联名发起中国历史学会[②]，其堂弟张乃燕也列名其中。芹伯在继承其父部分藏书的基础上，又收得韩应陛读有用书斋、张氏涉园、曹氏倦圃、杨守敬藏日本钞本等旧藏，善本达一千二百馀部。据其后《菦圃善本书目》著录，有宋本八十八部、元本七十四部，已超出《适园藏书志》一半以上。为了买这些书，他不惜卖掉部分祖传房产。

张氏父子相继传藏的宋刊本中，《东都事略》一书颇为特殊。此书日录后刻有“眉山程舍人宅刊行/已申上司不许覆板”两行牌记，证明宋人已有版权保护的意识。原为怡府珍藏，有“怡府珍宝”、“明善堂”、“安乐堂”等印记，后流落到日本，民国初为董康购回，以千元代价转让给适园。张乃熊撰有题跋。另外。宋刊《北山小集》和《李贺歌诗编》二书，都以宋孝宗乾道年间官府账册纸背面刷印，极具史料价值。菦圃藏书另一大特色，为拥有一大批抄本、稿本和名人批校本。其中唐写本三部、明抄本五十二部、旧精抄二百三十五部、手稿本二十二部、名人批校本百零三部。至于黄荛圃校跋本达百零一部之多!“黄跋本”世所珍重，谁有二十来部即足以傲世。蒋汝藻有四十四部，韩应陛有六十五部，杨氏海源阁有九十九部，都超不过张芹伯。近代私家藏书中的“黄跋本”无人能与其匹敌。

张石铭第四房孙张珩(1914—1963)，字葱玉，以收藏和精于鉴别著称。他的韫辉斋藏书除从祖父处再传继承来的一部分外，大都由他自己搜罗而致。如得自韩氏读有用书斋的宋刊《范文正公集》、《宋文鉴》、《昌黎先生集》,得自蒋氏密韵楼的宋刊《新编婚礼备用月老新书》、影宋抄本《盘洲乐章》、校宋本《韦苏州集》等。他收藏自明景泰至民国的二百多册历书,堪称一绝。

张氏祖孙三代的藏书情结,源远流长,为近现代私家藏书史写下浓重的一笔。

一部书目承载的历史记忆

1969年,台湾广文书局影印出版了一部张乃熊编的《芷圃善本书目》。据出版者序,悉“是出坊贾传抄”,其实据张家后人辨认,倒是张芹伯的秘书所抄。这部编于上海“孤岛”时期薄薄的古籍书目,却承载着沉重的历史记忆。

张芹伯作为南浔张家长房长孙,不仅打理着家里原有的房地产、围垦公司等产业,而且在沪先后投资创办了三家金融实业,即东南信托公司、江海银行和大康银行。说实在话,张芹伯并不精于此道,他对于古籍版本却情有独钟。据说他每天上午去银行半天,下午就一头扎到他的书房里,摆弄他心爱的古书去了。1937年“八一三”后,张家的实业几乎都陷入困境,芹伯对他的藏书更为忧心忡忡。“孤岛”上虽则依然歌舞升平,纸醉金迷,但又能保持多久呢?谁也说不清。树大招风。北平旧书店老板、日本人、美国人,都看中了他的藏书。侄子张葱玉告诉他,重庆中央图书馆也在收书。张芹伯权衡再三,决定将藏书售与国家。经张葱玉联系,郑振铎、徐森玉等多次来到离苏州河南岸不远的石路张宅大院看书、议价。

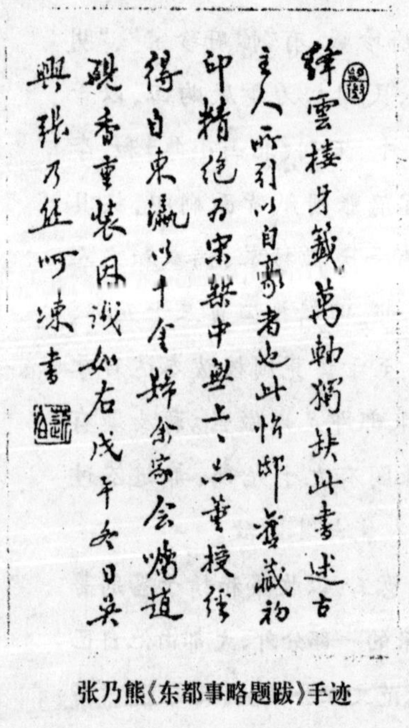

张乃熊《东都事略题跋》手迹

“孤岛”上一边有醉生梦死的生活，一边也有神圣庄严的工作。郑振铎、徐森玉、张元济、张寿镛、何炳松等一批爱国文化人，为抢救濒于危亡的图书文献，经与重庆教育部联系后成立了一个叫“文献保存同志会”的秘密组织。从1940年起，同志会做了大量艰苦卓绝的工作，收购到大批珍本古籍和其他历史文献。张芹伯的藏书是他们认准的重点之一。1940年5月17日，郑振铎等在《文献保存同志会第二号工作报告》中称，江南各家藏书“其中以张芹伯书为最精。仅黄跋书已有九十馀种。现正在编目。目成后，恐即将待价而沽(闻索价五十万)。”③当时各方都在争夺旧家藏书，除北平书商外，郑振铎又听到一条传闻，忙致信蒋复璁：“风闻张芹伯之弟在美国留学，曾于最近来函，欲代美国某图书馆大购宋版书”；“务恳速为设法，或由渝设法通知张某，不应代为收购……”④当然这只是传闻，一场虚惊。张芹伯仍表示售书于国家，不会做对不起民族和祖宗的事。

同年8月24日郑等人在《文献保存同志会第四号工作报告》中说：“张氏《适圃(芹伯)善本书目》，顷已编就，凡分六卷，约在一千二百种左右(全部一千六百九十馀部，其中约六百种为普通书)，计宋刊本凡八十八部，一千零八十册，元刊本凡七十四部，一千一百八十五册，明刊本凡四百零七部，四千六百九十七册，馀皆为抄校本及稿本，仅黄荛圃校跋之书已近百部，可谓大观。适园旧藏，固十之八九在内，而芹伯二十年来新购之书，尤为精绝。……现正在商谈，有成交可能，索五十万，已还三十万，芹伯尚嫌过低，不欲售。然彼确有诚意，最多不出四十万或可购得。”⑤谐价谈判虽则艰苦，但因双方均有诚意，还是很快达成了协议。

1940年10月底，第一批“黄跋本”交到了郑振铎的手里。郑兴奋地致信蒋复璁说：“芹款已到，连定洋万元，共已付四万元(上月底付三万)。昨日傍晚，取来黄氏校跋书一百零一种，三百又三册(中一种仅有藏印)，点收无误。兹钞目奉上，乞存查。此批书琳琅满目，应接不暇，虽仅二箱，而浩若烟海，黄跋书当以此为巨观矣。披览终夜，摩挲未几，几于忘饥。宋元部分，待点查完毕后，亦即可收下。乞勿念！"[6]郑振铎见到后的惊喜之情，溢于言表。不过"黄跋本"的数量似有误(详见下文)。张葱玉其时也将已藏善本百馀种售与了同志会。

然而，张芹伯其他藏书的点交却并不顺利，荏苒延宕达一年之久。原因很多。首先，同志会方面认为，"尚应剔去不佳及可疑者三四百种"[7]，直到宋元本点交编目时，郑振铎还认为"颇有伪品，已加注明"，"中以《尚书注疏》(八行本)最为下驷，一望即知其为明翻也。十二行本《五代史记》亦不甚佳，因补板究竟太多也。《孝经》、《大学》及《四言杂字》均为德州发现之物，当是明初训蒙之读本也。《参寥子集》及《祖英集》亦全无金元气息"[8]。这当然会引起张芹伯的不快。其次，张芹伯考虑到物价暴涨的原因，"希望以五万(美金)之数成交"[9]，并提出保留若干善本和吴兴人著作的要求。以后谐价又有几次反复。这时北平书贾节外生枝，插足进来，申称愿用美金全收芹伯藏书。郑振铎通过张葱玉说服张芹伯，坚持原议，最后商定以国币七十万元成交，并于1941年10月25日以"希古堂"名义与张签订合同。当时金价一日三变，重庆方面汇款未到，蒋复璁等商请中英庚款委员会副董事长马锡尔在上海先行垫付。接着开始紧张的点交工作。虽则合同说明以《适園善本书目》点交，但同志会似乎又作了让步，同意张芹伯保留若干精品和吴兴人著述，可惜书名不详。这也是适園几种宋元版书和其他善本后来陆续现世的原因所在。

1941年12月8日太平洋战争爆发前夕，点交工作方才结束，一部分善本恰已请西南联大李宝堂教授随身携带，安全送抵大后方。

北京图书馆感谢信与捐书清单

台湾苏精先生称，"经过几个月与中央图书馆代表人张寿镛等折冲谈判，张乃熊除留下一些清代刊本和吴兴乡贤著述外，全部由该馆在三十年十月底以七十万元收购"[10]。《影印〈适園善本书目〉

序》也说：芹伯“其藏书于对日抗战期间，悉售归国立中央图书馆，现已迁运来台”。其实不然。

当年张乃熊售书以后，家中仍有许多藏书，除普通版本外，不乏精品善本。1942 年 3 月，就有一种宋刊《欧阳文忠公集》流出(此书《书目》中未著录)，为张元济所购得，内有“菦圃收藏”印记，郑振铎赞曰“实惊人秘笈”[11]。张元济曾影印一二幅，分送友人。此书后仍归文献保存同志会，因而今也藏于台北中央图书馆。

应该说，菦圃大部分精品均归中央图书馆，但并非全部。1945 年张芹伯去世，剩馀的藏书由他长子张泽璇(齐七)继藏。解放初，郑振铎由张葱玉陪同来访，动员张家向国家捐书。张齐七慨然允诺。张家后人精心保存至今两份当年捐书的证明，颇为难得。最近宋路霞女士见到以后复印一套见寄，此应该是近代重要的藏书史料，值得介绍。

第一件北京图书馆感谢信：“承将尊大人芹圃先生遗藏《癸辛杂识》等书二十二种，计一百二十二册，捐赠我馆，无任感荷。除敬谨收藏并呈报文化部文物局，拟请颁予奖状外，特先函谢。随附清册一份。即希惠詧是荷。此致张齐七先生。国立北京图书馆一九五〇年四月四日启。”可惜信中所说文化部的奖状，

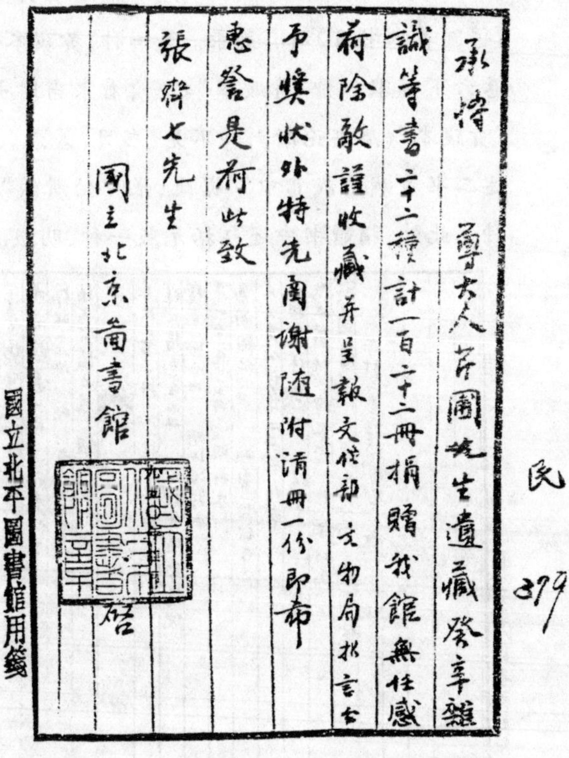
承将
尊大人芹圃先生遺藏癸辛雜
識等書二十二種計一百二十二冊捐贈我館無任感
荷除敬謹收藏并呈報文化部文物局擬請
予奬狀外特先函謝隨附清冊一份即希
惠詧是荷此致
張齊七先生
國立北京圖書館 啓
國立北平圖書館用箋
民
379

“文革”中毁于造反派之手。

另一件为书单，系《张齐七先生捐书目录》：“癸辛杂识一册　明抄本，黄丕烈跋*；唐书论断二册　抄本，黄丕烈跋；隶释八册　清刻本，汪曰桢校；长术辑要十二册　稿本*；孟东野诗集　明弘治刻本六册*；自知堂集八册　明嘉靖刻本*；沈下贤诗集二册　抄本，顾沅校*；吹景集三册　明刻本*；嘉禾问录二册　明刻本*；蓴香楼遗文礼耕堂丛说一册　抄本*；开辟演义六册　明末刻本*；韩非子八册　明刻本，顾千里校跋；张氏宗谱七册　明刻本；春秋比事十册　淡生堂抄本*；释氏稽古略四册　元刻本，张蓉镜跋*；稽古录八册　明弘治刻本；平山堂集十二册　明刻本；见闻杂记四册　明万历刻本*；朱文肃公诗集二册　抄本*；礼耕堂诗集一册　稿本；陈氏丛刻八种十四册　乾隆刻本；糖霜谱一册　楝亭刻本，芹圃校。共计二十二种一百二十二册。”书名后打*者十二种，据笔者查考《芷圃善本书目》均有著录。第一种“黄跋本”《癸辛杂识》，即《书目》卷六下百零一种“黄跋本”之一，看来当时并未交同志会。第二种“黄跋本”《唐书论断》，却不见《书目》著录。查《荛圃藏书题跋》，上述二书黄跋均载其中。据此，张芹伯所藏“黄跋书”应该为百零二种。此外，捐赠书中还包括元版一种、明版五种，稿本一种、名人抄

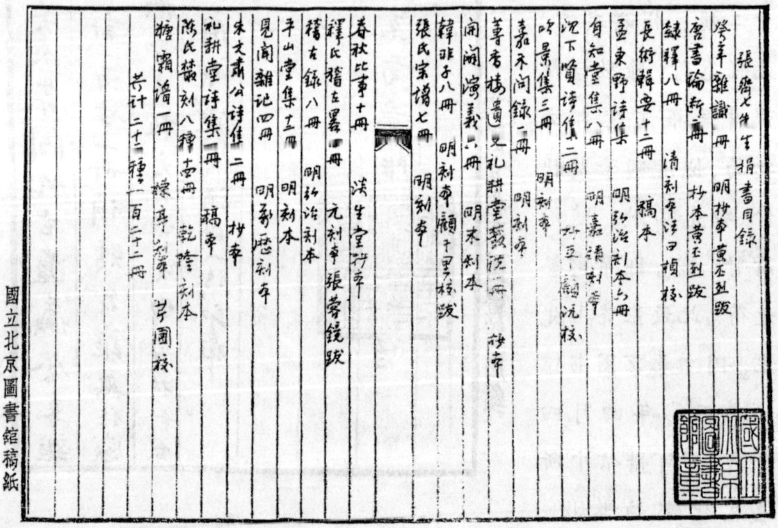
張齊七先生捐書目録
癸辛雜識一册　明抄本黄丕烈跋
唐書論斷二册　抄本黄丕烈跋
隸釋八册　清刻本汪曰楨校
長術輯要十二册　稿本
孟東野詩集　明弘治刻本六册
自知堂集八册　明嘉靖刻本
沈下賢詩集二册　抄本顧沅校
吹景集三册　明刻本
嘉禾問録二册　明刻本
蓴香樓遺文礼耕堂叢說一册　抄本
開闢演義六册　明末刻本
韓非子八册　明刻本顧千里校跋
張氏宗譜七册　明刻本
春秋比事十册　淡生堂抄本
釋氏稽古略四册　元刻本張蓉鏡跋
稽古録八册　明弘治刻本
平山堂集十二册　明刻本
見聞雜記四册　明萬歷刻本
朱文肅公詩集二册　抄本
礼耕堂詩集一册　稿本
陳氏藝刻八種十四册　乾隆刻本
糖霜譜一册　楝亭刻本　芹圃校
共計二十二種一百二十二册
國立北京圖書館稿紙

校本一种、抄本二种。当然这里记述比较简单，略去了卷数、作者和旧藏家等信息。如元刻本《释氏稽古略》，《莛圃善本书目》是这样著录的："释氏稽古略四卷　宋释觉岸编　元刊本　四册　叶石君补阙行、张芙川跋　李日华、士礼居旧藏(卷二)。"有的书名稍异，如《长术辑要》，《书目》著录为："历代长术十卷古今推步诸术考二卷　乌程汪曰桢撰　稿本　十二册(卷五下)。"从都是稿本和册数相符来看，应该是同一书。此外，《孟东野诗集》为淡生堂、汪鱼亭旧藏，《自知堂集》为涉园旧藏，《吹景集》为安乐堂明善堂旧藏，等等，可见其珍秘的程度。馀下十种，当时也许认为皆属普通本，《莛圃善本书目》未著录，其实不少明刻或清初刻本，今天应都是善本。《开辟演义》，大约即是明周游所撰章回小说《开辟衍绎通俗志传》，该书六卷八十回，叙述自盘古开天辟地到周武王吊民伐罪的故事，序文署崇祯八年(1635)"靖竹居士"书。如是明末刻本，当也十分难得。

千年古刻惊现苏州旧书铺

古语云："百足之虫，死而不僵。"张芹伯去世后，家里的藏书仍然很多，据称仅书目类书就装满整整一个书橱。名义上归长子张泽璇保存，其实母亲郭后全当家，孩子们都听她的安排。善本古籍和书画文物作为最后的家底，在以后的岁月中陆续出售了。张芹伯第三个儿子张泽堪解放后到了苏州，在一家工厂工作，生活不富裕。母亲交给他几部古书，让他困难时换些钱贴补家用。几年下来已所剩无几，"文革"中那动乱岁月家藏旧书更叫人提心吊胆。1973年某一天，张泽堪辗转托人找来护龙街旧书店的江澄波，拿出一部古书请予以估价。江澄波其时是苏州古旧书店职员，被下放到苏北农村劳动，1972年回苏州治病，恰逢旧书店复业，应邀回店"帮忙"，做一些旧书收购工作。他早年随父亲经营文育山房古旧书铺，见多识广，一见此书，眼前一亮，原来是宋刊本《容斋随笔》和《续笔》。千年古刻惊现古城苏州，此书来历不凡，而环绕它又发生过许多故事。

《容斋随笔》，南宋洪迈(1123—1202)著，是一部宋代重要的笔记。其书涉及历史、文学、哲学、艺术等方面，考证了宋代以及宋之前的一些历史事件、历史人物和政治经济制度，多为正史所不载。该书分《随笔》、《续笔》、《三笔》、《四笔》、《五笔》，共五集七十四卷。《随笔》、《续笔》各十六卷，南宋嘉定五年(1212)鄱阳洪氏刊，该书第一刻本，国内已经失传。日本鞠山文库藏有一部，清末为湖北藏书家田吴炤(伏侯)从东瀛购回。故而该书钤有“鞠山文库”、“荆州田氏藏书之印”、“后博古堂所藏善本”、“潜山读本”、“田伟后裔”等藏印。缪荃孙曾借校并撰有跋文。民国初，此书归另一位湖北藏书家徐恕递藏。经傅增湘介绍，张元济又以一千二百元代价收归商务印书馆涵芬楼。张当时筹印《四部丛刊》，拟向张石铭适园商借善本。张石铭看中了《容斋随笔》，提出让售要求。《张元济日记》1921年1月14日记载着这段书林掌故：“张石铭托葛词蔚来商，愿得本馆所藏宋本《容斋随笔》、《续笔》。与同人商议，如彼允借书于我，无限制，即以原价让与亦不可。随即函达词蔚。留稿。”[12]葛词蔚，名嗣浵，平湖传朴堂藏书楼主人，张元济浙江乡试同年，后结为儿女亲家。次日，《张元济日记》又记下此事结果：“晨访词蔚，告以本馆欲石铭借书事，请其转达，即以让《容斋随笔》、《续笔》为交换条件。词蔚允即转商。嗣得电话，又来信，并附到石铭复信，完全允许。”[13]为能借印更多的善本，张元济忍痛割爱，从此这部罕见宋刊就成为张石铭适园的珍藏。

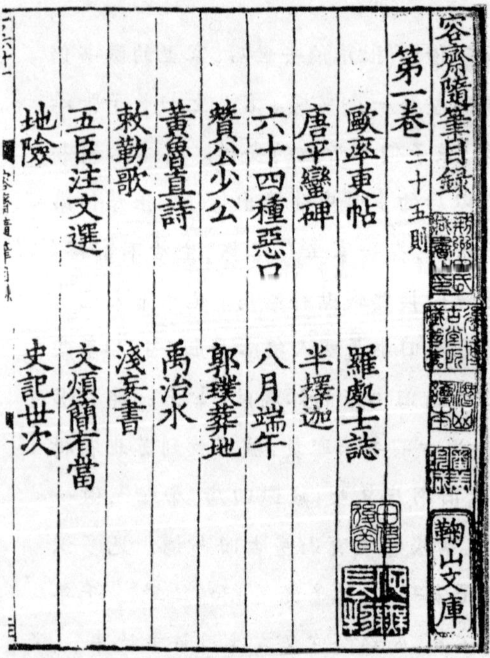
容齋隨筆目録
第一卷 二十五則
歐率更帖 羅處士誌
唐平蠻碑 半擇迦
六十四種惡口 八月端午
贊公少公 郭璞葬地
黄魯直詩 禹治水
敕勒歌 淺妄書
五臣注文選 文煩簡有當
地險 史記世次

不过，二张似乎也达成谅解，商务保留将此书影印行世的权利。商务印书馆在出让该书时，可能已留下摄影底片。1934年，宋刊《容斋随笔》、《续笔》由张元济编入《四部丛刊续编》，《三笔》、《四笔》、《五笔》则配以北平图书馆宋刊本和常熟瞿氏铁琴铜剑楼藏明弘治活字本。张元济撰跋。印行牌记仅标明涵芬楼等，未提适园，因此关于此书的来龙去脉，在《张元济日记》公布之前鲜为人知。

这部宋刊《容斋随笔》由张芹伯继藏，《菦圃善本书目》中有著录。当年郑振铎致蒋复璁信中叙述"芹货"宋元本时，也提及过《容》书。显然此书后来张芹伯留下了，未售与文献保存同志会。三十馀年后惊现于苏州，最终归苏州市图书馆珍藏至今。⑭

据张泽堪回忆，他还有一部叫《元包经传》的宋版书，售与了上海古旧书店。这是一部古代著名的术数书。查《菦圃善本书目》卷一有著录："元包经传五卷元包数总义二卷　后周卫元嵩撰、唐苏源明传、李江注，宋张行成总义　宋绍兴三十一年刊　八行十六字四册　徐健庵旧藏"。傅增湘曾于"癸亥(1923年)罗振常处见"《元包经传》，其所著录版式、徐乾学(健庵)藏印等，证明即为此书。不过，傅定为"元翻宋绍兴三十一年临邛张洸蜀大字本"⑮，与张芹伯稍异。不论真是宋刻还是元翻宋刊，都极为珍贵。这是菦圃藏书中又一部未归中央图书馆的宋版书。

适园藏书的聚与散，是近代私家藏书的一个缩影。化私为公，乃大势所趋。战争与动乱导致书厄不绝，造成中华典籍大量流失和损毁。适园藏书的归宿还算是幸运的。

(本文写作中曾得到宋路霞女士大力帮助，谨以致谢。)

注：

①陈乃乾《上海书林梦忆录》，《古今》，1943年。

②《发起中国历史学会启事》，《申报》1933年11月11日。

③陈福康《郑振铎等人致旧中央图书馆的秘密报告》，《出版史料》2001年第1期。

④1940年5月21日郑振铎致蒋复璁信，沈津整理《郑振铎致蒋复璁信札（上）》，《文献》2001年第3期。

⑤陈福康《郑振铎等人致旧中央图书馆的秘密报告（续）》，《出版史料》2004年第1期。

⑥1941年11月1日郑振铎致蒋复璁信，同④。

⑦⑨《文献保存同志会第九号工作报告》（1941年6月3日），同⑤。

⑧1941年12月2日郑振铎致蒋复璁信，沈津整理《郑振铎致蒋复璁信札（下）》，《文献》2002年第1期。

⑩苏精《近代藏书三十家》，台湾传记文学出版社1983年。

⑪1942年3月20日郑振铎致蒋复璁信云："家中大小，自莚翁以下，均安吉如常。……莚翁近得《欧阳文忠集》一种，宋刊本也，实惊人秘笈，曾影印一二幅分赠好友。兹附奉一幅，乞留为案头清玩。"郑振铎1942年1月26日致信蒋复璁也云："此间一切安宁，家中大小，自莚翁以下均极健吉，堪释远念。"同⑧。"莚翁"是谁？张乃熊号莚圃，但这里不可能是他，而只能是张元济。第一，当时上海已全部沦陷，郑振铎等文献保存同志会成员转入地下，跟重庆方面通信均用暗语代称。郑自称"犀"、"梯"，徐森玉称"圣翁"等。所谓"家"，当指同志会，内张菊老年龄最长，"菊"与"莚"同属草字头，与张乃熊又同姓，故"莚翁"无疑为张元济代称。第二，1941年底太平洋战争爆发前，郑振铎为购张氏适园旧藏善本，与张乃熊打过很长时间交道，常有微辞，信中均直呼其名，从不称"翁"。

⑫⑬《张元济日记》下册，张人凤整理，河北教育出版社2001年1月。

⑭江澄波《古书名抄经眼录》"宋刊本《容斋随笔》"条云："1973年笔者在前梗子巷居民家发现（物主系南浔张氏'适园'后人），收归苏州市图书馆保藏。"江苏人民出版社1997年11月。

⑮傅增湘《藏园群书经眼录》第三册，中华书局1983年9月。

朱希祖的郦亭藏书

朱元曙

郦亭是先祖父朱希祖(逖先)先生的藏书室号。据先父朱偰先生说,郦亭藏书全盛时达二十五万册,百馀万卷。余生也晚,当然是不曾见到如此的盛况,前年,根据祖父和父亲的日记,以及其他资料撰写了《郦亭藏书的艰辛与悲凉》[①]一文,介绍了郦亭藏书的迁徙及捐献的过程。近来因编《朱希祖先生年谱》,查阅了不少资料,对祖父的郦亭藏书又有新的了解,因而不揣浅陋,将我所知的有关郦亭藏书的一些往事公诸同好,以期对研究者有所帮助。

一、郦亭主人

先祖父朱希祖,字逖先、逷先,浙江海盐人,生于清光绪五年(1879年)正月十一日。朱家为书香世家,祖父的高叔祖虹舫公,嘉庆辛酉进士,授翰林院编修。曾叔祖朵山公(朱昌颐),道光丙戌状元,授翰林院修撰。明清两代,朱家共有进士十三人,翰林一人,状元一人。

祖父是著名的历史学家,也是中国近代史学的开山人之一。他1905年考取官费留学日本,进早稻田大学研习历史。留学期间还师从章太炎先生,为太炎先生早期得意弟子之一。1909年回国。辛亥后,曾一度出任海盐县知事(县长),后任浙江教育厅第三科科长。1913年至北京出席教育部全国读音统一会, 后受聘为北京大学教授,先后任北京大学国文系和史学系主任。祖父积极投身新文化运动,为《新青年》撰稿人之一,1921年,与茅盾、郑振铎、叶圣陶、周作人等十二人发起成立“文学研究会”。1929 年 1 月发起成立“中国史学会”,并当选为主席。1932 年,应广州中山大学校长邹鲁先生聘,任中山大学文史研究所所长。1934 年,应南京中央大学校长罗家伦先生聘,任中央大学史学系主任。抗战开始,祖父随校西迁,继续任中央大学史学系主任。1940 年任国史馆筹备委员会总干事,考试院考选委员。1944 年 7 月 5 日在重庆逝世,享年六十五岁。

二、“郦亭”得名的由来

“郦亭”得名的由来,士林尽知,但为了本文的叙述完整,还是得老话重提。

祖父用“郦亭”来名自己的藏书室,是因为他藏有一本《明钞宋本〈水经注〉》。这本《明钞宋本〈水经注〉》是祖父 1923 年购入的,所以“郦亭”这一名字最早不会早于 1923 年。祖父 1925 年 2 月 4 日致张元济信[2]云:“前年购得明抄宋本《水经注》四十卷,二十册,明白棉纸本,初疑自明柳大中本抄出,不甚贵重。近由王君静安审定确抄自宋本,劝我石印,以供同好。”1925 年的前年,自然是 1923 年。

王国维先生为此书作了跋文,摘录如下:“明抄本《水经注》四十卷,海盐朱逷先教授藏。每半叶十一行,行二十字。与江安傅氏所藏宋刊残本、孙潜夫所校明柳大中抄本、袁寿皆所校明景宋抄本行款并同。取宋刊残本校此本,凡佳处误处与字之别构,一一相同。又取永乐大典本、孙潜夫校本、袁寿皆所校明景宋抄本校之,亦十同八九。盖即从宋刊本抄出也。今宋刊本仅存十一卷有奇,永乐大典本存二十卷,孙潜夫、袁寿皆校本存十五卷,馀如柳大中本、归熙甫本、赵清常本、陆孟凫、钱遵王、顾抱冲诸家所藏旧抄本,均已不可踪跡;而此本独首尾完具,今日郦书旧本,不得不推此为第一矣。……”

这本被王国维推崇为“郦书旧本第一”的《水经注》,祖父视为拱璧,当作镇室之宝,又因为该书为北魏郦道元所著,故以“郦亭”

名其藏书之室。并请章太炎先生书匾，并作跋，这是1932年5月16日的事。章太炎先生1932年春夏之间，在北京各大学讲演，5月16日，太炎先生与钱玄同、沈兼士等至祖父北京草场大坑21号寓所，观祖父藏书，祖父出此书，章太炎为之作跋，跋文如下："明写《水经注》四十卷，余弟子朱希祖逖先得之。其与宋刊符合之迹，海宁王静安论之详矣。近世赵全戴诸公分析纲领，或以大书变为子注，郦书自此易读。然谓其本实然盖近武断，不窥旧写而局于诸家定本，犹以韵谱为说文也。此本以白纸縣书，书中常字不改写作尝，知嘉靖万历间人为之，卷帙完具，无有阙挩，于今尤难。迺逖先其家之箧笥，使子子孙孙永用焉。民国廿一年五月章炳麟识。"同行之钱玄同、沈兼士均有题款。1942年，在重庆，许寿裳、汪东又为该书题款。该书，解放后由先父朱偰先生捐赠给北京图书馆(今国家图书馆)[③]。

这儿附带说一下"郦亭"藏书印的问题。在先父朱偰先生捐给南京图书馆的"郦亭藏书"中，有些书上钤有"郦亭"印一方，该印为阴文，有些人误以为这是先祖父的藏书印。其实，这枚印章是1964年父亲请我的书法老师、金陵篆刻名家钱瘦竹先生刻的。

三、郦亭藏书的购求

祖父开始藏书大致始于日本求学时代，1913年到北京执教后，更是南北奔走，东西驱驰，节衣缩食，以求善本，这些都是被人们屡次在文章中提及的。到了1921年，祖父的藏书在学界已小有名气，吴虞还专门在马幼渔的陪同下到祖父家中参观藏书。《吴虞日记》记道："民国十年七月十三号，星期三，初九，大晴。同幼渔访朱逖先，观所藏之书，据云《士礼居丛书》原本，文奎堂以八百元购之。若宋本《文选》一部，须值数万元矣。观高士奇校顺治三年刻本《清律》，沈家本所藏为顺治九年刻，已称难得，此更不易也。又观袁廷梼据惠定宇、钱竹汀校《说文》手校本，又观明秦藩本《史记》，明袁氏原刻本《世说新语》，明本《相台五经》，吴山尊原刻《韩非》、《晏子》诸书,尚有明藩本前后《汉书》未见。”

对于祖父的购书,最被人们津津乐道的是伦哲如先生的《辛亥以来藏书纪事诗》,伦哲如说:“书坊谁不颂朱胡(元曙按:因当时祖父留有大胡子),轶简孤编出毁馀。勿吝千金名马至,从知求士例求书。”诗注云:“海盐朱逖先希祖,购书力最豪,遇当意者不吝值。尝岁晚携巨金周历书店,左右采掇,悉付以现。又尝预以值付书店,俟取偿于书,故君所得多佳本。自大图书馆以至私家,无能与君争者。”其次,当属周作人先生在《北大感旧录》中所说的“吾要”。周作人说:朱希祖“对于此道很是精明,听见人说珍本旧抄,便揎袖攘臂,连说‘吾要’,连书业专门的人,也弄不过他。”

伦、周二位说的都是事实。祖父购书确实惊人。他1913年参加教育部读音统一会,首到北京,几乎天天到琉璃厂购书,仅据祖父当年的日记[④],2月份即先后购得:《白孔六帖》,《古今钱录》,明吴管校刊《水经注》,《蜀石经》双钩本,《华山碑碣石颂》双钩本,仿宋本《锦绣万花谷》残本,顾千里校刊明吴元恭本《尔雅》,江都沈龄撰《续方言疏证》,明吴管刊《洛阳伽蓝记》,蒋刻陆游《南唐书》,武英殿聚珍版《文苑英华辨证》,桐城吴汝纶写定本石印《尚书》,陈逢衡补注《穆天子传》,扬州汪氏仿宋绍熙本《公羊传注》,滂喜斋刻《古泉丛话》,瞿云叔校《穆天子传》三种,《易林》,《古今人表》,谢启昆《西魏书》,庄刻《淮南子》,莫友芝原刊《宋元旧本经眼录》,朱右曾《汲冢纪年存真》,经训堂本《山海经》、《道德经考异》、《三辅黄图》、晋太康三年《地记》、《晋书·地道记》、《晋书·地理志》、《新补正文字辨证》、《音同义异辨》、《说文解字旧音》、《夏小正考》、《吕氏春秋》,福礼本《周礼》,明刊韩道昭《五音集韵》,王绍兰《说文段注订补》,张子简先生刊袖珍本《正续畴人传》,王先谦《荀子集解》,邵氏原刻《尔雅正义》,苗夔《说文声读表》,李文田《撼龙经注》,《说文步首韵言》,明刻周伯琦《说文字源》,《精刻四书正文》,《瞿忠宣公集》,残本《朱笥河文集》,明刻本《说文解字》,海源阁《助词辨略》,《小腆纪传》五十六卷、《补遗》五卷,仿宋本盛宏之《荆州记》,吴昌莹《经词衍释》,同治修蒋氏合刻《南唐书》(马、陆二书均全),盱眙吴增仅《三国郡县表》,一隅草堂初印本《汗简》,淮南局刻《说文校诠》,宜稼堂丛书本萧常《续汉书》,《剡源集》,《清容居士集》,明南监余直丁等校刊本《梁书》,殿版仿宋本《左传》,宋版郑康成《周易注》(疑元版),宋版《春秋集传大全》(内缺一册,无刊刻年月),宋版贾昌朝《群音辨》(存五卷,抄二卷),《郘亭知见传本书目》,康刻《玉海》并附刻十三种,问经堂辑本《本草经》,明《九边论》,武英殿聚珍版《五代史刊误》。共六百四十二册,用银百十五元。由此可见一斑。

当然,祖父未必每月如此,但也经常如此。我还看到的祖父日记和笔记中记有书账,仅举1929年2月4日书账为例,收:洋二百七十元,清华洋八十元,百元,文学史一元五角,学术周刊七元。共四百五十八元五角。付:直隶局《牧斋全集》洋八十元,修绠堂洋四元,带经堂洋四十六元,九经堂洋三元,汇文堂洋五元五角,鸿宝阁洋三元五角,瑞文斋洋五元,文奎堂洋十元,宏济堂洋六元二角,西集成局洋十五元(清),三友堂洋四十八元(清),汇记局洋五十元,文英阁洋三元五角,东亚书局洋一元五角五分,宝华堂洋十一元,文华堂洋四十六元,文苑斋洋四元,文萃斋洋七元五角,宏远堂洋三十元,通学斋洋三十元,来薰阁洋三元,保萃斋洋十七元,久安堂洋二元五角,宏道堂洋七元,邃雅斋洋二十四元,瑞文堂洋十元,宏远堂新账洋二十六元,文禄堂洋十五元,南集成洋四元,文友楼洋二元,宝文局洋七元,共五百二十七元二角五分。从中不仅可以看出祖父当年购书之勤之夥,而且书账中记录了三十几家旧书店的名字,也应该是关于北京旧书业的一份可贵的资料。

对一些难以购买的古籍,祖父还会请人抄录,甚至自己亲手抄录。如1913年2月25日,祖父从法政学校邵伯炯先生处借得《半岩庐所见书目》回去抄录,一直到3月6日抄完。再如,1932年,祖父南下广州,道出南京,10月8日,参观龙蟠里国学图书馆,访柳诒徵未遇。在龙蟠里国学图书馆选稀见善本书《石匮书后集》、《大明宝通义》、《皇明末造录》、《闽幕纪略》、《安南弃守本末》等五种,托馆觅人代抄。后又托人在该馆抄录清人补屈翁山《四朝成仁录》三卷。还有,南明何吾驺的《元气堂诗集》、何巩道(何吾驺子)的《越巢诗集》、何栻(何吾驺孙)的《南塘诗钞》是从广州黄慈博家抄录;屈大均的《翁山文外逸文》是从广州藏书家徐信符家抄录;《陈函辉死节传》、清武进钱人麟编《东林别乘》是从广州罗原觉家抄录;苏国祐《易箦遗言》、朝鲜人郑乔之《南朝纲目》是从广州黄佛颐家抄录。以上只是随手举几个例子,像这样的事在祖父的日记中还有很多。

为了搜求善本或有史料价值的稀见之本,祖父还四处探访。如1923年夏,应陕西督军刘镇华之请,祖父与陈百年联袂西行,入关讲学,广搜关中古籍,所得盈箱满箧。同年9月,与叶瀚先生北游大同,搜集碑拓,购置史料。1927年10月9日至12日,赴天津搜购史籍。1932年秋,邹鲁先生聘祖父为中山大学史学系主任,祖父因南粤为南明诸王兴兵抗满之所,为南明史乘之渊薮,故极愿一往,以搜集史料,遂有广州之行。在粤一年有半,搜集到南明珍贵史籍数十种[5]。1934年祖父任南京中央大学史学系主任,3月29日至4月9日,冒风雪赴杭嘉沪三地,购置旧书甚富。像这样的记载在先父所编的《先君逖先先生年谱》[6]中还有很多。

另据徐雁先生所言,祖父还收购了缪荃孙藏书中的全部野史、笔记[7]。

祖父就是这样,足迹所至,无论寒暑,节衣缩食,辛勤访书,数十年下来,其藏书不论数量还是质量,都名闻天下,尤其是其所藏南明史籍,号为"全国公私第一"[8],天下无能与之争者。

四、郦亭藏书的分类

祖父对自己的藏书十分重视,生前已编好一些分类书目,并写有不少藏书题跋,而且在许多书中夹有版本说明。先父朱偰先生参照这些分类书目、题跋和版本说明,编写了《郦亭藏书目录》[9]。将先父所编的目录与先祖父遗存的一些分类书目、题跋及版本说明两相对照,可见先父对同书的版本著录几乎未加改动。所以,这份《郦亭藏书目录》虽不是祖父亲自编写，但其可信程度是不容置疑的。另还有祖父亲手编的《海盐朱氏地方志目录》[10]。家中留存的是上述两份目录的复印件。

据《郦亭藏书目录》，郦亭藏书按中国传统图书分类法分类，分经、史、子、集四类，总数五千馀种，(另有一类是从上述四类中辑出的海盐地方文献，数目不在上述五千馀种之中)。但《郦亭藏书目录》只包含少量地方志。据朱士嘉《中国地方志综录》[11]称祖父所藏地方志一千六十八种，另有古志、市镇志百馀种；但是，据祖父亲手编订的《海盐朱氏地方志目录》，郦亭所藏地方志共一千二百二十七种。因此，据《郦亭藏书目录》和《海盐朱氏地方志目录》，郦亭藏书总数应在六千馀种。应该说明的是，这已不是全盛期的郦亭全部藏书。

一、史部藏书。祖父为历史学家，所以史部藏书是他藏书中最重要的部分。其史部藏书二千八百四十一种，再加地方志，除去重复，当在四千种上下，是四部中数量最多的。其中明清史籍占三分之二，而这之中最引人注目的便是号称“全国公私第一”的南明史籍。

祖父是公认的南明史权威，其搜求南明史籍不遗馀力。他早年受章太炎影响，在日本留学时就“留意于晚明史籍”。到1931年，祖父已搜求到“南明史料约二百数十种，南明人文集约百五六十种，笔记杂著约数十种。其中颇有旧钞本、珍本海内稀有者”[12]。在《郦亭藏书目录》南明史类中，共收入野史、杂著四百馀种，南明人年谱四十六种，再加上集部中南明人别集三百馀种，总数当在七百馀种，如再加上地方志中有关南明史料，总数当近千种。谢国桢在走访全国公私藏家后所编的《增订晚明史籍考》，是目前全国记录南明史籍最多的一部书目，据李培文先生统计，《增订晚明史籍考》中记录的晚明史籍，郦亭藏书中收有其十之八[13]。可见祖父所藏南明史籍号称“全国公私第一”，确非虚誉。

地方志也是郦亭藏书中一大重点。李培文《朱希祖与郦亭藏书》一文中说：“据当时南图朱氏藏书入库清单分析，朱藏方志大部分属于江浙一带。”但祖父亲手所编《海盐朱氏地方志目录》藏方志共二十四个地区，这样看来，李文所说“朱藏方志大部分属于江浙一带”有误(李先生可能没有查看《海盐朱氏地方志目录》)。

二、经、子、集三部藏书。经、子两部，在祖父的郦亭藏书中并不是主要的部分，在《郦亭藏书目录》中只有四百六十二部，其数量远逊于史、集二部。集部共一千八百零九种，其中明清两代别集有一千二百五十一种，约占十分之七，其中清代列入禁书的九十九种。祖父治史，非常注重文人别集中所记录的史事，至于南明史，更是注重被清代统治者禁毁之文人著作。这些文集，祖父并不是当作文学作品来读的，而是当作历史资料来看的，如李清的《南渡录》、张家玉的《名山集》、张岱的《石匮书》等。

五、郦亭藏书的价值

古籍善本有的具有史料学上的价值，有的具有版本学上的价值，有的二者兼有。一般说到郦亭藏书的重要版本，总是那么几本：《明钞宋本水经注》、《宋本周礼》、《宋浙本尚书孔传》、《鸭江行部志》、《山书》等。其实郦亭藏书中重要的著作何止这区区几部。

我不能确切说出郦亭中的善本数量，但有一件事可见其大致。1933 年初，日寇进攻热河，其时祖父正在广州任教，他心忧北京家中的藏书，立即编写家中善本书目录，令北京家人急速打包邮寄广州，半年间，邮寄七百六十馀包。2 月份，祖父派祖母回北京，祖母亲自携十五箱地方志至广州[14]。我家书箱通常每箱装书百五十册左右，家中现留有先父朱偰先生所编北京老宅《南屋中间书箱书目》，共十二箱，由此而知祖父所藏的善本及其他重要书籍有多少了。

一、史、集二部中的善本书。首先要说到的是南明史籍。南明史籍中有大量的抗清活动史料和南明人传记，于是有清一代大多禁毁，所以流传下来的就具有了极高的史料价值和版本价值。郦亭所藏南明史籍的特点就是稀见本多、禁书多。

祖父在《广州征访南明史料记》一文中说：“始在北平，积二十年，或征访收购，或丐借传抄，稿本必求其旧，刻本必求其朔，贮之箧笥，已数百种，稀有之籍，亦且盈百，如万斯同之《明史稿》、张岱之《石匮书》其最著者也。”

1923年祖父购得康熙钞本万斯同《明史稿》残本百七十九卷，对此书祖父先后于4月25日、5月25日、6月7日致信张元济探讨其版本，6月7日致信张元济云：“钞本《明史稿》今觅得确证甚多，可决定为万氏原稿(元曙按：意为抄于原稿)。”

北京图书馆藏有抄本万斯同《明史稿》二百八十三卷，是从福建王可庄家中购得。据桐城萧穆《敬孚类稿》说，万斯同《明史稿》的原稿就藏于王可庄家中，可惜，北京图书馆的系乾隆抄本，而祖父所藏为康熙抄本，两相对校，“馆本”改窜之迹甚多，恐非由万稿出[15]。由此可见祖父所藏该书的版本价值之高。

张岱的《石匮书》为祖父1930年前后购得。该书共二百二十一卷，为原稿未刻本(元曙按：意为抄于原稿而未刻，不是指张岱亲手所写之原稿)。1932年，祖父又请人在南京江苏省立国学图书馆抄得《石匮书后集》，使之终成完璧。这《石匮书后集》虽非原稿，但亦从原稿出，共六十三卷，均为南明人列传，对于弘光朝及鲁监国事，尤为详赡，是难得的南明史料。

祖父1927年购入的十八卷《山书》，也是极其珍贵的。这年12月30日祖父致信张元济云：“又购得《山书》十八卷，孙承泽撰，康熙抄本，有朱彝尊印及秀水朱氏潜采堂印，且载于《潜采堂书目》。此书所记系明崇祯元年至十七年三月大事，乾隆时知不足斋鲍氏有一抄本进呈四库，《浙江采进书目》载之，后入《全毁书目》，故《四库全书》不载此书，传本恐甚少矣。”

此书后来“文革”中抄家时不知所终。“文革”后，《文物》杂志曾登载启事，寻找此书，各大拍卖会上亦未见此书踪影。不知尚存人间否？

再如南明张家玉《名山集》一书，其中载有隆武朝敕书三十四道。南明三朝，以隆武朝史料最为缺乏，这部书无疑为研究者提供了最为宝贵的史料。所以,祖父在《广州征访南明史料记》中说:"余此次南来,以此收获为第一,可谓不虚此行矣。"此书为永历刻本,有的文章说为弘光刻本,那是错误的,因为既有隆武朝的敕书,怎么会是弘光刻本呢?

弘光刻本比永历刻本要精贵的多，因为弘光朝只存在一年多,加上清朝对南明史籍的禁毁,弘光刻本流传至今更是凤毛麟角。但祖父藏书中弘光刻本的南明史籍就有《经国雄略》、《时务権书》等书。

再如祖父所藏自焚殉国的南明礼部尚书吴钟峦所著《十愿斋全集》。该书为康熙初年刻本,共六种:《霞丹自述》一卷,《大学衍注》一卷,《遗集》五卷,《文集》六卷,《易说》一卷,《易笺》一卷。此书在清代已难觅,博学如全祖望也未能见其全貌,所以祖父说:"则此六种之留存,更当珍如共球而宝贵矣。"[16]据《中国古善本书目》记载,此书全国只郦亭藏有一部,可见其珍贵。

再如清道光年间海盐李聿求的《鲁之春秋》稿本,祖父说:"此书在今日鲁史中,谓为最佳之作。"[17]谢国桢在《增订晚明史籍考》中说,这部书流传至今的只有稿本和抄本两部,而谢氏在走访南北公私藏家后,未见有抄本,所以祖父所藏此书是全国学界至今能见到的唯一的本子。

再如屈大均(翁山)的著作,是南明史籍中关于南明史料最多的著述,他的《四朝成仁录》、《永历遗臣录》(祖父均有藏)虽为重要,但其"文外""诗外"尤为史料所萃。祖父在广州一年半,对屈大均的著述征访尤力,先后收有各种版本的屈翁山"诗外""文外""逸文",如康熙刻本《翁山文钞》(翁山晚年手定本，十之八为《翁山文外》所无)、康熙刻本《翁山诗外》(凌凤翔补刻本)、康熙刻本《翁山诗外》(残本)、国学扶轮社本《翁山诗外》、康熙刻小字本《翁山诗集》、乾隆癸酉翻刻本《翁山诗略》等。祖父据此等著述,著有《屈翁山著述考》、《屈翁山年谱》、《屈翁山传》等著述,以及多篇题跋。

再如南明陈济生所选的十卷本《启祯两朝遗诗》,此书乾隆时列入《禁毁书目》。早在康熙六年，顾炎武等人就因此书牵连下狱。此案离浙江南浔《明史》案仅四年，人皆惴惴于藏书被杀，故此书流传绝少。直到上世纪二十年代才渐见传本，但皆残缺，如大藏书家傅增湘先生仅得三册，上海南洋中学图书馆仅得四册，只有武进陶氏始得全部十卷。祖父所藏《启祯两朝遗诗》，为海宁吴骞旧藏，中虽有缺页，但所缺之部分及诗人小传，皆由管廷芬手写补足。武进陶氏藏本后归北平图书馆，祖父持自己所藏管廷芬补足本与陶氏藏本相校，发现己藏之管氏补足本所录之诗及传，皆多于陶氏藏本，所以祖父所藏之《启祯两朝遗诗》为最完全之本，且书中有许多管氏补注的事迹、增补的遗诗，还有吴骞的朱笔加注，这更使该书弥足珍贵[18]。

祖父所藏南明史籍，珍贵者还有很多，在此不一一例举了，可详见其《明季史料题跋》和《海盐朱氏地方志目录》。

在祖父的郦亭藏书中，史部藏书还有许多富有史料价值或版本价值的典籍，如早已失传的《鸭江行部志》即是其中之一。《鸭江行部志》为金人王寂所撰，王寂时为提点辽东路刑狱，巡按各部，记其所事，故名“行部志”，为日记体，共两部，一为《辽东行部志》，一为《鸭江行部志》，此二书于金上京、东京、北京三路地理，颇多异闻，可以补正《金史·地理志》。此二书在金元之际似有刻本，后入《永乐大典》，现在所见的二书即从《永乐大典》录出，后又入清内府，但未刊于《聚珍版丛书》，也未收入《四库全书》，《永乐大典》又早已散佚，因此祖父在《鸭江行部志跋》[19]中说：“则此二书，失传久矣。”《辽东行部志》为缪荃孙所得，后由缪氏刊行。祖父所藏之旧抄本《鸭江行部志》，大约于1922年1月购入，书前有清宗室盛昱私印。祖父拟仿缪氏旧例，刊行《鸭江行部志》，以广其传。

再如明张之象覆宋本《史通》，也是极具版本价值的藏品。《史通》传世版本颇多，而张之象本《史通》则是其中最好的本子，祖父曾购得嘉靖蜀刻本《史通》，刻工甚精，后又见一张之象覆宋本，始知嘉靖蜀刻本仅得抄本翻刻，脱误错乱殊甚，远不及张之象本。于是对“张本”，书肆居奇，士人竞购，价已增至百金。祖父1922年3月8日致信张元济云：“张之象本《史通》书估视同奇货，索价百元，不肯减少，且不肯出借。希祖以为如此高价必无人购，故与之磋商减价，不料稍迟数日，竟为财政部人取去，惟闻尚未购定，希祖已与书估约，照数酬值，务必取回，然可得与否，尚未可定。”后来，祖父于1923年购得此书。

再如《明熹宗实录》。此书向来不全，其中天启四年和天启七年六月全缺，共缺十三卷，据朱彝尊说是毁于冯诠之再相。1925年祖父所购《明熹宗实录》，系顺治年间抄本，其缺失之处，全用当年邸抄补齐，这是全国迄今为止最全的一部《明熹宗实录》，其史料价值自不待言[20]。

其他如王鸣盛稿本《乾隆起居注册》、稿本《嘉庆二十年起居注册》、宋刻明修补本《眉山七史》等，都是稀见之本。地方志中，嘉靖《嘉定县志》、崇祯《玉田识略》、稿本康熙《海盐县志》、康熙《萧山县志》等均为海内孤本。

二、经、子二部中的善本书。经、子二部共有善本书百五十六种，其中宋版书十四种。

经部宋版书共六种：王朋甫刻《宋浙本尚书孔安国传(附释文)》以及《周易》、《毛诗》、《尚书》、《尔雅》、《春秋左传》[21]。《宋浙本尚书孔安国传(附释文)》是公认的该书最好的版本。该书避讳至“慎”字止，知为南宋孝宗乾道、淳熙间刻本，释文颇完备，胜于其他单注本，且为各藏书家所未尝著录者。1933年5月31日，祖父购于广州徐信符家，得之狂喜，连作两跋，前跋云：“余莅广州，顺德某氏出鬻此书，反复浏览，弥觉珍贵，虽间有虫残，无伤大体。前有明柳堉印，在清则曾藏南京张氏，有‘白门张氏藏书’及‘曾藏白门张氏古照堂’二印，末有‘吴越王孙’及‘白门钱德默经眼’二印，则知又藏于杭州钱氏。此书本为浙刻，余又浙人，故不惜巨资购之。”[22]此书被认为是郦亭中最有价值的藏书，现藏台湾国立中央图书馆。其他五部，《郦亭藏书目录》中只说是宋版，未说明刻版年代。

子部宋版八种，它们是梁释僧佑撰《弘明集》卷第十、唐释道宣撰《广弘明集》卷第一、宋居士沮渠京声译《佛说谏王经》、唐玄奘译《如来示教胜军王经》、唐义净译《佛为胜光天子说王法经》、北魏菩提流支译《大方等修多罗王经》、天台智者大师说《金刚般若波罗密经疏》、唐玄奘译辩机撰《大唐西域记》序及卷第一，共八种。可贵的是这八种均为南宋《碛砂藏》本，刻于南宋理宗淳祐年间。

郦亭藏书经、子二部中还有一些珍贵的刻本，如经部中的明末清初毛氏汲古阁刻《说文解字》红印本、全套明崇祯永怀堂刻十三经古注本。子部中明刻本有百四十二种，注重明刻中名家名刻本、初印本及影宋、仿宋本，如各种吴勉学校刻本、樊川别业刻"六子本"等都是明版中人所共知的明刻佳椠，至于各种明翻宋、仿宋本则比比皆是。

六、郦亭藏书的去向

祖父生前非常看重他的藏书，为其耗尽心血，四处迁徙。但同时他也看得很开。1913 年 2 月，祖父曾赴海宁硖石蒋氏"衍芬草堂"参观藏书。海宁蒋氏，三世藏书，多宋元旧版，在参观阅读中，祖父发现，蒋氏藏书多海宁陈仲鱼先生旧藏。因书中有陈氏先人图记："得此书，费辛苦，后之人，其鉴我。"尽管如此，陈氏书籍仍不免于后人变卖。由此祖父认为："藏书之人能自籀读以终其身可矣。子孙能继起则遗子孙，否则，可送存图书馆，犹得贻令名于不朽也。"[23]祖父生前曾想建一座"郦亭图书馆"，使其藏书永久保存，并以助天下读书人。建私人图书馆，在战乱的民国时代，当然是不可能实现的；到了 1949 年之后，更是不可想象。解放后，先父朱偰先生，将郦亭藏书分批捐给了国家。

郦亭藏书的去向大致分为三处。

一、北京图书馆(即现在的国家图书馆)。首先是 1950 年 10 月 21 日，由柳亚子先生出面，与父亲朱偰先生商议，征集南明史料，希望将祖父所藏南明史料捐给国家。父亲慨然允之，将家中所藏南明史料中最珍贵的部分，亲手装订五大箱，交与柳亚子[24]。其次是1954年4月，北京图书馆成立海内著作家手稿部，与父亲协商，征求祖父遗稿，对于此事，父亲在其《郦亭诗稿序》[25]中写道："余初未忍割爱，继思先君为国内著名史学家，著作等身，蜚声士林，其学术造诣，固非一家所得而私。昔人著作，藏之名山，今人著作，藏之国立图书馆，固得其所也。因将全部手稿，毅然应征，仅保存日记数十册，及郦亭诗稿原稿数十页，以作家人纪念。"三是1956年，由文化部副部长郑振铎和国家文物局局长王冶秋出面，要求父亲将家中所藏明抄宋本《水经注》、旧抄本《鸭江行部志》、宋本《周礼》等善本捐与国家。父亲1956年2月29日日记中云："上午乘电车赴东四头条文化部访郑振铎副部长接洽公务。余允将家藏善本、孤本捐给北京图书馆，以报国家对先君地下矣。"当时，父亲正任江苏省文化局副局长，可是这几部善本并不在南京，而在香港其姐朱倓家中。父亲致信朱倓，晓之以理，动之以情，并由祖母签字认可，最后由新华社香港分社的工作人员往朱倓府中取回，捐与国家。郑振铎1957年1月15日日记："到文物局看朱偰捐献的《水经注》、《鸭江行部志》等书。"

祖父的藏书，起初全部藏于北京家中。1933年，日寇进攻热河，祖父让家人或邮寄或自携将藏书中的善本书(包括地方志)运至广州。祖父到南京任教后，又从北京陆续运到南京不少。抗战开始，北京藏书祖父托其内侄张叔范看管，1941年太平洋战争爆发前，张叔范等北京亲友又设法运出二十六箱善本[26]。最后留在北京的藏书，经过抗日战争、解放战争有些损失，但尽管这样，北京家中仍有数万册藏书。据一直住在老宅的张一成表兄说，当时老宅南面五间房里书箱叠书箱，简直就是一个书库。这批藏书在1953年以一毛钱一本出让给北京图书馆，共四万馀册。

二、南京图书馆。除上述所说之外，剩下的郦亭藏书于上世纪六十年代捐给了南京图书馆，据南图的工作人员讲，朱氏藏书"尤其是方志入藏南图，为南图填补了诸多种类上的空白"[27]。其实祖父所藏的一些南明史籍，像上面提到的出于稿本的明张岱《石匮书》前后集、陈济生《启祯遗诗选》、吴钟峦《十愿斋集》、彭孙贻《平寇志》等明清时代未刻过的一批诗文集，也应该是填补南图藏书空白的重要典籍。我不能确切说出捐给南图的藏书总数有多少，但我亲见，仅1966年"文革"中，南图那辆跃进牌大卡车，跑了四趟，第四趟是半车，所以共运走三车半。

父亲在将郦亭藏书捐给南京图书馆时，说道："公元一九六五年，余将以全部藏书，捐献南京图书馆。此举化私为公，使文化遗产，归之于人民，使先人聚书藏书苦心，得以垂诸久远，诚盛事也。自古以来私家藏书，有聚必有散。绛云楼藏书万卷，付之一炬；他如汲古阁、传是楼、皕宋楼、铁琴铜剑楼、八千卷楼，向之万轴缥缃，琳琅满目者，而今又安在哉？故昔人谓藏书为一痴，旨哉斯言。必也归于公家。如浙之天一阁，方可保存久远。虽然，爱书成癖者，方书之舍我而去也，不能不有流连也。因将藏书中之版本较少，史料较有价值，或内容较有特点者，作为读书劄记。诸书在我家久者数百十年，短者亦三四十年，兵火乱离之际，幸得保存；风雨晦明之日，伴我苦吟。书如良友，今一旦弃我而去，书固得其所，而我则不能不有离别之感也。然图书馆者，公共之图书馆也，万汇所归，文献所藏，我将见我书于此将发挥更大之作用，作更大之贡献，则我又何憾乎？因志数语，聊当发凡。一九六五年一月八日朱偰自序。"[28]

三、毁于"两祸"。所谓"两祸"，一指抗日战争日寇之祸，二指"文革"之祸。

1937年"七七"卢沟桥事变后，祖父反复定夺，最终决定藏书徽州(今安徽歙县，最终藏于屯溪隆阜戴东原藏书楼)，仓促之间仅装六十箱运往安徽，还有十馀箱虽属普通书籍，亦间有善本，只得托族人照料。先姑父罗香林在《朱希祖先生小传》[29]中说："抗战军兴，金陵被炸，遂抢运而西，不避溽暑，穷二月馀，始将藏书之半，迁至山地。"这留在南京的不管是"十馀箱"，还是"一半"，均毁于战火。

1965年，父亲将剩下的郦亭藏书全部捐给南京图书馆，"文革"

前，南图并未立即将这批书全部运走。1966年"文革"爆发，红卫兵大肆抄家。8月26日，南京图书馆造反派"红尖兵"和南京工学院"红卫兵"在我家整整烧了半天书(大约三个小时)，一时火光冲天。虽然父亲再三阻止，声称此书已捐给国家，是国家财产，但不起任何作用，损失不小，幸得南图领导派人阻止，才避免更大的损失。这是我亲身经历的事。

郦亭藏书，价值连城，仅就其经济价值而言，祖父的学生金毓黻教授在他的《静晤室日记》[30]"民国三十三年七月十二日"中说："(希祖)先生所藏多珍本，在承平时已值二十万金，战后书价暴涨，高者至千倍，由是所藏书将值二万万金矣。"当然，祖父和父亲看重的不是金钱，而是它的文化价值，应该说郦亭藏书是中华文化中的瑰宝。从这个角度看，朱氏父子藏书、捐书的意义就非同寻常了。

注：

①《郦亭藏书的艰辛与悲凉》：载台湾《传记文学》(2005年4月号)和《鲁迅研究月刊》(2005年第九期)。

②本文下面所引《朱希祖致张元济书札》分别载于上海图书馆历史文献研究所《历史文献》第七、八、九辑；张元济致朱希祖信载于商务印书馆1981年出版的《张元济信札》。

③王国维跋、章太炎跋，以及钱、沈、许、汪等题款，均见馆藏该书。元曙按：王国维载于《观堂集林》的跋文，与其亲笔写于该书之后的跋文，除个别文字略有出入外，写作时间也有出入，书后跋文曰作于"甲子十二月十九日"，载于《观堂集林》的跋文曰作于"甲子二月"。甲子为1924年。特为说明。

④该日记未刊，现藏国家图书馆。

⑤见朱希祖《广州搜访南明史料记》，载1979年台湾九思出版有限公司《朱希祖文集》第五册。

⑥⑭朱偰《先君逖先先生年谱》，载《文史大家朱希祖》，2002年，学林出版社。

⑦详见徐雁、谭华军《南京的书香·朱希祖和郦亭》,1996年,南京出版社。

⑧说朱希祖南明史籍的收藏“全国公私第一”,语出顾颉刚《当代中国史学》第94页,1942年,上海胜利出版公司。

⑨朱偰所编《郦亭藏书目录》,编于1962—1963年,四册,未刊。原稿存南京图书馆。

⑩朱希祖所编《海盐朱氏地方志目》,未刊,编订年月不详。朱偰先生有增补。原稿存南京图书馆。

⑪朱士嘉《中国地方志综录》,1935年,商务印书馆。

⑫此段引文见朱希祖《编撰南明史计划》,同⑤。

⑬㉗见李培文《朱希祖与郦亭藏书》,载《江苏图书馆学报》2001年第五期。

⑮⑯⑰⑱⑳分别详见朱希祖《旧钞本万斯同明史稿跋》、《康熙刻本十愿斋全集跋》、《稿本鲁之春秋跋》、《启祯两朝遗诗跋》、《跋旧钞本明熹宗实录》,皆载朱希祖《明季史料题跋》,1961年中华书局出版。

⑲朱希祖《鸭江行部志跋》:载1979年台湾九思出版有限公司《朱希祖文集》第四册。

㉑㉘见朱偰《天风海涛楼藏书题跋》,未刊,手稿存南京图书馆。“天风海涛楼”为朱偰先生的书斋名。

㉒见朱希祖《宋浙本尚书孔安国传(附释文)跋》,同⑥。

㉓见朱希祖1913年2月5日日记,未刊,原稿藏国家图书馆。

㉔见朱偰当日日记。该日记未刊,家藏。

㉕朱偰《郦亭诗稿序》,同⑥。

㉖运出二十六箱善本书事,见苏精《近代藏书三十家》,1983年台北传记文学出版社。

㉙罗香林《朱希祖先生小传》,同⑥。

㉚金毓黻《静晤室日记》,1993年辽沈书社。

袁克文藏书概略

柳向春

袁克文(1890—1931)字豹岑，一字抱存，号寒云，河南项城人。袁世凯次子。清末以荫生授法部员外郎。民国后，先后任福中公司董事长、清史馆编纂等职。1923年，又曾在沪组织中国文艺协会，以鬻文卖字终其身。

寒云少从扬州名士方地山学，能诗词，精书画，善戏曲，藏泉亦甚富。时人多有比之为曹魏陈思王曹植者，虽有过誉之嫌，但其文采风流，固一世翩翩。中年后，以家国沧尘，更多所感触，于是放任酒色，饮醇近妇，--了残生，遭遇也可算不幸之极。据张伯驹先生回忆[①]，庚午(1930)某冬日演《审头刺汤》之后，寒云曾即席填《踏莎行》词一阕，云："随分衾裯，无端醉醒，银床曾是留人睡。枕函一晌滞馀温，烟丝梦缕都成忆。　依旧房栊，乍寒情味，更谁肯替花憔悴。珠帘不卷画屏空，眼前疑有天花坠。"真是字字血泪，尤切身世，非如寒云之深情才气遭遇不能出。辛未(1931)春，寒云病逝，张伯驹先生作联挽之云[②]："天涯漂泊，故国荒凉，有歌且高歌，谁怜旧日王孙，新亭涕泪；芳草凄迷，斜阳黯淡，逢春复伤逝，忍对无边风月，如此江山。"而赵城名士张瑞玑曾赋《寒云歌》排律[③]，中有"英雄已化劫馀灰，公子尚留可怜影。影事回头倍怆然，新华春梦散如烟"；"建安才子推陈思，北地文章数任城"；"可怜失水混江龙，化作无家纥干雀。无限河山容易别，落花流水声凄咽"等句，多足道其身世遭逢。

寒云尤其酷爱藏书，广搜宋元旧本、古刻名抄，兼收并蓄。并多与当代著名藏书家傅增湘、徐森玉、周叔弢、张庾楼等人研究切磋版本目录之学，虽并不以此见称，但识见之精、闻见之广，也足称一时之秀。寒云先后收得宋元名椠达百十种之多，故有“皕宋书藏”之称。所藏多为名家散出之珍籍秘册，不仅刻印精良，且多有前代名贤手跋题识乃至校勘批注，于极高文物收藏价值之馀，更为难得之学术珍品。据清末著名藏书家木犀轩主人李盛铎之子李滂(字少微)《近世藏书家概略》载[④]：“其收藏之启机，缘民初时师于方尔谦。方字地山，号扬州大方，颇通版本，稍有藏书。抱存常以版本之学质于方，方语之曰：版本之学，岂易言哉！倘欲学之，第一当得师承。”寒云承地山此言，遂乃折节从李盛铎问业，而李氏则“悦其聪颖，诲之不倦，曾钞瞿、杨、丁、陆四家书目贻之。半载后学大进，试举一书，抱存皆能渊源道其始末。抱存由此致力收藏，而物聚所好，不数年中，宋元名椠，萃集百数十种”。少微此文所述寒云收藏古籍善本之缘起与师承，以其亲见亲闻所出，颇足道其详真，当可引为典要。

寒云藏书之详情，今以文献难征，已不可尽考，即其自记有关藏书之事亦甚罕。今存《寒云日记》(丙寅、丁卯)两残卷中[⑤]，关于书事，仅有丁卯九月初三云：“观邓孝先藏书，有宋刊《大学》、《程史》、《医说》尚佳，元刊以《松雪集》为佳。”同月十三日：“访意蘐，见北宋刊南宋补《文选》李善并五臣注，六十卷，每半叶十行，行十四五六字不等，注双行，行二十六七字，白口，鱼尾下标刻工姓名或某某重刊，黄麻纸(印)，完好如新。又宋麻沙本《纂图互注荀子》，宋印，为毛子晋、汪阆源故物，亦佳。”除此之外，另有《寒云手写所藏宋本提要廿九种》[⑥]，皆寒云手跋其所藏图籍，详目如下：

一、群经音义，存卷第三之第四，宋贾昌朝撰，宋刊宋印，一册

二、李贺歌诗编四卷集外诗一卷[⑦]，唐李贺撰，北宋刊南宋印，二册

三、春秋经传集解，存昭七第二十六，周左丘明撰，宋刊宋印，

一册

四、隋书，唐长孙无忌等撰，存卷十九《食货志》、卷二十《刑法志》，宋刊宋印，一册

五、新编方舆胜览七十卷，宋祝穆撰，宋刊，十六册

六、京本增修五代史详节十二卷，宋欧阳修撰，徐无党注，宋刊宋印，二册

七、韦苏州集十卷拾遗一卷，唐韦应物撰，宋刊宋印，三册

八、详注周美成集片玉集十卷，宋周邦彦撰，陈元龙注，宋刊宋印，三册

九、增广注释音辩唐柳先生集四十三卷，别集二卷，外集二卷，唐柳宗元撰，宋刊宋印，十二册

十、北山录注解随函，二卷，宋释德珪撰，北宋刊北宋印，一册

十一、绝妙词选十卷，宋黄升编，宋刊宋印，四册

十二、友林乙藁，宋史弥宁撰，一卷，宋刊宋印，一册

十三、册府元龟，宋王钦若等撰，卷第二百八十六之第二百九十五，北宋刊宋印，二册

十四、于湖居士文集四十卷，宋张孝祥撰，宋刊宋印，六册

十五、春秋名号归一图二卷，蜀冯继光撰，宋刊宋印，一册

十六、春秋二十国年表一卷，宋刊宋印，一册

十七、春秋图说不分卷，宋刊宋印，一册

十八、唐女郎鱼玄机诗一卷，唐鱼玄机撰，宋刊宋印，一册

十九、黄氏补千家注纪年杜工部诗史三十六卷，唐杜甫撰，宋黄希、黄鹤注，宋刊宋印，六册

二十、佛果圜悟真觉禅师心要，宋释子文编，卷上，宋刊宋印，一册

二十一、舒州龙门佛眼和尚语录二卷，宋释善悟编，宋刊宋印，四册

二十二、北山录，唐释神清撰，蜀释慧宝注，卷一之三、卷七之十，北宋刊北宋印，二册

二十三、北山录,唐释神清撰,蜀释慧宝注,卷一之六,宋刊宋印,二册

二十四、韵补五卷,宋吴棫撰,宋刊宋印,五册

二十五、春秋传三十卷,宋胡安国撰,宋刊宋印,十册

二十六、后村居士诗集二十卷,宋刘克庄撰,宋刊元印,十册

二十七、孟子注疏解经,汉赵岐注,宋孙奭疏,卷三上下、卷四上下,宋刊宋印,二册

二十八、广韵五卷,宋刊宋印,一册

二十九、纂图互注春秋经传集解三十卷,周左丘明撰,晋杜预注,宋刊宋印,四册

此目所收,虽未必为寒云藏品中之精华,然其质量皆属上乘则无疑,如:《群经音义》,藏印有:"天禄继鉴"、"乾隆御览之宝"、"毛晋私印"、"圣清宗室盛昱伯羲之印"、"景"押、"完颜景贤精鉴"(以上卷三首);"子晋书印"、"小如庵秘笈"(以上卷三尾)等。又寒云跋云:"诸家藏目皆为抄本,宋刊惟汲古阁有之,为唐六如故物,后归天禄,此残本是也。"则知此书曾经唐寅、汲古阁毛晋、天禄琳琅、盛昱、完颜景贤等递藏。《春秋经传集解》,经注皆圈断句逗,每隔数节附音释,此种体例据寒云跋曰:"即岳氏《九经三传沿革例》所称之兴国于氏本。从不见于他家著录,他种宋刊亦无此体例者。"《隋书》,寒云跋云:"《隋书》惟天禄藏宋嘉定本一部,瞿氏藏残本三卷,馀家皆大德十行本。予另储宋刊元修九行本,较此略后,亦非大德本所能及。"则此本之胜,可想而知。《详注周美成集片玉集》十卷,寒云跋云:"装□金白绢衣,犹荛翁之旧。首册尾附叶吴观岱临荛翁小像,自宋刊《挥麈录》中孙子潇绘本摹出。"不仅可见黄丕烈之真容,亦可得见百宋一廛原装之神采。然寒云所藏远不止此,如《罗振玉王国维往来书信》第一九五通中云[8]:"艺风售宋版书十六种于小袁,得二万元,其中最佳者为《唐书》,他无有也。"又伦明《辛亥以来藏书纪事诗》"耆龄"条伦氏自注云[9]:"满洲耆龄字寿民,辛亥后尚存,与徐梧生善,终日摸索古椠以为乐。所藏有汲古阁钞本《古文

苑》、《宋高僧诗选》、《酒边词》、《琴趣三编》等，后皆归袁寒云。”傅增湘致张元济函中，亦曾云[10]：“厂市殊寂寥，然袁豹丞以重价招之，恐此后难以他售矣。印臣之毛钞、授经之宋元亦陆续有湘介绍归之，湘之《韵补》亦归之，近亦可称蔚然大观矣。”又据雷梦水《书林琐记》载[11]，寒云旧藏珍品又有宋三山黄唐刻本《礼记正义》及《公羊经传解诂》、宋廖莹中世彩堂刻《柳河东集》，后售予南海宝礼堂潘氏。又有宋版白文八经，亦为敻绝一时之妙品，傅增湘曾赞之云[12]：“世传宋巾箱本诸经正文，各家目录多载之，其行格正与此同，所谓行密如樯，字细如发者。然简端加栏，上注字音，与此本异。且笔画板滞，以视此本精丽方峭，真如婢学夫人矣。”又有“《丁卯集》二卷，唐许浑撰。钱氏影钞宋临安府陈宅经籍铺刊本。一册，今藏台湾原中央图书馆。框高十七·一厘米，宽十二·七厘米。半叶十行，行十八字。注文小字双行，字数同。左右双边，白口，单黑鱼尾。扉叶有近人袁克文题书名‘丁卯集’，书名左侧另题‘也是园影写宋临安/陈宅刊本’，下署‘寒云’。……曾经钱曾、陈墫、顾麟士、袁克文、张乃熊递藏，罗振常、傅增湘经眼。”[13]并有寒云跋云：“《丁卯集》二卷，钱遵王影写宋临安书棚本，精足绝伦。汲古复印件尚易有，而也是园所写宋刊，此册外犹未见有他书，殊足珍贵。惟元刊许诗较此多出倍馀，此独有近体，无古诗，故也是翁谓元本胜宋刊也。寒云。”

寒云所藏图籍，虽盛称一时，为人钦羡，然其兴也隆，其散也遽，项城逝后未几，寒云即尽出所藏易米，宝礼堂主人潘宗周尝记述此事云[14]：“时项城寒云公子卜居沪渎，有友介以相见，兼携宋刻《礼记正义》、《公羊经传解诂》二书至，自言资斧不给，欲以易钱。余方发愿买书，亟如所需畀之。《礼记》者，宋南渡后三山黄唐所刊，旧藏曲阜孔氏，海内传为孤本。余适构新居，落成之日，因颜曰‘宝礼堂’，以志喜也。……寒云蓄书美且富，自号为‘后百宋一廛’。情意既迁，渐萌厌倦，亦日斥其所藏以易其新嗜之物。其所储善本归余插架者十之六七。”虽所述如此，然今本《宝礼堂宋本书录》之中，有寒云藏印者，仅“附释音春秋左传注疏残本”一种而已，则其著录有缺可知。藏书散尽之后，寒云亦颇感痛心，遂以箧存手写题跋数种，持之以赠扬州方尔谦先生，方氏尝于寒云身后记云[15]："寒云既鬻所臧宋本，一日携此册付我，相与太息，有蒙叟挥泪《汉书》景象。辛未春二月，寒云化去，赤弢见过，偶语及此，许为影印。皕宋书藏散落人间仅此区区，为同嗜谈助耳。"

寒云每得善本，好作题跋识语，说明该书之传递源流、内容优劣、版本异同等。又每喜钤"袁氏克文"、"寒云"、"寒云秘笈珍藏之印"、"皇二子"等印于卷端。关于寒云藏书之事，《上海近代藏书纪事诗》"袁克文"条有云[16]："才情曾不愧陈思，绮丽尤工侧帽词。小印猩红皇二子，长留鸿学伴乌丝。"伦明《辛亥以来藏书纪事诗》"袁克文"条亦尝咏之云："一时俊物走权家，容易归他又叛他。开卷赫然皇二子，世间何事不昙花。"自注云："袁寒云克文于乙丙间，大收宋椠，不论值，坊贾趋之，几于搜岩熏穴。所储又多内府物，不知如何得之也。项城败后，随即星散大半，为李瓒侯、潘明训所有。诸书册首，皆钤有'皇二子'印章。"再如《袁寒云蒋孟苹诸家所藏宋元书影五十片》中，收有寒云旧藏宋本书影七帧[17]，其上即多钤有"皇二子"、"上第二子"、"臣印克文"等。又前述宝礼堂所藏"附释音春秋左传注疏残本"，亦钤有"皇次子章"[18]，而此类印记，则即为寒云为人诟病之缘由之一。

王国维先生曾有函致罗振玉先生云[19]："再后乃有袁克文到，携来书画数件，皆盗窃干没之物。……有宋版三书，一《公羊传》初印本，上有黄子寿跋，乃知黄之被骗即遭此人也。……尤可恶者，书前有'上第二子'、'臣克文'二印。又有屁跋，下书□□元年，污辱名物乃至此。西报载其与于迎蔡锷之丧，其无状尤可知矣。"于寒云之人品及藏印极力诋摘。又缪荃孙致曹元忠函中，亦于寒云颇多微词，云[20]："寒云之书尽出，而图书累累不尽在行行跋语，拍马之观款题词，实好书之厄也。现又大半归粤东富翁。"于寒云旧藏之题记亦颇不满。今细核观堂与艺风所云，缪氏之说，恐别有隐曲，借题发挥而已，可暂置不论。而若观堂之指责，寒云则恐难逃其咎，函中所云

“盗窃干没”、“黄之被骗即遭此人也”等事，又可参另通王国维致罗振玉函[21]：“因黄宅今春于袁未败时运书进京求售，售者价未收到，馀亦头本不得索回。黄再同之子进京索之而殁于京邸，故书画所以不能携出者，实因此故。”此处所云之“黄氏”，乃为贵筑黄彭年子孙，据此，则黄氏出售书画之际，寒云曾有豪夺之举。疑者有云，寒云为人儒雅，向有翩翩佳公子之称，观堂所言，出诸传闻，或在疑似之间。然《洪宪纪事诗本事簿注》“小桃红被迫入宫”条载有当日强苏妓小桃红入宫事，刘氏自注云：“新历民四九月十六日，项城寿辰，宫内行家人祝嘏礼。少长男女，各照辈次分班拜跪。孙辈行中，有老妪抱一赤子，合手叩头。项城曰：‘此儿何人？’妪应曰：‘二爷新添孙少爷，恭喜恭喜！’项城问其母为谁，旁应曰：‘其母现居府外，因未奉皇上允许，不敢入宫。’项城曰：‘即刻令儿母迁进新华宫，候我传见。’儿何人，寒云纳薛丽清所生也。丽清分娩后，离异他往。项城因儿索母，何处可寻？如是，袁乃宽、江朝宗等语寒云商定，当夜朝宗派九门提督率兵往石头胡同某清吟小班，将寒云曾眷之苏妓小桃红活捉入宫，静候传呼。八大胡同南部佳丽受此惊吓，不知所云，有逃避一二日未归院者。事定，手帕姊妹艳称小桃红真有福气，未嫁人先作娘。”劫人之事既悍然为之不顾，确凿有征，则有此豪取图籍之事，当亦在情理之中。又潘氏《宝礼堂宋本书录》中，收“增刊校正王状元集注分类东坡先生诗二十五卷”一条，有“彭年之印”、“彭年”、“子寿”、“黄十二”等藏印，虽不能确认亦为寒云取诸黄氏者，然恐难逃世人此疑。

又观堂先生于“皇二子”等印深恶痛绝，然寒云此举实自有深意，尝自述其用心云[22]：“乙卯，任清史馆纂修，与修清史。杨度等忽倡革政之谋，十一月，尊先公为皇帝，改元洪宪。忽有疑文谋建储者，忌欲中伤，文惧，称疾不出。先公累召，不敢辞，遂陈于先公，乞如清册皇子例，授文为皇二子，以释疑者之猜虑，庶文得日侍左右而无忧顾焉，先公允之。文乃承命撰宫官制，订礼仪，修冠服。疑者见文钤‘皇二子’印，笑曰：‘无大志也，焉用忌！’”则原本为明哲保身之举,用以远祸而已,若以此事深责,似可不必。

寒云藏书向无目录,即其所作题跋,除为《寒云手写所藏宋本提要廿九种》所收者之外,亦随旧藏星散各处,故全貌已难窥见,然亦可偶见于诸家书目题跋之中,如王文进《文禄堂访书记》中,即载有寒云题跋十一则㉓,可谓弥足珍贵,稍得藉以窥见寒云旧时风流之一端。寒云所藏,数量虽较小,然质量则远非一般藏家可比,洵属近代藏书史上一位值得重视之大家。

注:

①《春游社琐谈》,张伯驹主编,北京出版社,1998 年。

②《素月楼联话》,张伯驹编著,北京出版社,1998 年。

③《洪宪纪事诗本事簿注》十九"张瑞玑诗辑"条,山西古籍出版社,1997 年。

④转引自郑伟章《文献家通考》"袁克文"条,中华书局,1999 年。

⑤《辛丙秘苑》附《寒云日记》,《民国笔记史料丛刊》本,梁颖点校,上海书店出版社,2000 年。

⑥《国家图书馆藏古籍题跋丛刊》收民国二十年影印手稿本,北京图书馆出版社,2002 年,第 26 册。

⑦朱遂翔《杭州旧书业回忆录》:"余在湖州章硕卿家收到宋版《李贺歌诗集》二本,计七十二页,有季沧苇、徐乾学、传是楼藏印,每页后面有方印官章及乾道二年年号字样,字皆长方形。后为费景韩借口与余合作取去,售与袁克文。"见于《旧时书坊》,秋禾、少莉编,生活·读书·新知三联书店,2005 年。

⑧王国维致罗振玉(1916 年 9 月 9 日),王庆祥、萧文立校注,罗继祖审定,东方出版社,2000 年。

⑨杨篪点校,北京燕山出版社,1999 年。

⑩《张元济傅增湘论书尺牍》1915 年第十三通,商务印书馆,1983 年。

⑪分别参“潘明训与宋本《礼记正义》”条与“袁寒云与宋版白文《八经》”条,人民日报出版社,1988年。

⑫《藏园群书题记》“宋刊巾箱本八经书后”条,上海古籍出版社,1989年。

⑬见于佘彦焱撰、吴格教授指导复旦大学博士论文《读书敏求记研究》,2005年。

⑭《宝礼堂宋本书录自序》,南海潘氏刻本,1939年。

⑮《寒云手写所藏宋本提要廿九种》跋。

⑯周退密、宋路霞著,华东师范大学出版社,1993年。

⑰照片本。收《绍兴重雕大藏音序》、《礼记》、《绝妙好词》、《春秋经传集解》、《文苑英华》、《舒州龙门佛眼和尚上堂语录》、《雪窦和尚拈古》。

⑱《宝礼堂宋本书录》“经部”。按,“皇次子章”疑误,当系“皇二子”。

⑲《王国维罗振玉往来书信》第二一五通(1916年10月11日)。

⑳《缪荃孙手札》第卌二通,王翠兰整理,见于《历史文献》第一辑,上海社会科学院出版社,1999年。

㉑《王国维罗振玉往来书信》第二四二通(1916年11月29日)。

㉒《辛丙秘苑》附《洹上私乘》卷五《自述》。

㉓即卷二“司马温公经进稽古录二十卷”条,卷三“说苑二十卷”条(又见于李盛铎《木犀轩藏书题记及书录》卷三“子部”,张玉范整理,北京大学出版社,1985年)、“一角编不分卷”条、“鹖冠子”条、“景德传灯录”条,卷四“随州集十卷”条、“倚松老人诗集三卷”条,卷五“滋溪文稿三十卷”条、“松雨轩集八卷”条、“姑苏杂咏”条、“文选六十卷”条,文禄堂刻本,1941年。

郑逸梅先生的藏书与写作

张国瀛

已故著名作家郑逸梅先生，他生前不仅是我国老作家中写作年数最长的一个，而且也是较为长寿的一位作家。他在临终前几日（九十八岁）仍在写作和看书；和书作了不解之缘。他的藏书之多难以数计。十年浩劫，他被抄去的书报杂志整整地装了七卡车。据他本人说有数万册之多。因此他常自我夸耀地说："这下真是学富五车，无书不读了。"所谓"五车"是七车打折扣的谦抑语，"无书不读"就是手头没有书、无从读起了。浩劫结束后其被抄没的图书虽然归还了一部分，但绝大多数却失散了，这一损失对他来说确实不小。因为这七车图书，大部分是他精心整理过的资料，所以他的著作大半靠的是这些资料。这些藏书是他几十年来节衣省食而觅来的，虽然没有多大的经济价值，然而却凝聚着他一生的心血，有着相当大的文献意义和史料价值。

郑逸梅先生的书房，是一间不足十平方的小房间，美其名曰"纸帐铜瓶室"。其实既是卧室又是书房，三面围着书橱、书架及书桌，卧榻下、楼梯及走道上也堆着一包包的书，郑先生写稿时可谓坐拥书城。在"纸帐铜瓶室"内，床侧有一副小巧玲珑的楹联，是周星诒书写的法书，句云："如南山之寿；居东海之滨"，甚是贴切吻合。案头上置有：元代杨铁厓自植松的小枯枝，秦朝阿房宫的瓦当，黄小松所藏三国吴主的建衡砖砚，计儋石的端溪蕉叶白砚，胡澍手琢的竹节式砖砚，周芷岩刻的竹臂搁，张燕昌书、钱梅溪刻的文镇，黄秋岳集宋词的铜尺，王芑孙、曹墨琴伉俪合作的诗册，叶小鸾眉子砚拓本,吴谷人手书何检讨传稿,梁闻山的格言卷,林子有的蛰园勘词图,张大千等二十一家墨妙,还有杨吉人、杨龙石、钱叔益、黄素川、毛意香、金西厓等人镌刻的竹扇骨等等,布置的真是古色古香,大有"室雅何须大,花香不在多"之概。

郑逸梅先生的藏书中,书架上是他常用的书,如戈公振的《中国报学史》、方汉奇的《中国近代报刊史》、黄濬的《花随人圣盦摭忆》、于安澜的《画史丛书》、《画论丛刊》、《画品丛书》及《佩文斋书画谱》、《齐白石书画集》、《徐悲鸿彩墨画》、《刘海粟画选》、《黄宾虹山水册》、《芥子园画谱》、《书法大成》、《楹联丛话》、《对联话》、《中国戏曲发展史纲要》、祝嘉的《书学史》、郭绍虞的《中国文学批评史》、罗根泽的《中国文学批评史》、刘大杰的《中国文学发展史》、俞剑华的《中国绘画史》、潘天寿的《中国绘画史》,郑午昌的《中国画学全史》,沈子亟的《历代论画名著汇编》,傅抱石的《中国古代的山水画史研究》、《中国古代文艺理论资料目录汇编》,《版本通义》、《报坛逸话》、《诗词曲语词汇释》,《词诠》、《叔子诗稿》、《谢玉岑诗词集》、汪东的《梦秋词》,谢无量的《词学指南》、《中国新闻业史》(古代至一九四九年)等,还有一些中国古、近代文言、白话小说。

书橱内大多数是精装本的文史类辞典,例如老版本的《辞海》、《辞源》、《中国古今地名大辞典》、《中国人名大辞典》、《同姓名辞典》、《当代中国名人录》、《新中国人物志》、《近世人物志》、《民国名人图鉴》、《历代人物年里碑传综表》、《室名别号索引》、《中国历代书画篆刻家字号索引》、《词林辑略》、《中国画家辞典》、《清代七百名人传》、《辞通》、《四库全书学典》、《辞渊》、《新知识辞典》、《文学辞典》、《文艺辞典》、《中国近代出版史料》、《渊鉴类函》、《佩文韵府》、《中文大辞典》、《中国文学家大辞典》、《中国美术家大辞典》、《中国现代六百家小传》、《常用典故辞典》、《简明历史辞典》、《简明美术辞典》、《俗语典》、《中国历史大辞典》、《中国古今姓氏辞典》、《清代文集分类索引》、《历代官制概略》、《中国戏曲曲艺辞典》、《中国名胜辞典》、《中国历史文化名城辞典》、《中国古代名句辞典》、

《唐诗鉴赏辞典》、《中国历史人物生卒年表》、《汉语大辞典》、《美术大辞典》及新版《辞源》、《辞海》等。看到书橱内的书可谓排列有序，每一位来访郑逸梅先生的人都会发出啧啧的赞叹声。

郑逸梅先生曾说过，我收藏的工具书大都为写作而服务。又说:我记得在幼年时,仅有一部《康熙字典》备用。在读私塾时,老师顾慰乐先生已是六十多岁的人了,他有时翻查字典,而字典的字细如蚁足,他怎么也看不清楚,总是叫他读给他听。由于次数多了,渐渐地懂得按部首翻检。稍后又有人告诉他,汉、晋、唐、宋等代的古文家均收入《尚友录》一书中,他就缠着祖父锦庭公买了《尚友录》查阅。由于《尚友录》是按韵目翻检的,起初郑逸梅并不了解韵目,为了翻检某某人,翻得熟了,居然能掌握关捩,然后再不断地揣摩揣摩,韵目的难关自然而然地攻破了。

几十年来,由于郑逸梅先生十分注意近代人物,所以翻检也较为频繁,以致书页破损不堪,于是又重新购买一部。他曾对我说,他之所以知道这么多的人物掌故,大都是从《人名辞典》、《人物志》及小传中得来。这些经过梳理筛选的资料,是他写作文史掌故的源泉和第一手资料。

郑逸梅先生生前的藏书除上述书之外，我见到最多的要算诗文笔记了,如宋人、清人笔记搜藏颇夥,历代文人总集、别集以及选本诗话蔚为大观。

在郑逸梅先生的藏书中,有一些是朋友馈赠的书,如上世纪前半叶通俗文学家顾明道、徐碧波、徐枕亚、孙了红、陆澹安、程小青、陈挹翠、郑证因、王度庐、还珠楼主、徐卓呆、冯玉奇、胡杰、沈心池、李涵秋、刘云若、平襟亚、朱瘦菊、张秋虫、李定夷、毕倚虹、许指严、江红蕉、沈禹钟、周瘦鹃、平江不肖生等,皆将其代表作品赠送给郑逸梅先生。他的这方面藏书的丰富,在国内是屈指可数的。再说有些书被他老人家捆扎得严严实实,他自己找起来也困难。但是只要案头没有,又急需要的书,他还是要托人去买的。他生前曾对我说过:“只要我活着一天,书还是要买的,我宁可备而不用,也不可用而不备。”他常说:“宜未雨而绸缪,毋宁渴而掘井。”尤其是十年浩劫之后,港、澳地区的报刊以及内地出版社纷纷约他写稿,这时他觉得时间不多了,为了写作,他陆续购置了不少新书,同时又有不少朋友送给他的书,如谢国桢、朱孔阳、陈兼与、周退密、施蛰存、潘景郑、杨廷福等先生,都送了自己的著作给郑老,也丰富了他写现当代人物的传记资料和掌故。可以说这时的藏书已超过浩劫前数万册之巨。尤其是他进入九十高龄后,他看到老年作者出书不易,他提出要抢救老年人文化,如果老作者们不写这些人物,那末若干年后恐怕就无人知晓,这些人物也就随着历史的淹没而逐渐被人们遗忘。

历史常常会和人们开玩笑,例如有人想当一个作家或著名的藏书家,老天爷偏偏要和他作对,结果事与愿违,他什么也没当成。郑逸梅先生只想写写稿,做做教师糊糊口。他做梦也没有想到这一愿望得以实现了,他平素喜欢藏书及古玩之类文物,日积月累,逐年增多,简直是五花八门,应有尽有。香港的《收藏天地》杂志创刊号竟把郑逸梅先生列为收藏名家之一,这一殊荣是他老人家所始料未及的,也是来之不易的,可以说是当之无愧的。就郑逸梅先生的藏书来说,也是五花八门的,可以说比较杂,涉及的面比较广,然而未想到的是郑先生的晚年著作却是相当专业的。例如《南社丛谈》一书,南社的研究人员不少,可是至今还未见到一部像郑老这么既具系统又别具规模的著作问世。这是学术界意料不到的。再例如他的专著《书报话旧》、《清末民初文坛轶事》、《民国笔记丛谈》、《民国旧派文艺期刊丛话》等著述,如果郑逸梅先生没有上述的藏书及期刊资料,那末他能写出上述一些饶有价值的著作吗?我想是不可能的。

郑逸梅先生本无心当藏书家,只因书集藏得多了,被人们认可了,也便成了家。

漫话我的三部藏书

谭彦翘

我的藏书癖好,应该说是在青年时期养成的。"芦沟桥事变"那年初秋季节,日本侵略者的飞机到我家乡徐水县城上空骚扰后,我们全家去到乡间亲戚家躲避了一阵子,后回到城里,家中的东西已被人搬腾的乱七八糟,刚刚十三岁的我,见到那些乱后残缺的书籍和碑帖、书画等等觉得十分可惜。那时我对这些东西,全然看不懂,但却萌生了说不清楚的爱书、爱书画的情趣。不久,我随家迁到北京(时称北平),考上了师大附中,每日上学,琉璃厂或南新华街是必经之路,那里书铺林立,不少店家都在自己门前设有摊位,下课后,有空便去随意浏览,偶尔也大着胆往店里转转。有时也用节馀的饼饵之资,买几本书,当年在集粹山房买的影印《蜀中张善子张大千兄弟画册》和在地摊上买的上海中央书店铅印本《陶渊明全集》、有正书局影印的《王石谷竹林渔村图》至今仍在手边。后来移居齐齐哈尔,在求学之时,买书是闲中之趣,曾在书店买到《四库全书简明目录》、《古籀拾遗》(都是石印本),旧书摊上淘得清刻叶昌炽的《语石》及《四部丛刊》中的零本、涵芬楼影印《甄古斋印谱》等。尽管这里购买古旧书的条件不够好,但多年来采用各种方法,也还收集到了一些自己喜爱的书。其中有些收获实在令我沾沾自喜。兹举三例:

《甘泉乡人稿》(附《年谱》和《郊农偶吟稿》),清钱泰吉著。共八册,其中《甘泉乡人稿》二十四卷(中含《曝书杂记》三卷),连史纸印,左右双边,黑鱼尾,上下黑口,版心刻书名、卷数、页数。每半页十行、行二十一字,《曝书杂记》半页十一行、行二十一字,《年谱》半页十行、行二十二字。刊刻精整,白洁如新。

是书前有其子钱应溥于同治十一年(1872)冬十二月所作题记云“先府君诗文稿二十四卷,咸丰甲寅刊于海昌寓舍。庚申兵燹后,板毁无存。陈湘葵刺史锡麒为先府君门下士,同治十年冬,自直隶分俸寄助刻资。曾文正师补撰墓表,亦于是年冬甫成,遂以全稿重付手民。唯《曝书杂记》三卷,杜小舫方伯文澜先于同治七年刻于苏州,兹即附列于后。而卷目则仍其旧云。”次为恽光业绘钱警石小像。以下依次为莫友芝之赞,赞曰:“耽悟易殆,侈博易支。先生有忧,述信不迻。汉唐宋来,学行文书。揭其精华,伛为餮脯。卅年校官,讲席以继。身在海隅,气铸一世。兵戈漂泊,岿此灵光。道山往矣,缅邈长望。”赞作于同治三年(1864)秋七月。次曾国藩撰《海宁州训导钱君墓表》。次家传、钱仪吉序,次增次稿目序、深庐寤言序、沈濂序。钱泰吉浙江嘉兴人,号警石,官海宁州学训导,与从兄仪吉(字衎石)被时人誉为嘉兴二石。子应溥,字子密,拔贡出身。咸丰十年(1860)充军机章京。次年,曾国藩调其赴安庆襄办军务。后累迁光禄寺少卿、礼部右侍郎、兵部尚书。

錢泰吉率子應溥仝拜

意外的是,书中夹有拜帖一帧,拜帖为红绵纸立幅,其色今已褪成浅肉粉色,长22.6厘米、宽11厘米,偏右有木刻墨印题名一行,其文为“钱泰吉率子应溥仝拜”,字为楷书大约2厘米,应溥二字略小。拜帖是用于朋友拜会的,又称名帖。按此即今人所用的名片。此书是从北京来薰阁邮购来的,这张拜帖想是钱氏故人得书后将原得的拜帖夹入书内者,百年之后竟归我收藏,使之既读先贤之书又可窥见当年朋友交往时用以表示礼仪的物品。

《攀古楼彝器款识》,清潘祖荫编,手写精雕。潘祖荫是江苏吴县人,字伯寅,号郑盦。咸丰二年

(1852)进士。历官大理寺卿，工部、户部、礼部侍郎，工部、刑部、礼部尚书，至军机大臣，加太子太保衔，卒谥文勤。他好士重贤而性坦率，有直声。治事勤，至官署恒在人先。舆马甚俭，同僚笑之，而不计。他学问渊通，才猷练达。好诗词书法，尤留心金石文字，收藏很富。是书为白纸初印本，共二册。第一册收三十器，第二册收二十器。邵钟、史颂鼎、齐鎛等名器均在其中。彝器图象居前，款识文字在后，有的在器后附考释文字，潘祖荫每于其后附有按语，以首题“荫按”以示区别。黑鱼尾，上下白口，中缝标页数。每半页十行，行二十四字。第一册封面有篆书“攀古楼彝器款识第　册”题签，扉页正面篆书题“攀古楼彝器款识”，背面有“同治十一年京师滂喜斋刻”牌记，亦用篆体书。次潘祖荫题记。内中考释之文出于周孟伯(悦让)、张孝达(之洞)、王正孺(懿荣)、吴清卿(大澂)、胡石查(义赞)诸人之手。在这些人中吴清卿还参与了绘图工作，在他给王正孺的信札中曾记录了一些当时的情况，如谓“司农(按：指时任户部侍郎的潘祖荫)既命绘爵，又属写盂鼎释文，又欲招往剔卣，一日数差，兄实无此健腕。……顷又属篆印文，已应一差，亦可告无罪乎！”“今日为司农绘图。昨晚送去数页，今早又来索图，此岂顷刻可成。如再迫促，只得告假矣。”从吴的书信中可以看出他难于应付潘的频繁要求而又无可如何的情绪。

除开此书的内容，还有一些关于收藏的故事。该书第一册前，钤收藏印三方，其中有一方形篆刻“修直珍藏”朱文印。说明此书曾归名“修直”者收藏。查齐鲁书社出版《藏书家》第八辑内载《迷离帆影楼》一文所附《帆影楼纪事》书影中有“修直谱弟惠赠，丁巳十二月润宇记于京师”题字。作者认为“‘修直’应是许修直，‘润宇’应是孙润宇，……二人都有较高社会地位，也都是司法界名人。”此修直若真是彼修直，说明此书确是经名人收藏过的。可是还有更值得提出的是，它的书套上的题签是徐森玉先生书写的。徐先生本名鸿宝，森玉是他的字，后以字行，现在对他的本名多已不知了。在书签正中他用楷书题写“攀古楼彝器款识”七字，下钤方形篆刻“徐鸿宝藏书印记”

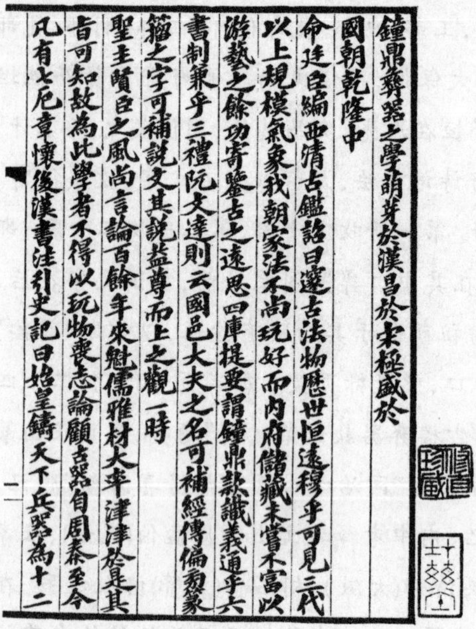
鐘鼎彝器之學萌芽於漢昌於宋極盛於
國朝乾隆中
命廷臣編西清古鑑諭曰邃古法物歷世恒遠穆乎可見三代
以上規模氣象我朝家法不尚玩好而內府儲藏未嘗不富以
游藝之餘功寄鑒古之遠思四庫提要謂鐘鼎款識義通乎六
書制兼乎三禮阮文達則云國邑大夫之名可補經傳偏旁篆
籀之字可補說文其說益尊而上之觀一時
聖主賢臣之風尚言論百餘年來魁儒雅材大率津津於是其
旨可知故為此學者不得以玩物喪志論顧古器自周秦至今
凡有七厄章懷後漢書注引史記曰始皇鑄天下兵器為十二
二

朱文印。由此可知这书曾是徐先生的藏品。徐先生是浙江吴兴（今湖州市)人，清代举人，文物家。历任江苏工业学校监督、京师图书馆图书部主任、北京大学图书馆馆长等职。抗战时期与郑振铎、叶恭绰等收藏抢救散佚的古籍。中华人民共和国成立后，任上海市博物馆馆长。此书历经名人收藏，流传至今，弥足珍贵。

《缶庐印存》，这是由吴昌硕先生为刘世珩刻的名印、收藏印以及闲章汇集的印谱。《印存》共两册，上册收印二十二方，下册收印二十五方，均有款识，其中有年款的最早为五十四岁，晚者为五十六岁。这个时期正是吴先生身享盛名，声播域外之时，自属名贵。书套题签隶体书“缶庐印存”下分两行楷书，右书“葱石藏印”，左书“拱北令于生拓”。《印存》上册扉页有篆书“缶庐印存”题名，左侧署名拱北。以下印、款各占一页，钤拓于细线墨栏中。又，每册之后各钤一“海亭手拓”扁方白文小印，说明这是名海亭者亲手钤拓的。《印存》选纸、选泥、选烟，慎而精细，拓印不稍草率，所以尽皆朱墨灿然，鲜明可爱，信非庸手可及，堪称艺术精品。

查刘世珩，字聚卿，一字葱石，号檵庵、梦凤等，安徽贵池人，后移家南京，光绪二十年(1894)中举人，二十七年，以道员指分湖北，受到两江总督刘坤一的赏识，调回江苏与张謇共同主持江南商务局。二十九年(1903)，派赴日本考察。归国后官至右参议。民国成立，曾任北洋政府官员。后收集戏剧善本，编刻了《暖红室汇刻传

奇》。金城，原名绍城，字拱北，一字巩伯，号北楼，又号藕湖，浙江吴兴(今湖州市)人，生于光绪四年(1878)，幼年习画，兼书法、篆刻。后留学英国，获法学博士学位，归国后任大理院推事、民政部咨议。民国成立，任众议院议员，筹设古物陈列所，陈列故宫及沈阳、热河行宫所藏书画金石。先生因得尽览，手摹心追，画艺大进。又创办中国画学研究会，聚徒讲艺，成材者甚众。曾刊印《藕庐诗草》、《北楼论画》。民国十五年(1926)病逝后，门弟子为继承先生遗志，成立湖社画会，创办《湖社月刊》，为传播中国文化艺术作出了一定的贡献。根据题签和卷后的钤印，可知《缶庐印存》是金城为刘世珩编定，由于海亭拓印的。于海亭又是何人呢？从金城专为于海亭所作《拓印图》可以略得梗概，原来金与于相识有年，金于甲寅年(民国三年，1914)作《拓印图》赠于，并畀绝句四首，其中有"红泥鲜称墨华滋，蝉翼罗纹事事宜"，"潭中雁影雪中鸿，墨汁因缘许尔同"之句。诗后有记云："于生海亭相从有年，凡余手治诸印及印旁题识，一经摹拓，朱墨灿然，固印人传中别子也。适有延安之役，客中清寂，作此图贻之。"同时还请吴昌绶、罗惇融、章钰、樊增祥、江庸、金兆蕃、吴士鉴、杨晋、陈衡恪、宝熙、成多禄、徐宗浩、王福庵、耆龄诸名宿题诗于后(参见天津市古籍书店影印本《湖社月刊》830 至 838 页)，一时成为艺林佳话。

以上三书，虽非罕见孤本，然就其不比寻常的收藏端绪和制作原委而言，又岂可等闲视之。昔吴湖帆得宋刻《梅花喜神谱》，乃钤"湖帆宝此过于明珠骏马"之印于后，可见收藏家对所获难得之物的珍爱之情。我不是收藏家，然对此得来不易的三书之爱，又何减于"明珠骏马"之珍耶。

一代坊贾陈济川

徐　雁

1943年的2月3日，也就是农历小年夜，沦陷的文化古城北平，正飘洒着冰冷的雪花儿呢——“这几年来，我一个人坐在书斋内，常常这样的想，当年认识的好朋友，多半都流散了；有些朋友又都很忙，我又怎好意思去找他。只有躲在角落里，过我仰事俯畜平凡的生活。我不禁失笑。我真成一个商人了。那末有功夫的时候，便逛逛琉璃厂，与书坊店老板谈谈天。有一天傍晚，我到来薰阁书店，遇见了陈掌柜，新从上海回来，他说，徐先生和郑先生都问你好，并且说：‘刚主人虽然老实点，倒很有意思。’在岁寒时暮、风雪满庭的时候，千里迢迢，得著好友的安慰，这真是一件高兴的事！”①

这是谢国桢先生(1901—1982年)于其持筹籀史斋写下的《三吴回忆录》中结尾的话。其中的“徐先生”，当指徐森玉先生(1881—1971年)，而“郑先生”就是郑振铎先生(1898—1958年)了。原来，谢先生于1930年曾有江南之行，他在上海结识了郑振铎，有过一小段愉快的盘桓。

而这位替人捎话的“陈掌柜”，就是陈杭(1902—1969年)了。他号济川，是河北南宫人。十六岁时至京城，师从1881年创设于隆福寺的文奎堂主人王云瑞学艺，1925年应邀主持创始于清朝咸丰间的祖业“来薰阁琴书店”(据1883年定稿的《朝市丛载》，“来薰阁琴室”匾额由袁希视所书)，到他来打理业务时，早已是有书无琴了。

1940年10月,时当抗战中期,陈济川于上海三马路(今汉口路一带,店址为广西北路281号)设立了来薰阁书店分店,店伙多时也有十来人。从此这里成为了郑振铎蛰居上海期间的一个重要去处和活动中心。如在其残存的1943年日记中,就不时见有“过来薰阁,遇郭石麒”、“至来薰阁小坐……遇朱遂祥”、“至来薰阁,遇汪由伯,闲谈久之。见书堆中有《敦煌随笔》一部,即取阅”[②]等等记录。

至于郑先生与陈掌柜之间的交情,吴相湘在《家住书店街,走到书店街》中说:“上海广西路、二马路一带古书店规模甚大,其中来薰阁原是故都老店,抗战中期在沪设分店,注意南北各地世家大族因着火而流散的书籍”。“店主陈济川,战前即与北平学术界熟识,南来后又和江南名士交往。老店掌柜马姓,分店掌柜张姓,都精于目录版本,眼力也高,但魄力远不及陈。陈于战后迅速收购日伪诸人流出的日本刊行中国考古文物及历史书刊,颇获大利。民国三十五年秋,我出入上海来薰阁时,常见郑振铎也高坐店内。陈济川介绍相识。时郑振铎编印《中国历史参考图谱》,即取材于书籍上述日本书刊,力求齐全,见有珍籍即收。他是‘老上海’、真行家,与陈可说旗鼓相当,陈却不抬价居奇,双方买卖各不吃亏。”

吴相湘所述陈、郑双方“买卖各不吃亏”,当是实录。据说陈掌柜在长期的古旧书业务实践中,逐渐精通了明清戏曲、小说版本目录的源流,而郑氏从来薰阁则买到过不少如《太音大全集》之类刻工精美的古书,他编印的《中国版画史图录》、《诗馀画谱》、《顾氏画谱》、《中国历史参考图谱》、《域外所藏中国古画集》、《长乐郑氏汇印传奇》等,也都委托来薰阁书店去经销。

诸者如还有兴趣进一步了解谢国桢先生与陈掌柜之间的交情,那么,做过上海来薰阁学徒的高震川先生,在听闻谢先生去世以后的回忆足资参考:“解放前,谢老和来薰阁书店经理陈济川交情很深。谢老每到上海,就住在陈济川开办的书店里。谢老平易近人,没有架子。一九四二年我在来薰阁书店当学徒,一有时间,谢老就和我山南海北地攀谈起来。谢老常说:‘我有许多老朋友,还有不少的小朋友。'他还不厌其烦地给我讲解苏轼的《赤壁赋》,使我得到启蒙教育。谢老一生唯一的乐趣,就是逛书店,买古书,他见到稀少的版本书,总是爱不释手,不论价格多高,也要想方设法买下来。”

据胡金兆先生在《百年琉璃厂》一书中披露,“在旧书商中,他的民族正义感是较强的,在暗地里悄悄地做了一些对抗日有利的事。他除了在上海想方设法帮助掩护进步的文艺人士外,还通过谢国桢教授的关系,把一批敌伪禁运的图书偷偷运送到解放区。虽然数量不算大,但等于渴中送水,一定程度缓解了解放区缺乏图书的困难”。

来薰阁主人陈济川,是琉璃厂旧书业史上的一个传奇。

一

话说1911年受命接管“来薰阁琴书店”的陈连彬(1883—1947年),字丽卿,是河北南宫人。因不善经营,只是按同业常规,经营着一屋子木刻线装书和铅、石印本书,因此在业务上根本找不到新出路,一直店小本薄。到1925年交接时,只有一间门脸,三四个伙计。

然则当年北京旧书业的形势,据周肇祥(1880—1954年)在其《琉璃厂杂记》中说:“(辛亥)革命之后,国学摧夷,旧书几成冷物。迩来事事复古,相需渐多。旧日官僚学究又得美差缺,腰缠渐裕,买书之兴复作。东、西洋设立图书馆,间有购求我国旧籍,以充签轴,于是旧书几与古董争奇。寻常一明板书,多或值数十金,少亦须数金。宋元精椠,竟无定价,任意婪索,称买主之有无……”③

陈济川接手以后,明时察势,他锐意改革业务和创新经营,并充分发扬了其师傅王云瑞“善识版本,广交文人学者”的积极经营风格,很快就把生意从困境扭转了过来。他还抓住当时古旧书货源充足、交易活跃的发展机遇,把来薰阁打造成为了中国旧书业的一块金招牌。

在为人精明干练、头脑灵敏外,陈济川还有十分精熟的古旧书刊收售经验。他的一生,从南、北方民间收购到的珍善本古书数量可真不少。雷梦水在《琉璃厂书肆四记》中记述说:“对板本学甚精,业务经验亦广，虽年过花甲，记忆犹强。凡稀见之书，某年售价若干元，归何处，随口说出，无稍差。一九三一年，继其叔质卿业。一九四零年十月间，派张世尧(陈之表弟)、孙景润于上海设分店。该店经营偏重于戏曲小说及大部书籍。陈氏常往山东、山西、江浙一带收书。解放后，店伙马健斋亦常至江浙一带收书。"[④]

当位于北平琉璃厂路南一百八十号(当日电话号码为"南局四零九三")的来薰阁业务盛时，其年平均收售古旧书刊多达五万多部(册)，不仅扩展了琉璃厂店家的门面，在门市经营之外，还编印了营业书目，加强了发行，而且还拓展了业务，持续投资于古旧书的编辑出版，其年营业额达到了十万元。

据统计，来薰阁所印行的"坊本"有：《胡氏书画考》三种，《古文声系》二卷，《段王学五种》，《殷契摭佚》一卷附《考释》一卷，《中国古代社会新研初稿》不分卷，《书经》六卷，《诗经》八卷，《山带阁注楚词》六卷附《馀论》二卷，《楚词说韵》一卷，《永乐大典戏文三种》(《小孙屠》、《张协状元》、《宦门弟子错立身》)，《越谚》三卷，《广韵》五卷，《南唐二主词》一卷等。出版形式分别为木版刷印、影印和铅印等。

据陈济川长子陈传广回忆，"当时最前边是书店门脸，中间是书库和客厅，后边就是我们的住家"。在他的印象中，虽然当时来薰阁"前店后家"，只有咫尺之遥，但他所见的父亲总是行色匆匆，"早上出去就很少再进家"，而"熟客来了，从来不在柜上挑书，直奔中间的书库"。他说："这期间，来薰阁业务不断扩大，还发展出后院(供)生活和交友，店伙最多达二十人，成为琉璃厂最大的古旧书店……主要服务对象是专家、学者、教授，其主人陈济川与他们的关系已超出商业往还，达到朋友、知己以至莫逆；他们也把来薰阁当作可以小坐饮茶，谈书论道，交友议政，切磋技艺的一处雅居。当时的来薰阁可以说是'谈笑有鸿儒，往来无白丁'"。

《燕赵都市报》报道说："除了金九（韩国独立临时政府领导人——引者注），陈济川在那个年代结交了一大批国内外著名的专家、学者为新书友，其中有鲁迅、郑振铎、魏建功、老舍、傅惜华、赵万里、胡厚宣、吴晓玲，以及日本东京帝国大学教授服部宇之吉、长泽规矩也，京都帝国大学教授狩野君山、东北帝国大学教授青木正儿等。有的专家、学者与陈杭成为莫逆之交。”陈传广则记得，“胡适曾题赠我父亲陈济川的一本画册，‘文革’中不知所终了，前些时候我在一次拍卖会看到这本画册，但是我第二天再去已经被人买走了……”⑤

1929年，来薰阁书店编印了《来薰阁书目》首期，由沈尹默题签，为铅印线装形式。有声明云：“旧书日告匮乏，访求善本颇属不易，本店为流通国故起见，定价尚廉，省折扣之繁文，副江湖之雅意。若夫书品精良，订工尽美，一蒙采购，当不河汉斯言。”其例言曰：“一、四库分部学者多觉未安，校雠、七略目录已成专科，敝店职志蒐访流通藉省士林精力聊博蝇头微利而已。故兹编列，犹取经、史、子、集四部一仍成例，特旧日丛书、章回小说、剧曲等均隶集部，兹乃各立子目，以便检阅，确定部居，当俟鸿硕。二、蒐藏校读，必究版本，兹编所列著刻人氏刊印时代，摘要略注，以便审择。惟仓卒录目，例或不齐，例如清代著作，集部已均系注，而前三部中概付阙如，挂一漏万，事所难免，校改订正，俟诸下期。三、古籍善本日告匮乏，诹访蒐求，已属不易，遑论书品装潢？敝店订工，力求精美，定价概从低廉。为副雅意，恕免扣折。倘蒙采购，方知真实。”除经、史、子、集四部外，该期《来薰阁书目》还列售丛书近百部。本期书目封三上部刊“本店收买旧书广告”一则，下部刊代售影印明嘉靖本短篇小说集《清平山堂话本》广告一则。

第二期书目由钱玄同题签，于1931年5月编印。其“例言”说：“前年旧目，已不适用，惠顾诸君，请凭新编。”又刊布营业广告云：“本店开张旧京，迄今垂六十馀年，向来广求古今书籍，久得士林嘉许，今番再编新收书目，以备雅选。至于诸大收藏家倘手藏复本，或阅过不用之书，意欲出让者，愿以重价收买。特此广告。”

1935年10月编刊的《来薰阁书目(四期续编)》(平装一册)，封二印有法文地址，书目从5334号编起，至6002号止。封三印“《续修陕西通志稿》出版广告”和《本店印行书籍简目》二十种。

第五期书目于1936年3月编印，著录五千七百零四种，封三例刊收买旧书广告和本店自印书籍简目。第六期于1943年1月编订，上编著录三千七百五十二种，下编著录四千三百十六种。封三例刊收买旧书广告，以及《中国古代社会新研》广告和《玄览堂丛书》总目。

当方志有了海内外行情后，陈济川于1941年1月重订了《来薰阁书店方志目》(舆图、山志，医书、政书、家谱目附)。封面套红印刷有店铺地址、电话，封二印有《外埠通信购书办法》，天头印英文，其向海外推销方志的意向甚明。其中仅“家谱”一类就著录有清乾隆刊白纸印本八册《昇州王氏宗谱》四卷(标价六十五元)、民国竹纸铅印本五册《平湖徐氏世系》(标价十五元)、白纸抄本一册《徐氏世谱》(标价十六元)等百馀种。书店主人还改动了广告，将《本店收买方志广告》刊于封三，可见主人及时应变市场行情的机动力：“本店开张旧京迄今垂六十馀年，向来广求古今书籍、新旧方志，久得士林嘉许。今番编辑新收方志，以备雅选，至于诸大收藏家倘收藏复本，或阅过不用之书，意欲出让者，愿以重价收买。特此广告。”封三同时附有原板新印之《持静斋书目》等二十一种“本店印行书籍简目”。

来薰阁——这个曾经占据着上世纪前叶北京旧书业界核心地位的旧书业老字号，陈济川——这位在当年北、南中国旧书行业中的领军人物，太值得我们认真研究了！理由不仅仅是因为我们在琉璃厂文化街，至今还能见到在“公私合营”后即已归属于北京市中国书店的“来薰阁”。

胡金兆先生曾经以《琉璃厂旧书业领军者》为题，专章介绍了陈济川的经营业绩。他指出，如今在琉璃厂西街东口路南、紧靠着万源夹道北口的，就是被中国书店保留了原字号的“新的来薰阁书店”：“三开间的大门面，进深亦为三间，很气派，还有楼，藏书很丰富,不完全是古籍,不少是古籍新印或与传统文化靠近的书籍,楼下新印书,楼上古旧书。它所占用的原地是西琉璃厂三大旧书店之一的富晋书社和两明斋墨盒店,与设在海王村公园中国书店外侧邃雅斋遥相呼应。原来的来薰阁还在西边,西琉璃厂180号,其东邃雅斋是192号,富晋书社是193号,三大旧书店并排,相邻十几个门。二十世纪八十年代重修琉璃厂,来薰阁大体还在原址,是五间门面带楼,后面还有很大的院子和房子。现在东迁到现址。"⑥

因此,我们假如有缘前往琉璃厂发思古之幽情,可不要找错了地方呵。

二

日本学人吉川幸次郎曾经于1928年4月到1931年2月间在北平留学,他后来写有《来薰阁琴书店——琉璃厂杂记》一文。其篇首说:"这期间的记忆,值得反复回味的美好印象,不在剧场和戏院,不在饭馆和餐厅,而在古书街市。城内的隆福寺和城外的琉璃厂,占去了我北京生活三分之一的时间。将这份记忆草草成文,甚觉可惜,但被人要求写一篇关于书籍的随笔,首先想到的题目就是这个","我的人力车,一般总是先在十字路口往西拐,向前行至南侧的第三家门面即来薰阁琴书店前停下。"

在忆文中,吉川幸次郎把陈掌柜称誉为"琉璃厂首屈一指的新式人物",也即北京旧书业的新式经营家。他在文章中生动地记述道:

> 我的车一到,店内透过玻璃门就能看到。这时,急忙走出相迎的,是主人的弟弟——二先生。而我的人力车费,一般就由他交付。
>
> "吉川先生来了!"他身边的四五个伙计,也都一齐站起来,向我点头行礼。而这里朝向街面的一间,不是接待我这样的老顾客的地方。这里,书都一律沿墙往上堆积,一直充斥到屋顶,而且都是那些通常惯见的书。

"请! 请! "我穿过这里,又穿过一个小的院子,来到最里面的屋子。

主人陈济川就在这间屋里。但他非常非常地忙,转眼间就离开这屋的情况也很多。或是出去接阅、分检同行不知从哪里买的一大堆书,或是到书业总会去碰头见面。但是只要接到店里派出的小使的通知,他一般就能回来,一跨入房间的门就说:"先生好! "

照例是灰色的长袍,北魏佛像那样的容颜。我也立即站起来回礼道:"陈先生好! "

没有敬语的中国做法。中国商人一般不使用卑微的语言。特别是学者和书店之间,是对等的关系,彼此文雅而交。我们俩就面对面促膝而坐,抽着烟,喝着茶,开始闲聊。话题多半是关于学者们的传闻。然后,我就开始巡视那由书帙堆积起来的古籍的书壁,而对地上堆放的散书也捡起来翻翻……

有时同陈掌柜谈得投机尽兴时,就索性"留下吃饭",边吃边谈。在选定了所需书籍以后,也并不要如现时通行的这样,立即会帐付钱,而只须在每年的"三节"(五月初五日"端阳节"、八月十五日"中秋节"和年终之"春节")三次结算分付,"即使是到了这三个时间,全部付清书款的顾客也属少数"。

吉川幸次郎把陈氏称誉为"是琉璃厂几十家古书店中惟一有创新意识的人",因为他不仅与日本客户主动结交,而且他还曾以"图书展卖会"的形式,把业务拓展到了日本的东京、京都和名古屋。北平的同业们"对他这种海外兴业行动,半是嫉妒,半是观望。而他以可观的收益证明了他的成功,也给同行中的观望者一个漂亮的回答"。

原来在 1928 年至 1930 年期间,不到三十岁的陈济川曾应日本学人长泽规矩也(1902—1980 年)等人的邀请,先后四次东渡日本,在东京、京都、大坂、神户、九州、福冈等地展销中国古籍,并结识了日本专营中国古籍的文求堂、临川书店、汇文堂书店的老板,走访了一些学者、藏书家和图书馆,从而把中国古旧书的业务做到了东瀛,来薰阁亦名振一时。

1930年,长泽规矩也在其所写《中华民国书林一瞥》中,说起过陈杭的创业史:"来薰阁的陈氏……起初得到京都大学教授、学生的支持,遂开始做日本人生意,揣摩日本学者的心理,或携带样本东渡,或迎合到北平游历的日本人的心意,其情形大有赶超文奎堂之势。他乘学术界戏曲小说研究热之机,不惜重资搜购词曲小说,获取厚利,一时间令其他书商羡慕不已。可是近来通行本逐渐堆如山积,他幡然悔悟,倾力搜求清人文集"。他说:"陈君正值盛年,与我同岁,和我往来频繁,为人温厚善良,因此很得日本人的信任,但鉴赏功底不够深厚。他以小说获利,前年以一百五十元把嘉靖黑口本《三国志演义》卖给文求堂,又以洋钱若干将原本《平妖传》卖给马隅卿,至今传为话柄。近来,在日本顾客中出现不能如期付款的现象,这使他很为难。"⑦

不久以后,他对其"鉴赏功底不够深厚"一说,就做了修正:"来薰阁陈氏欲求利而并非唯利是求,他将明嘉靖中官刊黑口大字本《三国志传通俗演义》卖给文求堂,却并不知晓其实际价值,而其他贵重书籍,在与我们联系前,则先请马隅卿、王孝慈等人过目。据称天下只有两本的二十卷本《平妖传》,也以很便宜的价格卖给了隅卿。我想他是知道这书的真正价值的。当时,我常出入于隅卿处,隅卿常把从他处购得的善本给我看,令我羡慕不已。"

看来挟在文奎堂的实践经验和业务传统,陈济川在经营上抓住了一个重要商机,就是注意到了"五四"运动以后,新生的科研、教学和机关团体、个人对古旧书的新需求,从而加强了对口适销的业务。这样,来薰阁的生意就很快地发展壮大了起来。

这已足以证明陈济川在业务上勇于开拓的积极经营精神。吉川幸次郎写道:"在民国初年,当北京大学崛起一批年轻的思想家时,其他的书店无动于衷,不予理睬,勇敢地与这些人接近的,也是他。与此相关联,对于以往的古书店从不关心的戏曲、小说类书籍的热心收集和买卖,也是他。无论是在日本,还是在中国,研究中国白话文学的人,没有得到过他的帮助和恩惠的,绝无仅有。”[8]

不仅仅是陈济川的来薰阁,还有同在琉璃厂的孙殿起的通学斋,以及位于隆福寺的赵殿成的文奎阁,都是吉川幸次郎时常前往淘选旧书的去处,因为这三家有关清代考据学方面的线装书比较多。他说:“留学中最主要的事情之一就是买书。资金充足,加上那时我的兴趣在清代考据学,所以以此为重点购书。中国的书真是说有多少就有多少,但如自己定下一个重点来收集的话,即使是相当珍贵的书也可以买得起。”他回忆说:“与这些书店打了招呼后,他们会把我想要的书和相关的东西送上门来。不只是这三家书店,琉璃厂、隆福寺的其它书店也常到我宿舍来送书。他们把各种书的‘头一本’——即最早(先)的一本用布包袱包着送来,常常是早上我还没起床,已有十多人拥挤在门房的屋子里等我。然后,我起床,与他们一一见面,见那‘头一本’。要买的,就说“留下”;想考虑一下,隔几天回话的,就说‘看一看’。如此这番地与书店老板打交道,每天就得花一小时以上。此外,隔上一天,我自己也要上文奎堂、来薰阁、通学斋等书店去,一去总是两小时到三小时左右,有时那里就留我吃晚饭。详细情况可参见我写的《来薰阁琴书店》。”[9]

《来薰阁琴书店》和长泽规矩也的《中华民国书林一瞥》等文,现在有了北京语言大学钱婉约女史的译文,载于她与宋炎辑录成集的《日本学人中国访书记》一书中,由中华书局 2006 年 1 月出版。

三

有关来薰阁在中华人民共和国初期的经营业态,黄裳先生在《几种版画书》中有段回忆:“一九四九年冬到北京,抽暇到琉璃厂访书,当时旧书市场寥落,书店大都门可罗雀。偶然走进来薰阁,主人陈济川在上海时有点认识,让进去吃茶闲话。架子上书满满的,却没有什么可看,记得各种版本的《金瓶梅》就塞满了半架,就中还有崇祯本,不过已是后印的了。……坐在店堂里既无书可看,我就提出看看他们积存的残本,后进有好几大间,满满地堆着旧书,这里倒颇有些善本,……。公私合营以后,旧书肆都已合并,从业员也都另分配了工作。说到的几位书友,也都已去世。北京的琉璃厂重修以后,曾去过几次,不记得来薰阁是否还在,但从前那种吃茶闲话访书之乐,是不可能再得了。这是想起来总不免觉得有点寂寞的。”

据陈传广说,“作为私营古旧书业的代表人物,解放前陈济川曾任北平书业同业公会会长,解放后任北京市图书出版发行公会主任委员。1955年他率领一百一十一家私营古旧书店参加‘公私合营’,组建中国书店,并担任副总经理”。据说,当日的来薰阁和上海来薰阁分店,经清产核资,分别被定股人民币五万元,居当时全国旧书业之首位。

就个人的立身处世而言,最为吉川幸次郎折服的,是陈掌柜“与时俱进”的识见。当中华人民共和国成立以后,是他领导琉璃厂同业走进了一个新天地:“陈济川不愧是书林的英豪,有领时代之先的英明识断。在面对革命,其他书店都慌张失措之时,他很好地与新的政局协调了步调,成为古籍工会的工会长,很是活跃。”[10]

不仅业务本领高强,在古旧书行业事务方面,陈杭也大有见识。中华人民共和国成立以后,在1950年初成立北京市图书出版发行业公会时,当选为主任委员。1950年冬当选为第一届全国出版会议代表,以后又当选为前门区第一届人民代表会议代表。他还是中国民主建国会的老会员。他审时度势,为谋求同业的新生和发展机遇,不断动员全体会员改善经营管理,引导大家端正经营思想和作风,从单一谋利经营,转向为国为民服务,以适应社会形势的需要。

吉川幸次郎的《来薰阁琴书店——琉璃厂杂记》写于1951年5月底,他在文中表示,“陈济川,是我最想见的中国人之一”。此文发表后六年,也即1957年,东京神保町的山本书店老板山本敬太郎有过一次北京之行,他在琉璃厂见到了陈济川并受到热情接待。据回忆:"'北魏佛像那样的容颜'至今未变,瞿铄有神,'这个'、'这个'的口头禅仍留存在我耳边。'只要接到店里小使的通知,他就立刻回来',也仍是这样。不同的是从他口里不断地涌现'社会主义'一词,而自信地推荐给人看的古书却没有了,不禁使人感到困惑和缺憾,我还在剧院和饭馆受到了招待。"

吉川幸次郎根据山本敬太郎寄赠的就餐合影,读出了如下信息:"左起第二位,那个嘿嘿笑着的,毫无爽失的就是陈济川,简直与三十年前的模样没有不同。其他人大概也是书店业中的人吧,大家都穿着'人民装',只有他悠然地穿着长袍,这或许也表示了他在其中的地位吧。身后的墙壁上,可以看到'全世界无产者联合起来'、'中苏友好合作万岁'这样的宣传牌。自信地推荐给人看的古书没有了,是因为近年来,中国对五十年前的书籍,一律禁止出口。山本君从中国回来后结论是:只就古书这一方面看,现在的北京不怎么有意思了。"

历史的答案,无情地证实了这一种预测。事实上,当年由中央政府主导的运动式的"公私合营",人为地改变了中国旧书业从来由家庭分散经营、由家族内部传承的小商业传统,因此,全部国营化集中经营以后的旧书行业很快就出现了种种水土不服的新问题。

1958年,郑振铎先生在一次同业讲话中如此公开表扬道:"北京古书店有工厂作用,不全的配全抄全。杭州抱经堂书店和苏州文学山房将不全的书,割目以充全书,这样不好。……北京和上海的旧书店,与买书的人都是朋友。到书店里喝喝茶很方便。"他是在以国家文化部领导的身份,要求地方国营古旧书业人员,应在经营中虚心学习私营旧书业者的好作风。

据在自己年龄很小的时候,就认得"陈叔叔"的胡金兆先生的观感,这个"个子高,头大,人爽朗,大嗓门,爱说爱笑",在熟人中有"陈大头"绰号的陈叔叔,从表面上看,"一天大大咧咧、忙忙叨叨、风风火火,见了人,不管是谁,总要打招呼,但说不了几句又忙着走了，都以为他是个粗线条的人。其实他心里很细，是非分明，好多事情，他不言不语安排得熨熨帖帖，做得有情有理"，在"琉璃厂相对比较保守的旧书界中，他是个别而勇敢的"。然而，在写到其晚年的情景时，胡先生却用了一个令人读来黯然伤神的小标题："投身社会主义改造，晚景却凄凉"。他评介说："陈济川在旧书业中的威望高，一贯积极、助人为乐"，在1950年底北京筹组第一家公私合营的"新大众出版社"时，就曾出本筹资，后出任经理。其"社址设在杨梅竹斜街世界书局东隔壁，一座两层楼，今天遗址痕迹还有"。当社事无疾而终后，他仍悉心经营来薰阁的古旧书业务，兼管着北京图书出版业公会的事。

对于"1956年的公私合营、社会主义改造，陈济川是举起双手热烈欢迎的"，并带动了好多旧书业同行积极参与了进来。据说，他还把以五两黄金的重价，在津门购得1589年刻版天都外臣序本的《忠义水浒传》(罗本纂修，李贽评阅)珍本，通过郑振铎的引荐，把书无偿地捐献给了国家(今藏北京图书馆)，以示其"态度和决心"。

当旧书业在中央政府的强力组织下实行了社会主义改造，全部归并到北京市中国书店以后，陈济川即被任命为副经理。他为此配合有关领导努力工作，曾经积极选派有经验、有魄力，又精通古旧书刊业务裴孝先、常体仁等骨干人员，协助建立了广州、兰州两市的古旧书店。这在"同行是冤家"的旧书业私营时代，是不可想象的。文章最后交代说："陈济川的晚年在中国书店愉快地工作着。(但)他终究是私方代表性人员，再努力工作，也还是外人。他躲过去了1957年的'反右'，据说差一点儿就落水，还是有好人拉了他一把，结果旧书业这顶'右派'帽子给了邃雅斋经理、也是旧书界的头面人物董会卿。到1966年的'文革'，那谁也跑不了，何况陈还是拿定息的资本家，身为中国书店副经理，被打成是'混进领导班子中的阶级异己分子'。他没能挺过去，1968年含冤而逝，享年才66岁。陈济川平日身体较壮，要不是'文革'摧残，他还能再活一阵子，必然能对中国传统文化的重要内容之一的古旧书业，作出更多更出色的贡献。"[11]

而据陈传广的回忆,在"文革"开始以后不久,"我家就被查抄,父亲被揪出来,挂牌批斗,深受人格、肉体侮辱,回家郁闷不乐,后来卧病不起,在1968年含冤离世。我大弟弟也被远放北大荒。那时,我家真是家破人亡,门庭冷落,寒室凄凉"。于是令他和他的家人念念不忘的感人一幕出现了:"大约是1969年开春的一个夜晚,我和小弟弟在床前守着卧床不起的母亲,忽听有人轻轻推屋门进来——当时我家被勒令,街门是不许插上的;来人身着一件深色的长大衣,戴一顶蓝色的帽子,帽沿压得很低,进屋小声说:'我是魏建功……',他不说话,也不坐,只是环顾四壁叹息,神色悄然。在昏黄的灯光下,他慢步走到母亲床前,俯身安慰。大家眼里噙着泪水,相对无言。接着,他又低声询问。临走时,他连连摆手示意不要送。我只好目送他走出去,消失在寒冷的夜色中。……"[12]

据马嘶所写魏建功传记,可知1969年的开春时节,他本人被解除在北大"监改大院"的集体监管,刚刚获得人身自由才几个月[13]。我想,魏先生也许是风闻了陈济川去世的噩耗而专程前往慰问的,他"掏出小本儿,一一记下"陈传广弟妹们的去向,大概是为了待日后自己境遇好转后给予关照,以报旧恩罢!

据胡金兆先生在书中披露,早在1927年3月,魏建功赴汉城教学期间,他与夫人王碧书女士的信件往来,都由来薰阁收转的。1935年春编印的《来薰阁书目》第四期即由魏建功题签。

抗战胜利后的1946年元月,魏建功在重庆受聘担任台湾大学中文系主任前夕,率领台静农、何子祥、张宜忱等四十多位师生到上海候机,就是以上海来薰阁书店为中转站的。更有感人细节表明:当1947年率王碧书及子女从重庆去台湾,路过上海时正逢中秋佳节,他们却因经济拮据,人在旅途,困处他乡。陈济川闻讯后,即及时派人送上白面、猪肉和现金,这一雪中送炭、济人困厄之举,令魏建功夫妇极为感动。

因此,在五十年代前后,来薰阁业务颇得魏先生的热心关照,他不仅自己而且还经常介绍学界友人到此购书；而他自己所编辑的《钱玄同遗墨》、《中华新韵》等书，也都交由来薰阁出版发行。听说在1980年2月18日临终前，魏先生还交代子女们说："你们以后不能忘了来薰阁书店的朋友和陈杭一家，他们在我们最困难的时候，给了我们很大帮助。"⑭

在陈济川的经营史上，与郑振铎、与谢国桢、与魏建功的友情交往决不是人中特例，而是比比皆是的。譬如说他从文献上资助1934年毕业于北京大学史学系、后任职于中央研究院历史语言研究所的甲骨文专家胡厚宣(1911—1995年)从事研究的故事，亦是一段佳话。

当抗战初起时间，"大后方"的书籍十分匮乏，研究资料奇缺。这些东西虽然在北平城里有，但日寇对社会控制很严，沦陷中的北平与身在重庆、昆明、成都等地的人通邮十分困难。往往一封信要辗转绕好几个地方，经过数月才能到达收信人之手。当时已到四川的胡厚宣教授，就曾写信给陈济川，请他帮助购书。为此，陈济川富有创意地把《双剑誃古器物图录》等重要考古书刊拆散后，以单页方式装入信封，分多次陆续付邮。胡先生收到辗转数地，有的被传污得油渍斑斑的北京来信，真是喜出望外。待到抗战胜利后回到北平，他即赴来薰阁面谢，并准备交付书款和邮费。可是陈济川却笑着拒收了，他说，这是我的分内事，何谈钱为？

在随后的交往中，来薰阁还为胡厚宣等考古学家编印了《战后平津新获甲骨集》、《战后南北所见甲骨录》等多种印数很少的学术资料专著。胡先生说："陈济川先生的这种深情厚谊，我非常感激，终身难忘。"

注：

①谢国桢《三吴回想记》，见《瓜蒂庵文集》，辽宁教育出版社1996年9月版，第339页。

②《郑振铎日记全编》，陈福康整理，山西古籍出版社2006年

1月版,第119—120页。

③周肇祥《琉璃厂杂记》,北京燕山出版社1995年4月版,第1页,第76—77页。

④雷梦水《琉璃厂书肆四记》,见孙殿起辑《琉璃厂小志》,北京古籍出版社1982年9月版,第145页。

⑤《古琉璃厂来薰阁,二百年岁月话沧桑》,见《燕赵都市报》,2006年5月22日。

⑥⑪⑭胡金兆《百年琉璃厂》,当代中国出版社2006年8月版。

⑦⑨吉川幸次郎《我的留学记》,钱婉约译,光明日报出版社1999年9月版,第65—66页。关于看“头本”,周作人在《北大感旧录》中回忆马隅卿时写道:1925年前后,马氏正担任北京孔德学校总务长,其时“又正在替孔德图书馆买书,周围堆满了旧书头本,常在和书贾交涉谈判。我们下课后便跑去闲谈,虽然知道很妨害他的办公,可是总也不能改……”。

⑧吉川幸次郎《来薰阁琴书店——琉璃厂杂记》,见钱婉约、宋炎辑译《日本学人中国访书记》,中华书局2006年1月版,第275—278页。

⑩吉川幸次郎《琉璃厂后记》,见钱婉约、宋炎辑译《日本学人中国访书记》,中华书局2006年1月版,第275—276页。

⑫陈传广《来薰阁与魏建功》,见《纪念魏建功先生诞辰一百周年暨〈魏建功文集〉出版学术研讨会论文集》,2001年8月北京大学自印本。

⑬马嘶《一代宗师魏建功》,文化艺术出版社2007年2月版,第224—228页。

《元官藏》入藏国家图书馆纪实

李际宁

生活在北京，工作在国家图书馆，常常感慨善本部收藏的古籍文物价值之高、文献种类之丰富、版本之全面系统，感慨前辈学者开阔的眼光和深厚的学识，也感慨前辈学者能够有幸接触到那么多的古籍。正是前辈的心血，奠定了如今国家图书馆丰富的善本馆藏。新时代，古籍越来越少，善本难求，精品更是可遇而不可求。笔者以在国家图书馆善本部工作之缘，偶有机缘得见一些珍稀古籍善本。2006年刚刚开春，中国国家图书馆善本部就从民间收到九册《元官藏》，其中两册还附有刊经愿文和题记。这批《元官藏》能够入藏国图善本部，说来带有很大侥幸，可谓天赐良缘。笔者亲历此事，故借《藏书家》版面，简略叙述，以留一段资料。

2006年2月15日，星期三。已到中午，天气阴沉。午饭后从食堂回办公室，刚刚走进善本组走廊，隔壁房间的同事就迎上来告诉我，办公室有两人等候，说是找我。这个时间有人找，似乎有点不寻常，便疾步上前，见是两位年轻人，忙与来人握手。两位笑脸相迎，颇似久别相逢的朋友。一边握手寒暄，一边仔细打量：不记得在什么地方见过他们，相貌似乎挺陌生，但也不敢贸然说不认识。自知记忆不佳，特别是辨别人，有时明明以前见过，相隔一段没有见面，再见时，竟然屡屡胡涂，演出"笑问客从何方来"的闹剧。

两位看出我的疑惑和尴尬，连忙自我介绍，说他们从河北衡水来，带几册佛经请帮助"看一看"。他们说，前些日子已经在某网上书店公布了这几册佛经，公开询问版本信息，有先生看到后，说国家图书馆可以鉴定。两位还说道:为搞清楚这批佛经的版本,他们专门查阅了江苏古籍出版社出版的《中国版本文化丛书·佛经版本》有关章节,文中提到《元官藏》的版式是每版“六个半叶”,而他们收到的实物是每版七个半叶,版式有异,不由得放心不下,今日一早,从衡水赶来咨询。听到这里,笔者连忙道歉,说:“《佛经版本》是本人写的,当时撰写、校勘都有点仓促,书中有不少错误。《元官藏》的确应该是七个半叶。”真是对不起,自己的马虎,害人害己。

来人告知,他俩在衡水开一处古籍书店,合作经营,一人(后来知道名叫崔国瑞)原做别的行业,因为喜好古籍,改行从事古籍收藏收购。一位(名叫刘洪军)是山东人,经营一处茶庄,也是古籍文物的爱好者,因在民间收购古籍,资金不足,又不得不将茶庄折价出让,集资专营古旧书籍。最近两人从民间收到这九册佛经,特地拿来。

说话间,二位打开两包用报纸包裹的佛经。佛经皆经折装,厚薄不太统一,大多较薄。部分经册保留了橘黄色纸质硬封面,封面上都没有经名签。九册佛经之外,还残留了一张硬纸封面,封面上保留了完整的经名签,经名签四周双边,竖长条形;经名签下为单边圆形编号签,标千字文及编号,经名和编号,都是木刻印刷的。仔细审视原件,都保留着初装形态,没有被改装过。

九册佛经皆皮纸,未经染潢,白色皮质纤维,一缕一缕泛着亮光。纸张不薄不厚,极为均匀,韧度也极好。略显不足的是,部分经册有黑色霉斑,部分还有破损、霉烂或脱叶。也有几册纸张依然非常完好,颇可见元代官方印书的气派。

再仔细观察版式行款,每版七个半叶,半叶六行十七字,上下双边,有接纸的现象。以笔者所知,宋元版佛教大藏经几乎没有接纸的现象,《元官藏》是个例外,大概也正是因为版式过长,一般幅面的纸张都不够用。

九册均无扉画,卷端刊经名,经名下为千字文及编号,次行低格字体稍小,刊译经者职衔及僧名。第二个半叶与第三个半叶间,刊印版片号。卷末尾题后有音译,又有千字文编号及终版序号,惟位置并不固定，有的在尾题下，有的在尾题及音译之后。

不错，所有信息都说明这就是极为罕见的《元官藏》。再粗粗翻检一遍，无缺叶少版，全部首尾完整。虽说书品一般，有的还比较差，但是完整如此，又有题记和愿文，其文物价值之高，资料之宝贵，很难得。

当即喊来善本组长程有庆先生一同观看。我们向两位年轻人询问，是否可以拍几幅书影，以保留一些数据？他们一口答应。笔者遂请有庆陪他们在办公室喝点茶，自己立刻去做扫描。借扫描的空隙，把情况向善本部主任作了汇报，提出不要错过这个机会，应当努力收购这几册《元官藏》。扫描的时间较长，两位年轻人有点不安起来，待我抱书回到办公室，似乎才长长舒了一口气。两人又仔细清点，确认完好无误，方才放心。

他们这时说，从早晨到现在还没有吃饭，准备先吃午饭，回来再商量其它事情。这让我和有庆忽然感到非常对不起他们，当下连忙指引去快餐厅的路径，嘱咐他们不必太忙，慢慢用饭。

他们走后，有庆告诉我刚才了解到的一些情况：据两位年轻人说，几册《元官藏》来源于民间，为寻找鉴定者和买家，两位在稍早一点的时候，已经将消息和照片在网上公布过，好像是孔夫子网，著名版本学者S先生看见消息，已经与他们电话联系过，并告知国家图书馆可以鉴定，他们就是寻这条线索来的。既然持书来到国图，似乎说明他们也是有这样想法的。刚才准备扫描的时候，笔者心里还想着希望有庆向他们介绍一下国图的政策和条件，希望探寻一下转让国图的可能，只是碍于两位年轻人在场，没有好说出口，毕竟当着他们的面“肆无忌惮”地谈论收购人家的东西，有点太那个，总是不太好意思吧！没有想到，有庆非常默契地已经把这些工作做在了前头，更高兴的是两位年轻人也爽快地答应了，说这也是他们的想法，国家收购是最好的归宿。另外，两位书主似乎暗示，还有别人与他们联系过这批书，有意收购。既然“北图希望收购”这样一个分寸不好拿捏的话题已经“挑”开说明，剩下的就看领导的决心和我们的动作了。

午后一点多，主任张志清回来，我们向他简要地汇报了情况，指出时间非常紧张。张志清说他两点的时候正要开会，届时几位馆长都在，可以当场汇报。

约一点四十分的时候，两个年轻人回来了，我和有庆与他们交换了意见，他们同意东西转让给国图，价格可以参照中国书店的拍卖底价。

与此同时，张志清主任向馆里作了汇报，馆里命其代表馆方与两位年轻人商谈。在谈到价格得时候出现了一些分歧，但双方也有共识，都有一个想法，就是东西要留在国内，最好留在国图。经过耐心细致的工作，终于说服了两位年轻人，全部九册《元官藏》以双方都满意的价格转让给国图。

待相关手续办完，时间将近四点半，几个小时之内"敲定"一切，真痛快。后来，在有关单位的大力协助支持下，很快交付了资金，九册《元官藏》正式入藏国家图书馆。

九册《元官藏》目录如下："一、念一　大法鼓经卷上　刘宋天竺三藏求那跋陀罗译；二、念五　宝授菩萨菩提行经　西天译经三藏朝散大夫试鸿胪少卿明教大师臣法贤奉诏译；三、作伍　佛说顶生王因缘经卷第二　西天译经三藏朝奉大夫试光禄卿传法大师赐紫沙门臣施护等奉诏译；四、作六　佛说顶生王因缘经卷第三　西天译经三藏朝奉大夫试光禄卿传法大师赐紫沙门臣施护等奉诏译；五、作柒　佛说顶生王因缘经卷第四　西天译经三藏朝奉大夫试光禄卿传法大师赐紫沙门臣施护等奉诏译；六、作八　佛说顶生王因缘经卷第五　西天译经三藏朝奉大夫试光禄卿传法大师赐紫沙门臣施护等奉诏译；七、作玖　佛说顶生王因缘经卷第六　西天译经三藏朝奉大夫试光禄卿传法大师赐紫沙门臣施护等奉诏译；八、宝六　一字佛顶轮王经卷第三　大唐三藏法师菩提流志奉诏译；九、君三　大方广菩萨藏文殊师利根本仪轨经卷第三　西天译经三藏朝散大夫试鸿胪少卿明教大师臣天息灾奉诏译。"

关于《元官藏》的历史，过去学术界和收藏界都没有人提到，它的定名也是二十世纪八十年代的事。1927年，日本《现代佛教》第四十三号上刊登了二楞学人(小野玄妙)的文章《至元二年刊元版大藏经の跋文に就て》，首次披露了一种过去学术界没有见过的大藏经，卷首有元顺宗至元二年太皇太后发愿文，卷尾有大藏经印造机构的官员和僧人衔名，小野氏对发愿文和卷后衔名作了录文，他意识到这是一部元代官版大藏经。1929年日本《佛典研究》第二卷第十三号上刊登了小野玄妙《元代松江府僧录管主八大师の刻藏事迹》，副标题是“大普宁寺本以外の元版藏经特に管主八僧录の刊本文に就いて”，首次刊布了《元官藏》两幅图版，一幅是顺宗太皇太后发愿文的部分，一幅是主持大藏经官员和僧人的衔名。1984年《文物》第十二期刊登了童玮、方广锠、金志良撰《元代官刻大藏经的发现》，首次认定云南省图书馆收藏的三十馀册大藏经，与小野氏所述相同，当为同一种藏经，三位学者将之命名为《元官藏》。1986年，三位学者在《世界宗教研究》第三期上又发表了《元代官刻大藏经考证》对部分版本问题做了考证；方广锠在《文史》第二十九辑上撰写了《元史考证两篇》，对元代官版大藏经的历史背影等相关问题作了考辨。

两处公布的《元官藏》发愿文证实，两部为相同版本。但也有不同的地方，《元官藏》虽然都是元顺宗至元二年刊印，都说印刷了三十部，只是由于当时元代宫廷内部的矛盾，小野本长长的官员衔名名单，在云南省图书馆收藏品中有所更换。尽管《元官藏》从刊雕到印刷成品的间距很短，但云南省图书馆收藏品的印刷时间，又稍稍晚一点。可惜的是，小野氏所述的原件，以后再没有被发现，至今下落不明，小野氏的论文成为这一版本的“绝唱”，云南省图书馆收藏品成了《元官藏》的“惟一”版本。而今，国家图书馆的收藏品，正好弥补了这个遗憾。

回顾这九册《元官藏》入藏国图的经过，处处充满了“偶然”。实话说，《元官藏》实物并不是这两年才出现在市场上，屈指算起来已有多次,但最终都是因缘不合,没有能够入藏国图:1998年至1999年间,某古籍书店的两位朋友带来一册,是姚秦鸠摩罗什译《大智度论》卷第三十二,千字文号佚,经折装,纸张棕褐色,纸质坚韧粗厚,首尾残,版式上边、下边被裁剪,已看不出原来的开本状况,但从版式上可辨为《元官藏》。归属未详。2003年,有私人持《大方广佛华严经》卷第七十六(体字号)询问国图。这件原为经折装,后改装成卷轴。本件卷首另配扉画,卷尾有明代补抄,纸色略褐,纸质薄脆。2006年春季,嘉德拍卖公司上拍。2005年夏,中国书店收藏到一册《菩提场所说一字顶轮王经》卷五(父五),经折装,首尾完整,白皮纸,未染潢,纸张厚薄均匀,颇有韧性,书品亦好,每版接纸。藏书家韦力先生独具慧眼,收入箧中。2005年秋,中国书店海王村拍卖公司售出一册《菩提场所说一字顶轮王经》卷四(父四),经折装,白皮纸,其它特征都与韦力先生所藏全同,当为同一批物。2006年秋,嘉德拍卖公司上拍一册《菩提场所说一字顶轮王经》卷三(父三),版式、纸张、装潢与上述者全同,当为同一批物。上海龙华古寺收购。2006年12月4日,上海敬华艺术品拍卖公司在威斯汀大酒店拍卖一册元官藏本《佛说顶生王因缘经》卷第一(作肆),同样被上海龙华古寺收购。

古籍善本的收藏,因缘和合多么难得,有缘无缘,难以预料。前此已经失去多次机会,说明这几件东西送上门来被我们"看见"是多么的偶然,如果两位在网上出手,如果当日中午两位没有等到我们就走了,如果他们到其它单位去做鉴定,……只要一个"如果"变为现实,我们将多么难过。

国家图书馆收藏的九册《元官藏》,与上述白皮纸本当为同一批流散物,是否后续还有,不得而知,希冀古籍界同好共同关注。国家图书馆善本部代表国家收藏珍稀古籍,以提供学术界共享,这是国家图书馆的职能。这批九册《元官藏》经笔者之手入藏国图,不惟幸运乎!

海源阁杨氏藏书印考略

丁延峰

山东聊城杨氏海源阁是中国清末四大藏书楼之一，因庋藏精美，又有“南瞿北杨”之誉。海源阁藏书历经五代蓄积，孕育出丰富独特的藏书文化，从藏书印这一侧面也能反映出来。这些藏书印或显其旨趣爱好，或含其学术思想，或括其遗风厚俗，蕴含了丰富的文化涵义，并成为海源阁藏书体系的一个有机组成部分。杨氏藏书印的特点有：一、印章贯串杨氏五代，历时百馀年；二、数量多，是中国历代藏书家中藏印最多的，据目前统计有一百四十方，而列第二者为汲古阁毛氏九十五方(据林申清编著《明清著名藏书家·藏书印》和任继愈主编《中国藏书楼·中国私家藏书印印文选录》著录的汲古阁毛氏藏印统计)；三、印章形制多样，有阴文(白文)、阳文(朱文)、阴阳文。印底有方形、圆形、椭圆形、方印圆形印面等。方形中有正方形、长方形。同一印名有多种字形各异、字体大小不同的印章，如“宋存书室”有白文、朱文、方形及长方形且字体大小、字形不同者六方，“至堂”有字体大小、字形不同的朱文方印三方。就字数而言，字数少者一字，多者三十六字；四、印章含义包罗万象、丰富深邃，如“益之手校”言校读，“宋存书室”谓版本，“海源阁”云归属……，这些藏印分别从不同角度诠释了海源阁丰富的藏书文化。杨氏在钤盖印章时，往往一书钤有多印，有的钤有杨氏三代或四代藏印，如宋本《古文苑》十七卷(原二十一卷)，钤有杨以增、杨绍和、杨保彝三人共三十四方之印，说明杨氏对此书的重视以及独家传世保有之心态；杨氏印章除常常钤于卷首卷末及每卷开首之页外，往往还于卷首护页空白处钤盖藏印，有些书无护页者则另加护页。最多者为“海源阁”和“禄易书千万值小胥抄良友诒阁主人清白吏读曾经学何事愧蠹鱼未食字遗子孙承此志”(下省称为铭文印)两印，这也体现了杨氏强烈的归属和劝学等心理。因而阅读这些印记，仿佛在解读杨氏几代藏书的轨迹和治学思想。今将目验各书后，所搜罗到的杨氏印章辑录于此，亦见杨氏藏印之丰富。印章中个别未能标出形制者，为笔者未见，只有资料记载，但为求其全面，亦并迻录于此。

杨兆煜藏印两方：古东郡厚遗堂杨氏藏朱文方印　东郡杨氏厚遗堂珍藏

杨以增藏印五十七方：海源阁朱文长方印　海原阁朱文长方印　杨以增印白文方印　至堂朱文方印三(大小、字形不同)　字益之号至堂朱文方印　杨印以增白文方印二(大小、字形不同)　以增之印白文方印　以增私印白文方印　杨朱文圆印　杨以增字益之又字至堂晚号东樵朱文方印　杨以增字益之又字至堂晚号东樵行一朱文方印　杨东樵　杨东樵读过朱文椭圆印　东樵启事朱文方印　益之手校朱文方印　瀛海仙班白文方印　杨氏海原阁藏双边长方印二(白文、朱文)　杨氏海原阁鉴藏白文长方印　杨氏海源阁鉴藏印白文长方印　海源阁藏书朱白文方印　宋存书室白文方印　宋存书室白文长方印　宋存书室朱文方印四(大小、字形不同)　东昌杨氏海原阁藏书记朱文长方印　东郡杨氏海原阁藏朱文方印　东郡海原阁藏书印朱文方印　东郡杨氏海源阁珍藏白文方印　东郡杨氏　东郡杨氏宋存书室珍藏白文方印　东郡宋存书室珍藏朱文长方印　聊摄杨氏宋存书室珍藏朱文方印　聊摄杨氏海原阁藏书印朱文长方印　聊城杨氏宋存书室珍藏朱文方印　古东郡海原阁杨氏珍藏朱文方印　东郡杨氏海源阁鉴藏书画印朱文方印　四经四史之斋白文长方印　古东郡四经四史斋朱文方印　退思庐朱文方印　关西节度系关西朱文椭圆印、白文长方印　东郡杨氏鉴藏金石书画印白文长方印　东郡杨氏鉴藏金石书画印朱文长方印　墓田丙舍炳烛读书朱文方印　墓田炳舍退思庐考记朱文方印　实事求是　常惺惺室　禄易书千万值小胥抄良友诒阁主人清白吏读曾

经学何事愧蠹鱼未食字遗子孙承此志朱文方印二(小大、字形不同)

杨绍和藏印五十七方：杨绍和朱文长方印　绍和白文方印　杨协卿 协卿朱文长方印、朱文方印　绍和协卿朱白文方印　杨二协卿朱文长方印　杨氏彦合　彦合　杨彦合朱文长方印　杨彦合读书朱文长方印　彦合读书白文方印　杨彦合读书印朱文方印　杨绍和藏书朱文长方印　杨绍和印　杨印绍和白文方印　协卿仲子朱文方印　彦合珍存朱文长方印　彦合珍藏方印(白文、朱文)　彦合珍玩朱文方印　协卿珍赏白文方印　协卿读过白文方印　杨绍和读过白文方印　臣绍和印朱白文方印　臣绍和印白文方印　绍和筑岩朱白文方印二(小大、字形不同)　杨绍和字彦合一字念徽号协卿又号筑岩白文方印　竹言居士朱文方印　杨绍和审定朱白文方印　东郡杨绍和印朱文方印　东郡杨绍和彦合珍藏方印二(白文、朱文)　东郡杨绍和观　祖母赵锡余以嘉名朱文方印　东郡杨绍和字彦合鉴藏金石书画之印方印二(白文、朱文)　杨绍和鉴定朱文方印　东郡杨绍和鉴藏金石书画印白文方印　杨氏协卿平生真赏朱文长方印　东郡杨绍和字彦合藏书之印朱文方印　道光秀才咸丰举人同治进士朱文方印　秘阁校理朱文方印　日讲起居注官　史馆纂修白文方印　西清侍值朱文方印　仪晋观堂朱文长方印、朱文方印　仪晋观堂鉴藏甲品白文方印　墨华飞雨　世德雀环子孙洁白朱文方印　东郡杨二白文方印　杨端勤公仲子朱文长方印　杨氏仲子朱文方印二(字形不同)　杨绍和曾敬观天禄琳琅秘笈朱文方印　先都御史公遗藏金石书画印白文方印　储端华重朱文方印

杨保彝藏印二十方：杨保彝　杨保彝印白文方印　杨印保彝白文方印　杨保彝藏本朱文方印　聊城杨保彝鉴藏印朱文方印　保彝私印白文方印　陶南布衣白文方印　陶南山馆方印二(白文、朱文，字体大小、字形均不同，一方为双边)　杨氏伯子朱文方印　枕经胙史　归瓻斋　眉园朱文印　凤阿朱文方印　聊城杨氏三世庋藏朱文圆印（框边正方）　付家清白昔无恧白文方印　四陶居朱文长方印　文笔鸣凤　世延叔向系家近仲连台朱文长方印　香南室朱文方印　蘐龄鉴藏朱文印

聊城杨氏海源阁部分藏书印章

杨敬夫藏印四方：海源残阁朱文方印　杨印承训白文方印　聊城杨承训鉴藏书画印朱文印二(方、长方，字形不同)　悭人

这些藏书印的内容极为丰富。有表归属的，这类印章最多。杨氏深知得书不易，因而“世守勿替”心态尤其强烈，宋本《周易本义》在屡经季振宜、徐乾学、周元亮、曹寅、沈廷芳诸名家鉴藏后，终于为杨绍和所得，绍和感慨系之，“因敬钤先公(杨以增)印章于卷之首末，俾子孙世守勿替云”(杨绍和宋本《周易本义》题识，《楹书隅录》卷一)。杨保彝则刻有“聊城杨氏三世庋藏”印以继承先人勉励其志。故而杨氏五代在印中用了多种方式来明确表达这种收藏思想。名号印，如“字益之号至堂”、“杨绍和”等；斋馆堂号印，如“海源阁”、“陶南山馆”等；里居印，如“古东郡四经四史斋”等；仕履印，记仕途学历者，如“道光秀才咸丰举人同治进士”等，记官职者，如“关

西节度系关西”、“秘阁校理”、“史馆纂修”等；行第印，如“东郡杨二”、“杨氏伯子”等。

表鉴赏校读的，杨氏几代以藏书为业，都为读书种子，因而表达此意的印章亦很多。收藏印，如“杨绍和藏书”、“东郡海原阁藏书印”等；鉴别印，如“杨绍和鉴定”、“爽龄鉴藏”，“宋存书室”虽是室名，但它是专指宋本而言；校读印，如“杨东樵读过”、“益之手校”等；观赏印，如“杨氏协卿平生真赏”、“彦合珍玩”等。

表志趣爱好的，记治学追求，如“实事求是”、“文笔鸣凤”；言雅趣癖好，如“瀛海仙班”、“陶南布衣”；说处世为人，如“付家清白昔无恶”、“世德雀环子孙洁白”等。

有些印章表达了主人的特殊境遇和心情，如“海源残阁”、“悭人”，杨敬夫云：“我的‘海源残阁’和‘悭人’两方藏书印章，是一九三零年聊城海源阁藏书遭到重大损失之后，已经无法收拾残局的情况下，我在济南时请聊城的一位世交老兄篆刻家叶筱衡先生刻的。‘悭人’是含蓄着自己的心要坚定不移的意思。至于‘海源残阁’四个字，反映我当时的痛苦心情自不待言了。”(李士钊《聊城海源阁藏书重要史料片断——1966年2月10日在天津访问海源阁第四世主人杨承训(敬夫)先生》,《山东出版志资料》第1辑)有的以藏书佳话入印，如“四经四史之斋”、“宋存书室”等。“四陶居”，常置四种陶集于居室之内，左右不离，表现了杨氏对陶渊明的极度崇慕与喜爱。有的引用典故，则含义别有意味，如“仪晋观堂”、“归瓻斋”等。“储端华重”，“储端”，太子詹事的别称。南朝梁陆倕《除詹事让表》云：“尊官厚秩，无因而至；陋巷筚门，郁成爽垲。储端华重，实异恒司。”(《除詹事让表》,《汉魏六朝百三家集》卷九十三)《文选·沈约〈齐故安陆昭王碑文〉》云：“侯府寄隆，储端任显。”李周翰注：“储端任显，谓缅为太子詹事也。”(《六臣注文选》卷五十九)此名实代以绍和于朝中所服官职也。宋本《咸淳临安志》、海源阁抄本《三历撮要》及杨绍和序本《临文便览》等均钤有此印。“世德雀环子孙洁白”则取自于典故“杨雀衔环”,《后汉书》卷八十四《杨震列传》注云：“《续齐谐记》曰:宝(杨震父)年九岁时,至华阴山北,见一黄雀,为鸱枭所搏,坠于树下,为蝼蚁所困。宝取之以归,置巾箱中,唯食黄花百馀日。毛羽成,乃飞去。其夜,有黄衣童子向宝再拜曰:'我西王母使者,君仁爱救拯,实感成济',以白环四枚与宝。'令君子孙洁白,位登三事,当如此环矣。'"其后,杨震四世三公位置显赫,清白无比,传为佳话。杨氏以此典故入印,乃取其施恩必有善报,清白做人方能家世显赫之意。"眉园",是杨保彝在陶南山馆的花园,保彝在《眉园即事》一诗中表达了忘却名利世俗,逍遥自然的精神境界:"昔隐曾朝市,归来久闭关。园中无俗卉,门外见名山。把酒同花醉,开帘待燕还。何如功利客,匆匆遍尘寰。"(《归瓻斋诗词钞》)

关于这些藏书印的制作,由于时代久远,文字资料无多,可考者仅有铭文印两方和"海源残阁"、"悭人"两印。海源阁曾藏"海源阁藏书铭"横额一轴,1957年由杨敬夫捐献于山东省文化部门,今存山东省图书馆。该铭文与上两铭文印文字悉同,铭文字体为隶书,铭文下落款为"海源阁藏书铭　仪征吴让之",末钤有"熙载之印"、"吴让之氏"两方篆体朱文印,知此铭文由吴熙载书写。吴熙载(1799—1870),江苏仪征人,曾从学包世臣,与杨以增有交往,善各体书法,兼攻篆刻。此两印章亦当为吴氏篆刻。吴氏是否还刻过杨氏其它印章,因吴氏与杨以增、杨绍和父子为同时期人,如刻杨氏其它藏书印,当不应有疑,然究竟刻有哪些,则不可考矣。"海源残阁"、"悭人"则是杨敬夫于1930年请叶筱衡所刻。但对下列两说法应予纠正。一是,杨保彝印章为赵之琛所刻有误。1930年海源阁藏书遭劫后,海源阁藏书印曾流入济南,当时的山东省立图书馆曾收得九方,1931年3月出版的《山东省立图书馆季刊》(王献唐主编)第一集第一期作过专载,印文分别为"保彝私印"、"凤阿"、"协卿读过"、"杨"、"陶南山馆"(两方)、"香南室"、"仪晋观堂"、"杨氏海源阁藏"。印下说明文字为"此印记九石,亦本馆最近所收。其'保彝私印'、'凤阿'二石为赵次闲篆刻。"赵之琛(1781—1852),字次闲,号献父,又号宝月山人,浙江钱塘人,是清代著名篆刻家、画家,"西泠八家”之一,“浙派”篆刻艺术特色的代表。但杨保彝生于1852年,而赵之琛亦卒于此年,故王献唐的这个说明显然讹误。二是,杨绍和印章为张樾丞所刻亦误。山东省图书馆藏有1957年杨敬夫捐献的十一方杨氏藏书印,“其中‘东郡杨绍和字彦合鉴藏金石书画之印’系白芙蓉石狮纽章,印石为白芙蓉将军洞石,质地纯正,温润如玉。印石弥足珍贵,篆刻更巧夺天工,印文古朴典雅,堪称精美。日本中日书画篆刻交流会会长陈茗屋先生对印章进行了鉴定后,赞不绝口,称其为张樾丞所刻”(杨秀英《阅尽沧桑伴书香·山东省图书馆的藏书印章》,《图书馆工作与研究》,2003 年第3期)。张樾丞(1883—1961),原名福荫,河北新河人。幼习治印,于北平西琉璃厂设同古堂为人刻印,曾刻“宣统鉴赏”、“无逸斋精鉴玺”等国印,有“铁笔圣手”之誉。然张氏出生时杨绍和已经去世八年,故张氏是不可能再为绍和刻印的,陈茗屋先生臆测有误。杨氏藏印作者虽多不可考,但有一点可以肯定的是,以杨氏的名声地位,延聘篆刻界名家当不容有疑。从现存印章来看,杨氏藏书印都制作精美,质料优良,如“杨以增印”为白牙质印;“至堂”、“字益之号东樵”、“古东郡厚遗堂杨氏藏”为黄寿山石印;“东樵启事”、“东郡杨绍和字彦合鉴藏书画之印”为白寿山石印;“海源阁藏书”、“聊城杨氏三世庋藏”为红寿山石印;“东郡杨氏海源阁鉴藏书画印”则为田黄石印,此印有清晰的萝卜纹,正方形,通高 7.3厘米,朱文篆书,为浙派刀法,字体凝重,令人叹为观止。有些印章上还附刻图形,如“海源阁藏书”上刻石羊三只,“聊城杨氏三世庋藏”上刻石兽一只,“东郡杨绍和字彦合鉴藏书画之印”则上刻母狮和雏狮各一只,颇为精美。这些制作精美的藏书印成为至今保存下来的不可多得的珍贵文物。

非常遗憾的是,这些藏印在1929年至1930年海源阁连续遭劫后损失殆尽。王献唐于 1929年11月下旬赴聊城海源阁调查劫后馀书时,目验到二十七方藏印,并作了印名记录。之后则大部分不知去向,或者“迭经兵燹,沦于牛溲马勃,碎为砂砾者,更不知凡几”(王献唐《杨氏海源阁印砚拓本》题记,《双行精舍书跋辑存》,齐鲁书社

1986年版)。其间有一小部分流入济南,1931年3月为山东省立图书馆收购者共九方,如上所述。至1931年8月已累至十五方。后经日军炮火轰炸,今已不存。1957年杨敬夫曾向山东省文化部门捐献海源阁文物八十一件,其中有十一方藏书印,计“杨以增印”、“至堂”、“字益之号东樵”、“东樵启事”、“古东郡厚遗堂杨氏藏”、“海源阁藏书”、“聊城杨氏三世庋藏”、“东郡杨绍和字彦合鉴藏书画之印”、“清白吏子孙”、“子子孙孙永保用享”、“祖母赵锡余以嘉名”。其中“清白吏子孙”、“子子孙孙永保用享” 两方分别属于明代文彭和何震的藏书印。这些印章今存山东图书馆。另一方“东郡杨氏海源阁鉴藏书画印”今藏青岛市博物馆。因而至目前调查为止,只有十方存世,其馀不知下落。对杨氏藏书印的整理出版最早是在1931年8月,王献唐将搜罗到杨氏藏书印以《杨氏海源阁印砚拓本》三卷出版,共录杨氏藏书印十五方,砚三石。1937年1月,王献唐又整理出版了《海岳楼藏印甲集》二卷,其上卷所录为海源阁藏印。献唐云:“去夏拓集山东图书馆藏清人牙、石各印,得二册。上册为聊城杨氏遗印……。共成三帙,一藏馆中,一贻仲采,一自藏。署名甲集者,尚有他印拟继续拓之也。”(王献唐《双行精舍书跋辑存》, 齐鲁书社1986年版。)遗憾的是这两书由于印数较少,均已不存,所录究竟是何印名,都无法知道。2000年10月由林申清编著的《明清著名藏书家·藏书印》(北京图书馆出版社)出版,该书从海源阁藏书中搜集影印了九十二方杨氏四代印章, 这是第一次大规模搜集整理杨氏藏书印,其后由王绍曾等整理出版的《订补海源阁书目五种》共整理出四十二方,但多与林氏重复。不过,能够将杨氏藏书印搜集整理集中出版终是一件保存传统文化的好事。

这些藏书印折射出海源阁及中国传统文化的多个方面, 它既为篆刻史留下了重要的资料, 也为版本的递藏和鉴别提供了有力的佐证,同时,更体现了丰富的文化意义。因而它与海源阁藏书一样,也是一笔宝贵的文化遗产。

(本文部分材料为杜泽逊先生提供,特此致谢。)

旧家燕子

薛 冰

近现代名家题签赠送本，一向很得爱书人青睐，近年来更成藏界追捧热点，诚有“一字千金”之势。一些有预见的书友，已经在悄悄地搜集当代中青年学者作家的签赠本。这种“原始股”因为代价不大，可说几无风险，只是要有足够的耐心，当然也得有一点选择的眼光。与名家签赠本相近的，是名家旧藏，也就是留有名家钤印或签名的藏本。各家古籍拍卖目录中，对此类藏本都会特别注明“有某某收藏印”。其价值虽逊于批校题跋本，但毕竟有藏家留痕，可证传承源流，仍然值得重视，足以成为藏书中一个有趣味的专题。“旧时王谢堂前燕，飞入寻常百姓家”，亦宜人兴沧海桑田之思。

笔者因留心现代学人著述，偶或幸遇前辈遗物，不忍旧家燕子，随风飞散，积年所得，居然渐成风景。现仅就江南数家藏本，缀拾成文，以饫同好。

中国传统的藏书人，通常并不在书上写下自己的姓名，也少有西式的藏书票，使用较多的，是藏书印记。不少现代学人，购书原为使用，本无意于做藏书家，所以也没有专门的藏书印，钤于书上的就是一方名章或字号印。如民国壬戌(1922 年)九月“刊于都门”的《尚书大义》二卷，桐城吴闿生撰，其弟子李葆光督工校刻，卷首钤“罗根泽”篆书白文印。罗根泽先生是古史辨派代表人物之一，也是中国现代文学批评史奠基人之一。他 1929 年毕业于清华大学研究院国学门和燕京大学国学研究所，历任教职，1940 年任中央大学教授、国立编译馆编纂，新中国成立后任南京大学中文系教授，直至逝世。1922年正是他求学之际,所以会购读吴氏这部"备家塾诵习"之作。又如民国二十年(1931)淮阴徐氏刊淮阴丛书本《南园吏隐诗存》,卷首有"蒋逸雪印"篆书白文印。蒋逸雪先生是唐大圆先生弟子,扬州学派代表人物,撰著有《陆忠烈公年谱》、《刘鹗年谱》、《张溥年谱》、《南谷类稿》等,然其后半生,蜗处于扬州师范学院,且不能安心治学。汪晖在《旧影与新知》中,曾提及蒋先生的旧影,说他"旧学功底极好","对经学,特别是扬州学派深有研究。可惜那时研究经学几无可能,又因扬州地方小,关系复杂,他一气之下自愿退休,回到距镇江不远的一处乡间度日"。大约是1983年,蒋先生不幸辞世,"据说是洗澡时无人照管, 不慎落入烫水中烫伤后身亡"。蒋先生身后藏书散出,笔者在扬州古旧书店访得多种,都是仅在书首淡淡地钤着这样一方名章。有一本中还夹了唐大圆先生给他的一封长信。值得一提的还有民国初年商务印书馆"涵芬楼秘笈"第四集中的《厓山集》,据瓶花斋吴城借钞明弘治刻本排印。按《厓山集》弘治刻本原藏天一阁,嘉庆年间已无踪影;钞本而外,世间能见到的就是这种"秘笈"本了。蒋先生的《陆忠烈公年谱》于民国十八年(1929)由盐城光华印务局铅印出版,可以想见,这本《厓山集》当是他写作中所使用过的参考书。

旧年曾得光绪二十四年(1898)江南制造局印行的《化学工艺》零本四册,宣纸线装本,封面和卷首均有"国立东南大学图书馆"篆书朱文方印,又有"南京工学院图书馆"楷书蓝色扁方印。仔细审看,才发现封面右下角处原有长方形花边蓝印,内文字三行,居中是宋体汉字"蒋竹莊",右起左行,其上、下分别为英文字母:"T.T. Tsiang"(蒋)与"Zangchow"(莊竹),可知原为蒋竹莊先生藏书。然此印后被无赖的图书馆工作人员,以不干胶编号签贴盖;此书复被无知的图书馆管理人员,当作废纸售出。竹莊先生名维乔,民国年间曾任国民政府教育部秘书长、参事,江苏省教育厅长,东南大学校长等职,与南京渊源颇深。此书或即其担任东南大学校长期间,捐赠给该校的。由此亦可见捐书一事,定要慎重而行。

姓名印之外，有加钤书斋室名印的，也有单用书斋室名印的。柳诒徵先生清末即在南京任江楚编译局编辑，江南高等学堂、两江师范学堂教习，民国年间又曾任教东南大学，1927年后主持国学图书馆（南京图书馆前身），也有藏书散落于南京，如1939年秀水金祖同辑印的《流沙遗珍》，宣纸线装一册，所收为其于日本所得二十五件唐代官文书，并自作考释；文书以珂罗版影印，考释则以仿宋字排印。书前衬页钤有“柳诒徵印”，篆书白文，书名页复钤“劬堂藏书”篆书朱文方印。钱亚新先生毕生致力于图书馆学，1950年调南京图书馆，历任主任、代馆长、研究员，1990年以米寿辞世，后续无人，藏书、遗稿散落冷摊，笔者亦淘得数种，较难得的是1943年英文原版、美国图书馆协会编《图书馆学专门辞典》，十六开绿布面精装。此书系其弟钱祝钧自美国塔克萨大学寄赠“新哥惠存”，时在1949年1月22日，大约也是钱亚新先生收到的最后的美国邮件了。扉页有“钱亚新收藏印”篆书朱文方印，书尾有“鑫园收藏”篆书白文印。按钱先生是无锡宜兴人氏，其以“鑫园”为号，未见著录。

当然也有人在钤印之外，另写下姓名的。笔者所得1927年12月创造社初版毛边本《俄罗斯文学》，封面有“贻清堂杨”篆书朱文方印，前衬页上有“杨晋豪印”篆书朱文方印，并有钢笔所写“晋豪”二字。曾经收藏此书的杨晋豪，也是一位新文学作家，上海奉贤人，1910年生，毕业于南京中央大学，在校期间已在《北新》、《拓荒者》等刊发表作品，出版有《人狱记》、《狄婀娜》等，后曾在北新书局任职。他以“贻清堂”为号，亦未见于著录。

“纸帐铜瓶室”是郑逸梅先生的书斋，名重海内。笔者2002年初去上海，得瞿永发先生转让《湖楼集(天虚我生近稿)》一册，民国癸酉(1933年)排印，白纸线装，收《湖楼集》、《湖山集》、《绿梦集》三种。书名页右下角钤有“纸帐铜瓶室”篆书朱文扁方印，书根有墨书“蝶仙”二字。按天虚我生陈蝶仙是郑先生的老友，故郑先生会收存此书。姚江五桂楼有“浙东第二藏书楼”之誉，其藏书最多时达六万馀卷，仅次于宁波天一阁。笔者1998年在南京古籍书店购得民国

師承記一
顔李學卷之一
天津徐世昌纂
習齋先生博野人姓顔氏名元字渾然習齋乃其中年卓然有見於孔孟所傳六藝正學因取論語學而時習之誼名齋日率門弟子習禮習樂習射御書數其中弟子相與語稱習齋先生初名園以父晏幼養於蠡朱氏爲蠡人補諸生名朱邦良朱氏翁卒歸宗易今名生有異稟鄉里皆以聖人目之在母身十有四月生明崇禎八年三月十一日鄉人望所居室上有氣皆成麟鳳如鳳生而有文在手曰生舌曰中四歲朱翁有母喪著喪服冠立坐上勸賓客飲饌如成人六歲生日家人從俗雜置諸物事几上覘所向獨取筆畫若字者以二三十數時先生未嘗學也八歲始出就外傅吳洞雲學四歲時父晏被掠至遼東積八年無音耗母改適朱翁
師承記一　二

初年徐世昌精刻初印《颜李师承记》九卷三册，卷首钤“姚江五桂楼主欣赏图书之印”，篆书白文；又有篆书朱文“景萝黄绮”印，及篆书白文“黄绮”、“燕石自珍”二印；“燕石自珍”当是闲章，黄绮则是五桂楼主黄氏后人无疑。五桂楼藏书始于清嘉庆年间，开创者黄澄量，字式筌，号石泉，平生不置产业，性喜藏书，积至五万馀卷，“建楼储之，以贻子孙”，其中部分得自于慈溪郑氏二老阁旧藏，故愈为世所重。五桂楼藏书不仅供黄氏子孙阅读，“海内好事愿窥秘册者”远道而来，也任其阅览，并供应膳宿，其藏书观比天一阁范氏要高明得多。黄澄量去世后，其子黄肇震(字伯器，号药溪)续收书万馀卷。太平军进掠浙东之际，五桂楼藏书有所散失，黄澄量之孙黄联镳(号方轩)、曾孙黄承乙(原名安澜，号芝生)重新搜集补充，得复旧观，并整理黄澄量所编《五桂楼藏书目》，于光绪二十一年(1895)刊行。现有文字记载，叙五桂楼藏书皆至第四代黄承乙止，然据这部《颜李师承记》上钤印看，五桂楼后人的续藏活动实延至民国年间，主其事者“景萝黄绮”，应该是五桂楼的第五代传人了。

不过，古旧书上所钤书斋名印，不会都像纸帐铜瓶室、五桂楼这样名闻遐迩，有些甚至难以查考，然而踏破铁鞋，豁然开朗，也正是趣味之所在。旧年在苏州古籍书店购得同治、光绪年间续刻朱墨本《桐荫论画》一部，线装四册，卷首钤有四方藏印，据先下后上之例，依次为篆书朱文“遁轩主人收藏印”，篆书白文“愚庐”，篆书朱文“星阶”，篆书白文“杨陛云印”，书名页左下角另有一方“双修盦金石书画”篆书朱文印，一时皆茫茫然不知谁何。以后无事翻书，渐有所得。遁轩主人，或即是毗陵（今常州）篆刻家赵穆（1845至1894），赵氏原名垣，字穆父，号仲穆，别署极多，其中就有遁轩。他早年旅居扬州，受业于吴让之门下十馀年，晚年爱西泠之山水皆淑，居之有年，邓散木先生以为他“能传吴氏之学”，“实兼浙皖之长”。“星阶”与“陛云”文意相类，或即杨氏的表字，两印的朱色也相同，可信为一人。杨陛云身世不详，但曾见徐振亚《雪鸿泪史》前，有杨陛云的题诗七绝四首。按《雪鸿泪史》1915年出版，其时徐振亚二十七岁，杨氏的年龄当与其相仿或稍长，也该是臭味相投的旧文人。同时代亦有称杨星阶者，在1929年杭州举行的浙江国术游艺大会上，被聘为鉴察委员，应属有相当社会地位者了。双修盦则是民国年间浙江藏书家张寿镛(1876至1945)的藏书处之一。张先生历时十五载编纂《四明丛书》，收书千馀卷，择善而从，详加校勘，以搜集之广，刻印之精，用纸之美，为一时之上选；而张先生一生爱书，“积五十年之时光，储十六万之卷轴”，在上海爱文义路一带建造的寓所里，有带草堂、鸡鸣馆、临流轩、独步斋、燕贻榭、双修盦、听雨楼等十一个藏书处。双修盦或其收藏金石书画及此类图书之地，故有此印。这当然都还只是笔者的揣测。不过上述几位文化人生活时代相近，都曾居留于杭州、上海一带，也是会对《桐荫论画》发生兴趣的人，此书在他们之间流传，亦不无可能。此书签条遗落后，是愚庐以白绫重写书名，贴于首册书衣之上，而至今仍不能知其人身份。

笔者又曾得民国戊辰（1928）初夏上海澹园排印《郎园读书志》，线装十六册，封面及书首钤有“觉弥”篆书白文印，及“佛陀长寿”篆书朱文印，旁以两螭龙图案环卫。初时并未在意，后来想到海上有一位名“觉弥”的闻人，在爱俪园中做总管的姬觉弥，正是以“佛陀”为佛号的。姬氏虽算不得正经学人，可也当过“仓圣明智大学”的校长，主持过“广仓学会”，有过文字学家和书法家等头衔，《郎园读书志》既是叶德辉的名著，又印成于上海，他置办一部，自是顺理成章之事。到新中国成立后，姬氏剩下的头衔，就只有一个“知名佛教信徒”了，也不知这部书怎么会流落到南京来。

前人藏书印记中，最为人所喜爱的，还要数专为藏书而刻的闲章，活色生香，见情见性。笔者曾得清末上海有正书局影印《张司直书李元静先生碑》，系长沙谭泽闿先生所藏旧帖，上钤一寸见方大印，隶书朱文，长达三十字：“清圣朝长沙谭泽闿造长恩像一区鼠不能啮蠹鱼不生子子孙孙咸同斯愿”，竖分五行；所谓书神长恩的小像，就刻在居中一行的上两格内。谭泽闿是民国元老谭延闿的令弟，以书法名世，与其兄一样，也是近师何绍基、远溯颜真卿，工于行楷，尤善榜书。按印文之意，此印当为谭氏自镌。至于“鼠不能啮，蠹鱼不生”，今天的爱书人也是“咸同斯愿”的。

令人遗憾的是，名家留痕的旧藏书，曾多次见到签名或印章被涂成一个墨块，或用小刀刮成一片模糊；甚至签名或印章被剪成一个小洞；更甚者题签的扉页，被裁去半幅，甚或全页以至版权页都扯去了。这样做的用意很清楚，怕让人知道是谁卖了书。因为传统的观念，出售藏书是不光彩的事情。但换一个角度说，如果这本书自己已经用不着，让它流通到需要的人手中，不也是一种功德吗？

名家旧藏，钤印签名，不但增添了趣味，也使旧籍增值。值得注意的是，近来有精明的书贩，投藏家之所好，用电脑仿制大藏书家的藏印，盖在一些垃圾书上，以求善价。其间最大的破绽，是内容之陋、版本之劣皆与藏家身份极不相称。说白了，倘若收藏这种垃圾书，他就成不了藏书家。不过，对于既乏版本知识、又不懂印章鉴别的买家，此类赝品是很有杀伤力的。

关于安乡潘氏“汲古阁”所刻书

郑伟章

此安乡潘氏“汲古阁”是加上引号的，以示与虞山毛氏汲古阁相区别。汲古阁，举世皆知，它是明末清初虞山（江苏常熟）著名藏书家、出版家毛晋、毛扆父子的藏书处、刻书处和影宋影元钞书处。直到今天，凡稍稍藏有线装古籍的图书馆或私人藏书家，往往还藏有毛氏汲古阁所藏书、所刻书或所钞书。三四百年来，汲古阁在中国文化界的影响确实是无比巨大的。最近，我在蒐聚汲古阁毛氏刻书、藏书史料过程中，遇到几种湖南安乡潘氏以“汲古阁”名义所刻的书。因事关毛氏汲古阁刻书史实，有必要对安乡潘氏“汲古阁”所刻书、潘氏父子生平及其著述、藏书等情形作一考察。

一、安乡潘氏“汲古阁”所刻四种书

（一）《事友录》五卷六册。2007 年初，在国家图书馆（以下简称国图）读到该书，署“安乡潘相（经峰）辑，次男承炜（仲明）校刊”。前有书名页，“事友录”三个大字居中，右上一行为“嘉庆庚申夏镌”六个小字，左下一行为“汲古阁藏板”五个小字。前有湖南巡抚、年家眷同学弟吴江陆燿序和乙巳（乾隆五十年）花朝（二月十五日）潘相自序。是书分为圜桥录、观海录、适鲁录、居卫录、康衢录五章，每章各一卷。这是一部札记之书，每一章记录潘相所经历不同阶段的人和事，颇具史料价值。如卷一圜桥录专记潘相在京城国子监所经历之事。他记载了太学十枚石鼓之铭文、杨慎、元惬山、潘迪、朱彝尊等人对铭文的考释；记载了从明洪武四年起至清乾隆五十二年丁未止历届进士题名碑；记载了宋明清历朝琉球国之事等。国图所藏

《事友录》四种，唯此种有书名页，馀三种无书名页。虞山毛氏汲古阁刻书始于明末毛晋，终于清康熙五十二年毛扆去世之前，未闻乾嘉年间有毛氏汲古阁刻书。初见该书时，即疑此“汲古阁”非虞山毛氏汲古阁也。

（二）《俎豆集》三十卷，十册。同年4月2日下午，同河南焦作范凤书老先生去拜访韦力先生，在韦力先生芷兰斋中有该书六册本，署“楚安乡潘承焯若亭编”。前有书名页，“俎豆集”三个大字居中，左下有一行“汲古阁藏板”五个小字。第二天至国图检视，果有此书为十册本，与韦藏本互有出入。国图本亦有书名页，多右上一行“乾隆戊戌新镌”六个小字。韦藏本书首有潘相序及凡例，国图本多刘经传所撰序。读序方知承焯即潘相之子。戊戌即乾隆四十三年，潘相自三十九年升濮州知州。此书系承焯奉父命所编纂。《凡例》云：“丙申（按：乾隆四十一年）季夏，承焯自南来侍濮署，承命辑次历代帝王庙君臣及文庙圣师贤儒行实都为一编，名曰《俎豆集》，每成一卷，皆幸过庭是正”，“越明年秋日书成，总本纪百六十九，列传七十八、圣迹、贤躅、儒行百五十，凡三十卷，命犹子恩埜缮钞付梓，于戊戌春孟讫工”。父相《序》云：“自三皇五帝、三王周公、孔子而后，圣君贤臣、师儒之列名祀典者，皆以人往事久，详慎论定，或增祀，或复祀”，“而博士弟子配哲以下，多不能举其姓氏。至于历代帝王庙、贤良祠，有司遵奉祭期，相沿斋戒，问以何朝何人，亦茫无以应。余病之，因命儿子承焯祇遵《大清会典》，博稽向牍人名，节录其行实为纪传，共若干卷，题曰《俎豆集》。”其《事友录》卷一圜桥录亦详记文庙自先师孔子以下先贤先儒姓名。说明此书之构思完全发自于其父潘相，且参予审定，其兄承炽、承炜、承炳参予讨论、校雠，是书实为一家父子共同努力而成。是书三十卷，可分为三部分，卷一至卷十为帝王庙本纪，自三皇五帝至明代十三帝；卷十一至卷廿为历代名臣列传，自风后、力牧、仓颉、伯夷、周公旦等至明刘大夏等；卷二十一至三十为文庙圣迹、贤躅、儒行，自孔子至清陆陇其等。此书系一开创性著作，嗣后沿袭者不乏其人。因“义例谨严，文简而事核”,问世之后即被人“亟称为必传”(《事友录》卷一)。

(三)《琉球入学见闻录》四卷。署“琉球官学教习潘相恭辑”。前有书名页,书名七个大字居中,左下一行为“汲古阁藏板”五个小字。书前有乾隆甲申二十九年八月之朔“年家眷友生”仁和陆宗楷(字皃川)所撰序。又有总目、凡例和采用书目凡六十六种。又列琉球各经书刻本,如《中山世缵图》、《中山世渐》、《闽游草》、《官制考》、《指南广义》、《执圭堂草》、《观光堂草》、《淡圆集》、《要务汇编》、《四本堂集》、《吾云堂集》、《何文声集》、《郑利宾集》、《翠玉楼集》、《郑孝德太学课艺》、《蔡世昌太学课艺》等。是书有较高文献价值,其卷一为封爵、锡赍附土贡、星土、星槎附岛迹、谨度等;卷二为爵禄、田赋附食货、制度、礼法、兵刑、风俗、书籍、字母、土音、诵声(教条附)、贤王(吏民附);卷三为奏疏、廪给、师生、教规、答问;卷四为赋、诗、序、记、表、笺等。其卷二“书籍”条云:“臣闻琉球文庙之两庑皆蓄经书,学国字,以寺为塾,以僧为师。近日那埧等村亦多立家塾,读经书,书多购于内地,但例不令携《二十二史》等书,故史书略少。国王先后刊有《四书》、《五经》、《小学》、《近思录》、《集解》、《便蒙》、《详说》、《古文真宝》、《千家诗》,板藏王府,陈请即得。臣所见者有《四书》、《诗经》、《书经》、《近思录》、《古文真宝》,白文小注之旁皆有钩挑旁记。本系镌刻,亦未见有日本诸僭号也。”

又本卷《四译馆馆考》条云:“日本有《四书》、《五经》及佛经、《白乐天集》,皆得自中国,未闻有宋儒之书。而球板《近思录》屡引《明一统志》、邱琼山《家礼》、梅诞生《字汇》,乃似刻于明季者。盖其三十六姓本系闽人。朝贡往还止闽,动阅三岁。闽又有存留馆,留馆通事之从人多秀才,假名入闽以寻师者。或寓闽数年而后归,日与闽人为友,故能知儒先之书。携归另刊,旁附球字,以便习球人读法,非日本人所能。且遵用前明弘治、万历年号正朔,屡见于序文,亦必非倭人之书也。”所见球板各书及该国人所著书情形:“《书》之传注皆遵功令字画,悉依监本,板大而纸坚。以校雠不精,时多讹字,亦或微有不同。又一本其刻最早,正文之旁有球字讲义;《诗经》

无异文，但亦以集传为集注；《四书》之《论语》卷末有孔子圣像，上横额题‘万古儒宗’。臣按：官生等皆云，《四书》刻于尚真王，在明正德之时，其来亦久矣；《近思录》集解、便蒙、详说共二十四卷，上格杂引诸书解释，下文甚为博雅，即跋语所谓贝原氏备考；《古文真宝》辑于永阳黄坚，重定于三山，林以正序于至正丙午孟夏，盱江郑本（士文）重刊于弘治十五年孟冬青藜斋；《指南广义》皆汉文，不附球字，镌于康熙四十七年，有自序及闽人陈元辅（昌其）序，载《海岛图》、《针路杂记》、《传授针法本末考》，共五十九页，皆志入贡来去航海诸法，以志天朝福泽，海不扬波之盛；《淡圆集》七卷，镌于乾隆丁卯，有自跋，紫金大夫曾恂（德侯）跋，闽人刘敬舆两序，臣按：琉球读书，惟官生专学汉人诵习，其从人仍用其国之法。所刻之书，或于白文小注之旁附镌球字，正文或止刻勾挑及馀腔之字。即购得中国书，料照样刻添注，如读大学二字为‘文ハ’……。”

《事友录》卷一亦详载琉球国遣官生四人来京入国子监留学之事，潘相以“人品老成，学问优长”考语，奏充教习，得旨俞允。庚辰（乾隆二十五年）二月朔八日，开馆于太学西厢司业署，并率之谒文庙、韩文公祠、彝伦堂等，“琉球正副使各官来学拜会，请予姓名籍贯，归告国王。予季承焯时侍膝下，次年仲子承炜又来，中外友生同学同居食，亦乐事也。予因博考群书，辑《琉球入学见闻录》。”又详记自宋淳熙十四年琉球国王舜天即王位以来，各王之传承。至甲申乾隆二十九年琉球官生还国，潘相教习事竣，得到皇帝在养心殿引见，并以知县用。

读潘氏上述记载，对两百多年前琉球岛的政治、经济、文化情况可了然于胸。明清时期，琉球岛国三十六姓居民本系闽人，所以接受中国文化薰陶，并与中国联系密切，成为中国的藩属国，是很自然的。甲午战争失败以后，中国式微，受日本帝国主义侵略，自身难保，琉球遂被日本所占领，直至今天。这段历史真相不应从我们的记忆中忘却。重温潘相此书很有意义。

（四）《礼记釐编》十卷，一函八册。署“后学楚安乡潘相学”。前有书名页,“礼记鳌编”四个宋体大字居中,右上一行为“嘉庆庚申夏镌”六个小字,左下一行为“汲古阁藏板”五个小字。每页书口最下端有“汲古阁”三字,这是前三种所无的。毛边纸,刻印精雅,书眉尤阔大。前有乾隆四十一年吴江陆燿序、乾隆十八年清明上湘黄宜中旧序和潘氏自序，后又附咸丰元年安乡知县长白廷桂所撰跋一篇,则是书当系咸丰年间重印之本,故缀此跋。据《清史列传》陆燿本传,陆氏撰序时任山东按察使,而潘相任濮州知州。陆氏不但是“同学弟”，而且与潘氏在山东共事长达八年之久，故二人关系密切。《事友录》附录云:“《礼记》因东莱吕氏、临川吴氏、石梁王氏、安溪李氏各有编次,乃参用《仪礼经传通解》之例,篇以义序,文以类从,名曰《鳌编》,注则兼取郑、孔诸儒,务于简约,共四十六篇,篇名仍旧,惟不参引他书一语。阅数十年,师友皆亟称之。”

潘氏著述有书名页且明标“汲古阁藏板”者,余所见仅以上四种。仅《俎豆集》一种系乾隆四十三年新镌,时潘相尚在世。《事友录》、《礼记鳌编》两种均为嘉庆五年夏镌，此时潘相已殁十馀年。《琉球入学见闻录》一种书名页无镌板时间。潘氏生前曾以“汲古阁”名义刻书,殁后其潘氏祠堂后人亦沿用此名。潘氏以“汲古阁”名义到底一共刻了多少种书籍,尚有待进一步考证。

二、潘氏父子生平及著述

潘相,字润章,号经峰,湖南安乡县人,居东高村。民国王熛纂《安乡县志》卷二十三有潘相本传,录如下:“曾祖学锦,以儒士娴韬略,后隐居授徒,处约好行义,日荷筐收白骨,成千人冢。祖士启积厚德,常缩食啖饿者。父之兹字雨膏,喜购书。每学使按临,必措金购未有书。邑名宿傅钝轩服其卓识诗传,称为高人。相,少敏好学,乾隆辛酉(六年)拔贡,充武英殿分校琉球国官学教习。中庚辰(二十五年)北闱举人,成癸未(二十八年)进士,明年官国子监事,引见以知县用,选山东福,调曲阜,升濮州知州。所在劝化孝友,收养贫民,振兴义学,疏浚农田水利,作《十勿歌》。帝东巡,三次敬办大差。辛卯(三十六年)、丙申(四十一年)驻跸曲阜各三日,俱邀恩赏。相自奉俭约,不苟取。岁支廉俸除奉上赒党外,购书满室,学问湛深,负经师人师重望,不仅循良吏也。……戊戌(四十三年)葬亲乞归。庚子(四十五年)补昆阳州,在部夫假修墓致仕归。寿七十八卒。祀乡贤祠。子四:承炽、承炜、承炳、承焯。”其生卒年不详。有乾隆五十年花朝日所撰《事友录》自序,并于该年三月率两孙驾舟至长沙访陆燿畅谈三日,故当卒于五十年以后两三年,约生于康熙五十年(1711)。其生平事迹,《事友录》所记最详。

其长子承炽,由衍圣公保举授至圣庙奎文阁典籍厅。次子承炜,字仲明,又字鲸浒,官四库馆誊录,后官至安徽黟县知县。三子承炳官候选州同。幼子承焯,字季孚,又字若亭,最受潘相宠爱。民国《安乡县志》卷二十三本传云:“潘承焯,幼随侍琉球官学,祭酒陆宗楷、朝鲜贡使洪启禧均器之。中北闱乡试。庚子(乾隆四十五年)选广东镇平知县,刻意清苦,振兴桂岭书院。修《镇平志》六卷。丁内艰归,阖邑攀辕,庶首各制歌颂文百十数篇。人谓焯为令九月,为镇平建邑百五十年所未有。著《俎豆集》。起复赴部候补,卒汉阳,年三十九。”廷桂《礼记釐编》跋云:“四子能读父书。先生诸撰述,多所校订。而《俎豆集》为承焯手辑,尤见学有渊源。焯之宰广东镇平也,未逾年,循声四播,有父风,会以疾卒,年仅三十有九。”承焯于四十五年冬上任镇平知县,阅八月而“奉先宜人讳”,丁忧离职回家当在四十六年。《县志》说,服阕“起复赴部候选,卒汉阳, 年三十九”, 按正常服阕为三年, 故其卒当在四十九年(1784),生约在十一年(1746)。

《安乡县志》云,潘相“著作宏富,尤九澧数百年所未有”。潘氏父子著述除前述“汲古阁”所刻四种外,尚有经学八书,包括:

(一)《周易尊翼》,未见。《事友录》附录云:“《易经》以少习五经本《易经大全》,作经解以待岁科校试。后乃恭读圣祖仁皇帝《御纂周易折中》,今上皇帝《御纂周易述义》,赞仰高坚,荟萃成编,取前解之未合者刊之,其合者存之。原名《管窥》,改名《尊翼》。”

(二)《尚书可解辑粹》,未见。《事友录》附录云:“朱子谓《书经》

多不可解处，李安溪因有《可解》七篇，顾其解仍多不可解。予参改众说，为《可解辑粹》一编，但不拘定七篇耳，若尧典、天文、禹贡、地理、洪范等篇，皆颇详明，孙曾辈识之。”胡士范《春秋应举辑要》序云：“《尚书可解》信朱子多不可解之说，仿李榕村法，多异同，而参用盛秦川《尚书释天》。”

（三）《毛诗古音参义》，未见，胡士范序云：“《毛诗古音参义》主陈季立、顾亭林本音之读，而兼取百氏训诂。”《事友录》云：“予因读《诗经》不能叶韵，妄谓汉魏以前止可言谐声，齐梁以后乃可言叶韵，为读本音说及参义数卷，后得连江陈季立第《毛诗古音考序》，李安溪诗所云宗顾亭林本音，恭读《御纂诗义折中》，尽去通叶。又得吴江陆大中丞燿（朗甫）《顾氏音学五书》：一《音论》、二《诗本音》、三《易音》、四《唐韵正》、五《古音表》。陆公由乾隆壬申恩科举人考授内阁中书，庚寅升山东登州府，……学正而品醇，予得事之八年，极蒙奖许，作《祀记》序，选古文入《切问斋文钞》。戊戌予乞假南还，公亦告终养归家。癸卯起治运河。甲辰七月升湖南巡抚。到省即谆谆问予行踪。与予书内云：‘抽身宦海，以讲学课孙自娱，真人生最乐事。若不吝金玉，一来省会，藉领教益，尤所朝夕祈望。’予自庚子京归，请急杜门，足迹不及城府。感知己之难得，于乙巳（五十年）三月，率两孙驾一叶往见，畅谈三日，并以诸书质正。公连日夜披阅，尤服予是书及《书经可解辑粹》、《吾学录》，命多人摘钞。且谓予《诗说》多与顾同，而彼为先辈，似当援引，以免后人之疑。忽以六月二十四日捐馆。回忆生平师友，如公者不可多遇。”

（四）《春秋尊孟》，未见。《事友录》云：“予于《春秋》用功最深久，从张横渠‘惟孟子能知’一语，参以郝京山晋楚鲁三国僭国之说，专于好辨王迹两章，窥寻指要，觉《孟子》七篇多与《春秋》表里。《钦定春秋传说汇纂纲领》开示蕴奥，至明且尽，为《春秋尊孟》一篇。”

（五）《春秋比事参义》，未见。《事友录》云：“又为《春秋比事》一编，名同前人，义实各出。”胡士范序云：此书“名同前人，实举望资诸公义例之未尽者，别为条目，而得其精蕴。”

（六）《春秋应举辑要》十二卷二册，国图有藏本，嘉庆己未（四年）新镌，诚恕堂藏板。前有该年杨肇增（字损之）和歙县胡士范所撰序两篇。胡氏序云：“《春秋应举辑要》以坊本《春秋集注》等书多背定解，合题尤奉严禁，仿标题之例，取坊屋必出之句，辑其要旨，以便诵习。”《事友录》云：“又因吾孙恩地欲治《春秋》，以坊本《春秋集注》等书多背定解，为《春秋应举辑要》一编。”

（七）《礼记釐编》，见前。

（八）《周礼撮要》，未见。《事友录》云：“予少苦《周礼》难记，作五言歌诀，便强识，顾于道鲜发明。既读《菁华集说》、杂说诸编，撮举数职，联以议论，使阅者心目了然，悦而好之，仿其义例，一官各为一论，有纲有注，凡经文紧要与传注精粹之论，俱贯其中。至五官相联，则约举大要于秋官之末，而《考工记》亦附其后。名曰《周礼撮要》，盖举古先盛王治天下之大经大法，体用毕具，真见圣人天理烂熟之书，非邪说所能篡，亦非俗儒所轻訾。上湘黄揆一决为必传。陆枲川师、刘文定公尤亟许之。燕齐之间传诵抄誊，二十馀年旧板不甚明，又加校刊，增载师友评点。其旧板为范令吴君焕彩携去。”

经学八书之外，尚有：

（九）《吾学编》，未见。《事友录》云：“钦惟《大清会典》、《大清律例》、《皇朝礼器图》诸典册，其于品官、家庙、堂室、迁祔、祭享名物、进退拜跪，无不因时损益，而冠带之度、服舍之式、婚嫁之仪、送终之制，下逮庶士庶人，各曰随分自尽，彬彬郁郁，焕乎盛哉。予因为《吾学编》，仍仿《朱子家礼序次》，而节文度数，敬遵今用，共五卷，曰庙制（附立庙仪及第宅）、冠论、冠服定制，曰婚，曰丧，曰家祭、墓祭，曰修谱、言行、律例、歌诀。”

（十）《曲阜县志》一百卷，二函十二册，国图有藏本。乾隆三十九年新修，曲阜县署“圣化堂藏板”，前有是年督学使李中简序及潘氏自序。这部县志的修纂非同寻常，署“知县楚安乡潘相修”，分卷分别署男承炽、承炜、承炳、承焯，婿黄崩元等五人编，可谓一家父子六人之杰作。这是中国修志史上的特例之一。

(十一)《澧志举要》三卷,国图有藏本。署“安乡潘相经峰修,次男承炜仲明校刊”。有书名页,书名四个大字居中,右上一行为“嘉庆二年丁巳”六个小字,左下一行为“经腴堂校刊”五个小字,其上一排为“古歙程红圃先生鉴定”九个小字。前有乾隆四十五年长洲褚廷璋序,五十三年潘承炜所撰《目例》。《事友录》云:“予偶阅《澧州志林》,病其烦冗。为编年之例,其文甚省,而时代之沿革,疆域之分合,事词之同异,人物之派别,端委毕见,巨细兼该,又正其谬误,补其缺漏,各为数十条,名曰《澧志举要》。次儿承炜实多校订之力。”

(十二)《重修镇平县志》六卷,国图有藏本。署“重修官潘承焯字若亭,安乡人,乾隆戊子举人,四十六年知镇平县”。前有潘承焯序,续修官、续任知县吴作哲序,何殿屏序。《事友录》云:“承焯宰镇平仅九月,善政甚多。所修《镇平志》,一洗旧志之陋。后接到镇人刻本,校对,与原稿相符。但后任吴令窃取原文为己所续修,标题续史氏等字,为可讶耳。”

(十三)《猗菉堂集略》四卷,未见。廷桂《跋》云:“又有《猗菉堂集略》四卷,未梓,水灾漂失,仅存其二。略加披阅,有已梓入《䆶文书屋集略》者。当属邓云乔、黄乙舫代雠,谋付剞劂,以补全集。”

(十四)《䆶文书屋集略》,未见。䆶,《说文解字》音“武版切”。此书与前书当系潘相诗文集。至咸丰年间,“遗版亦以水故,漫漶不全,《䆶文书屋集略》尤甚”。

(十五)《成钧课艺》一本,潘承炜撰,未见。《事友录》提及是书。

潘氏父子著述共约十八种。其书“尝呈送四库馆齐、楚书局校阅,阁部诸公皆叹赏不置”,但《四库全书》终未收录。廷桂《跋》云:“当先生各书刊成,时恭值《四库全书》开馆,曾送齐、楚书局,经诸总裁鉴阅,佥谓近今罕伦。以在闲待定,未能附入《全书》,故其书不甚传。”《事友录》亦云:“予所著各书,经四库馆齐、楚书局于文襄公、王文庄公、东抚周公元理、徐公绩,湖抚李公湖、陆公燿皆命校阅各官详细查对，许以实无违碍字句"，但终未著录。故其著述鲜为世所知。

三、潘氏藏书及所刻各书之流传、散佚情况

据《县志》，潘相之父潘之滋即"喜购书，每学使按临，必措金购未有书"。潘相本人"岁支廉俸除奉上赗党外，购书满屋，学问湛深"。故其家藏书甚富。

其藏书处为恩锡祠、诰勅楼、猗菉堂、審文书屋。《事友录》附"修谱例"云："诰勅楼后建恩锡祠，列书櫃于堂之左右，为联曰：'传业诸孙真快乐；拥书万卷自豪雄。'又：'珍重遗书佳子弟；敬藏手泽好儿孙。'除蒙塾日习者及奉文毁去应禁之书数百卷外，一曰颁发诸书；二曰经，《十三经注疏》及历代经说；三曰史，《二十二史》、《明史稿纲目》四编、《资治通鉴》及杂史、各志乘；四曰诸子、历代专集、选集、杂集、金石、墨迹，下逮农圃、医卜、律例各刻，并诸稿本。书套以浆气致蚀，尽去不用。另本记书名、卷数、本数，题曰《书屋卷本》。诫子孙勿分书，勿借与人书，岁于正月望日交本年办祭者，职掌祠堂楼阁门钥，勤洒扫，除草秽，修房屋，防风雨虫鼠，夏日曝书，照依所交《卷本》查对收贮，蠹者除之，壳页损者修之。祠后北厢房设净几案，子弟如欲入读某书者，必正衣冠，告办祭者。办祭者衣冠开门，读者入，朝上三揖，办祭者查取某书几卷几本与之。读者端坐，用纸条揭书，勿以手，勿圈，勿批，勿损坏。读乞，仍请办祭者收清，三揖而出。如须经旬累月者，日暮必归，归必请扃户。旦日仍请开门，勿任情径行出入。勿携书潜回。违者、損者、失者，公同罚跪祠前，勒令买补。如无可买之书，令照式抄赔，仍贮原书于柜，隽记其事示后。有徇纵者，罚亦如之，均永不令办祭、收书。如我贤子孙续置未见书者，即续登于《书屋卷本》之后曰：某年月日，某买某书，几卷几本，仍撮举其要附后，各依其卷入柜。柜不能容，则增之，告于祖而为宴会以旌之。至予所自刻书，屡次送呈四库馆总裁于文襄公、王文庄公，皆蒙称许；又呈山东、湖南书局查阅，幸无违碍字样。其板片宜清查收贮，岁以潘恩锡户田租办祭之馀，买好纸墨，令好手刷印。制义、《周礼撮要》,其经学七书及集略各种,以次补刊,遇当事穷经者,呈之。忽轻刷送,忽令携板出祠门。如有违者、污损者及徇纵者,责其另刻补赔、罚跪,皆如前。凡我后人,敬识勿忽。”

清有孙星衍孙氏祠堂藏书,此又有潘氏祠堂恩锡祠藏书,且关于藏书之分类、藏书目录、收藏保管、借读归还、惩罚赔补及版片收贮、刷印呈送等,均作了明细规定,可谓费尽苦心。

然而,好景不长,六七十年后则已是祠毁书散。咸丰元年辛亥季冬月朔安乡县知县长白廷桂《跋安乡潘经峰父子遗书》(载《礼记釐编》后)云:“桂涖安乡,时耳乡潘经峰先生经学为澧阳冠,县署故有其孙曾呈存遗籍。刊落浮华,独标精义,深湛经术,有古作者风。……迨道光甲申(四年),今相国祁淳圃先生视学楚南,其曾孙生员光鋐呈送数种,相国颇赏识,为书‘世诵清芬’扁以赠之。而其书始邀赏音矣。自庚寅(道光十年)以来,岁有水厄,东里为先生所居,高阜少被灾。今年(咸丰元年)秋,桂以编发门牌,亲赴四乡,数至其地,见其祠宇芜秽,后裔式微。曾孙光钟以少尉仕粤西,光钵、光淦授徒村塾,籍中所称诰敕楼、睿文书屋者都成瓦砾。遗板亦以水故,漫漶不全,《睿文书屋集略》尤甚。而《曲阜县志》板存曲阜县署,携归数部,久为河伯所吞。至一家言、古文精选,片板不存,均为恨事。仅从光钵家访取见存遗板,择其首尾粗完者,得十二种,刷印成部,以广流传。其经学诸书,原本紫阳,折衷御论,扫尽先今反古恶习。至《事友录》之随地殚心,克尽厥职;《吾学录》之恪遵《会典》,贯穿《律例》,诚能躬行实践,坐言起行,迥非穷愁著书、娱情翰墨者所能道。先生距今七十馀年,经术、政绩、文章,斑斑可考。邑绅庶曾有入祀乡贤之请,以族力绵薄,不果行。又有《猗棻堂集略》四卷未梓,水灾漂失,仅存其二,略加披阅,有已梓入《睿文书屋集略》者,当属邓云乔、黄乙舫代雠,谋付剞劂,以补全集”云云,已是过眼烟云。

江山刘履芬藏书和他的手抄本

江澄波

刘履芬,生于清道光七年(1827)卒于光绪五年(1879),浙江江山人。字彦清,号泖生(因生于松江),奉贤知县刘佳之子。诸生。入赀为户部主事。同治初年以佐幕之劳,致花翎同知直隶州,留苏补用知府。充江苏书局提调。性喜藏书,酷爱异书,遇善本必倾囊购之,其不能得者辄手自抄写,作为日课。因在当时苏州是江苏省会,人文荟萃,结交的藏书家很多,如莫友芝、俞樾、唐翰题、高心夔、雷浚、王颂蔚等,可以互通有无、相互借抄,充实了他的藏书。据文献记载,他藏书中的精品是一部元朝至正元年集庆路儒学刊本、宋人郭茂倩编的《乐府诗集》一百卷,不仅书品完整,并且经过清初常熟藏书家陆贻典(敕先)手校过(尾有题跋)。现藏于上海图书馆古籍部。他还收藏了一部元版《茅山志》,系刘大彬编纂,每半页十三行、行二十三字。上下黑口。前有泰定甲子(1324)西秦赵世延序、次泰定丁卯(1327)春正月特进上卿玄教大宗师吴全节序,天历元年(1328)刘大彬自序。原书应十五卷,惜已仅残存第一至二卷及第八卷。他就设法借得手自抄补,使其重成全书。光绪二年(1876)曲园老人借阅是书以后,作了题识:"刘君泖生好学不倦,手写书无虑数十种。余索观之,出示此册,雨窗无事,展读一过,辄记其卷末。光绪二年春二月曲园居士俞樾书于吴中春在堂。"另外他见到了一册季振宜旧藏南宋浙江刊本的《邓析子》,每半页十一行、行十五字,首页虽有断烂缺字,然序与卷上正文衔接,与南宋浙刻本《管子》同。除了自己影抄一本之外,还把它影刻传世。由于是薄薄一小册,不为人们所注意。因而在王大隆在世时,已称为难得之书了。他在《邓析子》提要中说:"光绪时江山刘履芬曾据以复刻,摹勒甚精。谭复堂为撰校文,孙仲容又撰拾遗,……今刘刻传本已罕。"(见《蛾术轩箧藏善本书录》著录)他所手抄之书,除了影抄或补抄之外,一般都用毛太纸,黑色印格,精楷书写,可与前辈吴翌凤抄本媲美。他的室名是"古红梅阁"(吴梅曾手录其《古红梅阁书目》,残存于北京大学图书馆)、"沤梦轩"(光绪二年吴县知县高心夔为书《沤梦轩记》)。藏书印记有:"刘履芬印"、"刘履芬"、"履芬"、"彦清"、"泖生"、"江山刘履芬彦清手收得"、"江山刘履芬校定书籍"、"履芬眼福"、"江山刘履芬观"、"彦清缮本"、"刘履芬字彦清印"、"泖生手校"、"在官写书"、"江山文字"、"彦清珍秘"、"彦清副置"等。

正当他的藏书事业日益发展壮大的时候,一件不幸的事情发生了:光绪五年(1879)江南乡试,嘉定知县程其珏抽调分校,上级命他代理嘉定知县。那知他本是一介书生,长期从事编校出版工作,对官场刑名缺乏社会经验。且本性仁慈,一心爱民。后以判狱案为大吏所胁不得申,故自责德薄,知冤不能救,不如死也,乃于当夜自尽身亡,以示尸谏。事上,江苏巡抚吴元炳重其所以厚卹之。世人莫不惜之。

他工诗词、骈文。李慈铭曾赞其文称:"胎息于洪北江,简贵修洁","古藻盎然,善言情状"。其词也多见工力。著有诗集名《秋心废稿》、《皋庑偶存》、

《淮浦闲草》、《沤梦蜕稿》四卷,还有骈文二卷、《怀旧诗》一卷、词一卷。于光绪六年(1880)在苏州刻成,定名为《古红梅阁遗集》。另有别本《秋心废稿》、《皋庑偶存》、《淮浦闲草》各一卷,为其手稿本,现藏浙江图书馆。

刘履芬所藏之书,在他身后开始流散。时任浙江宁绍台道顾文彬收得甚多,一直珍藏于苏州过云楼中。1993年,南京图书馆副书记宫爱东同志来苏找我,转达省委书记柳林同志嘱托,希望能把"过云楼"藏书留在江苏省内。经过多次联系,物主同意将他们留存在苏沪两地的藏书,捐赠于南京图书馆。这是顾氏后人的一次很大的爱国行动,将永远载入史册而流芳百世。

现就我当时看书时的记录,查出刘履芬抄本二十种,现摘要附记于后,以供研究藏书历史的学者参考。

一、乡党图考补正　清吴县潘锡爵撰,刘履芬手抄本,一册。尾有"同治癸酉季秋二十六日缮竟江山刘履芬记"。钤有"泖生"印记。按:潘锡爵字鬯侯,号梅孙,咸丰四年(1854)岁贡生。长于经学,与修府志,冯桂芬颇敬礼之。殁于冯氏修志局中。(此书《江苏艺文志·苏州卷》未见著录。)

二、校补竹书纪年　清泾县趙绍祖撰,刘履芬手抄本,一册。尾有"同治辛未七月抄八月三日完江山刘履芬"。钤有"彦清"印记。

三、大唐六典注三十卷　唐李林甫等注。刘履芬手抄本,四册。钤有"彦清缮本"印记。

四、伤寒明理论四卷　宋成无机撰,刘履芬手抄本,一册。尾有题识:"余于同治癸酉秋购得伤寒明理论三卷、又论方一卷,前二卷纸墨俱古,当是宋刊,后二卷是精抄补足者。考敏求记载有此书,而云缺撰人姓氏,今第一卷第一页二行,明著聊摄成无己,则与钱氏所收别一刻本也。既录其副并记,江山刘履芬书于吴门书局。彦清。时十月十一日,从合肥张中丞处校阅正谊书院课艺归、录毕此卷。"有"泖生"印记。

五、邓析子二卷商子五卷素书一卷　刘履芬手抄本，合装一册。

六、印人传三卷　清祥符周亮工撰，刘履芬手抄本，一册。尾有题识："同治壬申依琴川顾氏刻本录，七月五日竟。刘履芬记。"钤有"彦清"印记。

七、菰中随笔　清昆山顾炎武撰，刘履芬手抄本。一册。尾有题识："同治元年癸未抄，十四日竟。江山刘履芬。"钤有"履芬"印记。

八、稽瑞一卷　唐刘赓撰，刘履芬手抄本。一册。尾有题识："光绪丙子夏长洲王茂才仲蔚携是书见示，留置案头。缮写副本计半月而毕。二十二日江山刘履芬记于吴门燕家浜书局。"钤有"彦清"印记。

九、醉翁谈录八卷　宋金盈之撰，刘履芬手抄本。有莫友芝题跋："阮文达公抚浙时进呈遗书，全录事醉翁谈录是其一种，然外集提要所述，才五卷，相传文达裁去后三卷，盖如直斋书录斥唐人教坊记猥亵之意，今令钦所录固不废也。己巳仲春江山泖生氏以亲录八卷相示漫识。郘亭眲叟。"钤有"友芝私印"及"江山刘履芬观"、"彦清珍秘"印记。

十、纂图释文重言互注老子道德经二卷　汉河上公注，刘履芬影宋抄本。每半页十三行、行二十三字，一册。钤有"闭关饮酒之裔"、"刘履芬字彦清"印记。

十一、玉笥集十卷　元会稽张宪撰，刘履芬手抄本，一册。

十二、天台林公辅先生文集不分卷　明临海林右撰，刘履芬手抄本，一册。按：林右字公辅，临海人。洪武中为中书舍人。与方孝孺友善，尝奉玺书行边有功，进春坊大学士，命辅导皇太孙。以事谪中都教授，弃官归。闻孝孺死、为位哭于家。成祖召之不至，械至京，犹欲官之，不屈。成祖怒、劓之死。福王时赠礼部尚书，谥贞穆。

十三、琴隐园诗集　清武进湯贻芬撰，刘履芬抄本，一册。尾有题识："贞愍诗闻已付刊，未之见也。此卷从朱二尹康寿借得，令奴子李福为录副册，大抵早岁所作，未能尽其长。同治己巳三月晦日江山刘履芬记于吴门寓楼。"钤有"彦清"、"履芬"、"泖生手校"印记。

十四、增广圣宋高僧诗选前集一卷后集三卷续集一卷　宋陈起编，刘履芬手抄本，一册。

十五、国朝七家词选　清长洲孙麟趾辑，刘履芬手抄本，一册。按：孙麟趾字瑞清，号月坡。清长洲人。诸生。有才不遇，幕游数十年，后入宝山令张某幕。晚乃归里。居城东陋巷，未数月太平军陷苏城，不知所终。

以上是顾氏藏于苏沪两地的刘履芬抄本。1993年入藏南京图书馆。

十六、郑志三卷　魏郑小同撰，刘履芬抄校本，一册。钤有"刘印履芬"、"泖生"印记。

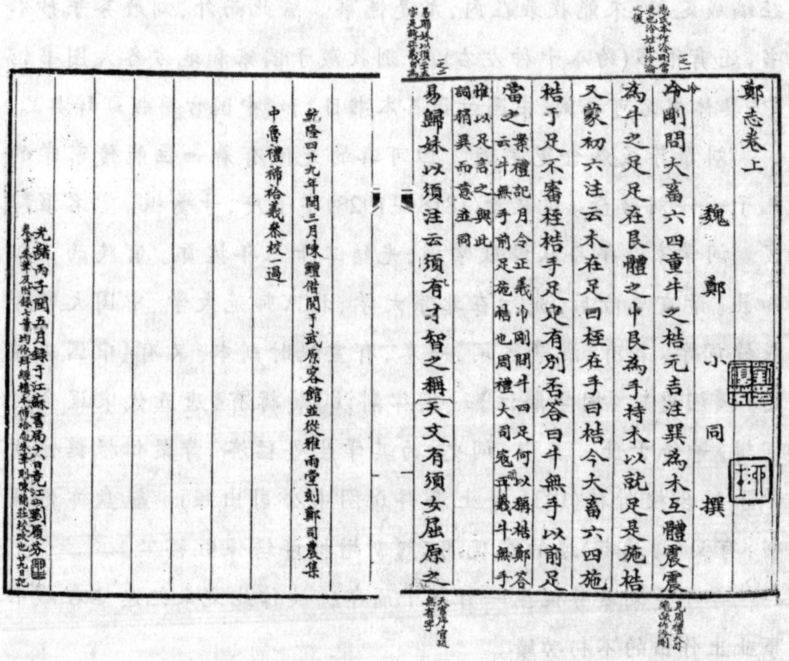
鄭志卷上
魏　鄭小同　撰
泠剛問大畜六四童牛之梏元吉注巽為木互體震震
為牛之足足在艮體之中艮為手持木以就足是施梏
又蒙初六注云木在足曰桎在手曰梏今大畜六四施
梏于足不審桎梏手足定有別否答曰牛無手以前足
當之禜禮記月令正義泠剛問牛四足何以稱梏鄭答云牛無手前足施梏也周禮大司寇疏亦載牛無手惟以足言之與此詞稍異而意並同
易歸妹以須注云須有才智之稱天文有須女屈原之

乾隆四十九年閏三月陳鱣借閲于武原客館並從雅雨堂刻鄭司農集
中魯禮禘祫義叅校一過

光緒丙子閏五月錄于江蘇書局十八日竟江山劉履芬
卷中朱筆及附錄七章均依拜經樓本補出朱筆則陳簡莊校改也廿九日記

十七、绛云楼书目附静惕堂书目　刘履芬抄校本，一册。钤有“彦清缮本”、“在官写书”、“江山文字”印记。

十八、遂初堂书目　宋尤袤撰，刘履芬手抄本。尾有“同治辛未刘履芬依海山仙馆丛书本录”。有“履芬”、“彦清副置”印记。

十九、乾道临安志三卷　宋周淙撰，刘履芬抄本，一册。钤有“江山刘履芬观”、“彦清缮本”印记。

二十、秋笳集八卷　清吴兆骞撰，刘履芬抄本。尾有：“秋笳集有大字本及巾箱刻本，余向皆有之。庚申兵燹不存。同治丁卯需次吴门，从武林朱县佐康寿借得是书，手录一分。题签尚有归来集一种，惜未得见也。腊月廿一日呵冻书竟並记。”钤有“泖生”、“履芬”印记。

以上是顾氏移藏于北京书中的刘履芬抄本，2005 年已通过拍卖而转归他姓收藏。

顾氏过云楼藏书入藏南京图书馆时，《中国古籍善本书目》已经编成定稿，未能收录在内，尤是憾事。除此而外，刘履芬手抄本书，还有很多(约八十种左右)，分别收藏于国家和地方各大图书馆中，具体书名可参阅《中国古籍善本书目》和《中国古籍版刻辞典》。

刘履芬虽然含冤早逝，但可喜的是他有着一位能传家学的儿子——刘毓盘。刘毓盘(1818—1928)字子庚，号噙椒。室名濯绛宧。词学家。早年从谭献学词，光绪二十三年拔贡。官陕西云阳知县。辛亥革命后，先后在北京大学、北京师范大学、中国大学等教授词学。著有《濯绛宧词》一卷，有宣统时刻本。又有《中国文学史》、《词史》、《词学斠注》、《词律斠注》。辑有《唐五代宋辽金元词辑》等传于世。其中《词史》为其学生查猛济、曹聚仁根据他讲学手稿合校付梓(1931 年上海群众图书公司出版)。毓盘亦好藏书，有父(刘履芬)遗的东观阁刊《新增批评绣像红楼梦》。

今年是刘履芬诞生一百八十周年，故作此文来纪念他在藏书事业上作出的不朽功绩。

王襄著《簠室殷契徵文》《簠室殷契类纂》

——苹楼藏书琐谈之八

涂宗涛

王襄这个名字，是我解放前在重庆上大学时期，读《闻一多选集》，其中对“舞”字的诠释，闻氏引用了王襄《簠室殷契类纂》的说解而留下印象的，并知王是天津人，当时猜想他可能是南开大学教授。1948年秋我来到天津南开大学后，该校并无其人，直到解放后他出任首届天津市文史研究馆馆长，才知他仍留在天津。上世纪五十年代，我先后在天津天祥市场旧书店购得他撰著的《簠室殷契徵文》、《簠室殷契类纂》二书，前者在扉页上有王襄题辞和签名，后者的函套里襟面上有王懿荣之子王汉章的题识，我能收藏这样的版本，是可喜的。

《簠室殷契徵文》(以下简称《徵文》)，天津博物院1925年出版，石印本，据该书后附《天津博物院启》得知，是该院以自家创制之约纸，先从甲骨上“施之毡墨”制成拓片，然后将拓片上石刷印的。全书共十二卷，四册，前两册为甲骨文拓片，后二册为《考释》。边栏为粗黑线，高18.4厘米，广13.5厘米，版心上端标书名、篇名，下端标页码，除拓片外，其馀文字皆为手书楷体。封面贴签，用小篆标书名，封里为双钩隶书“簠室殷契徵文附考释”，右上钤“天津博物院印行书籍”长方阳文印一方，下端钤“殷道足观”正方阴文印一方。封里背面有王襄手题“年少之作请教之　王襄谨志”，其后有我

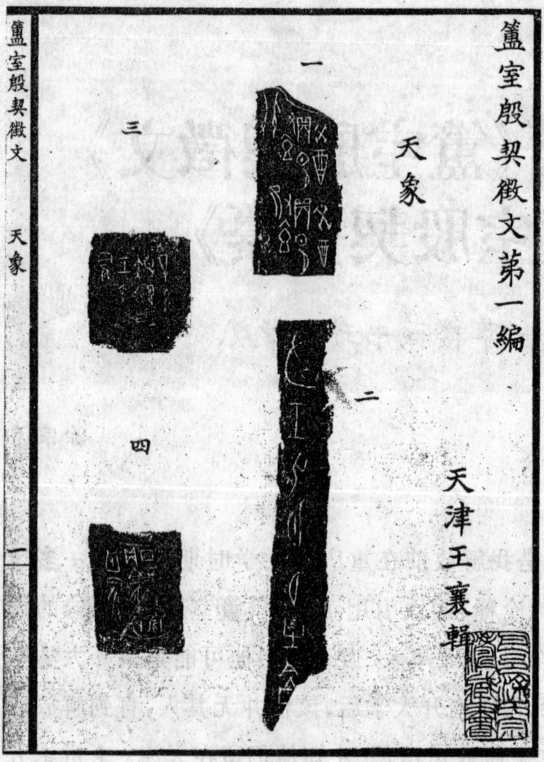

写的题识。接着依次为王襄自序和“目录”。《徵文》分“天象”、“地望”、“帝系”、“人名”、“岁时”、“干支”、“贞类”、“典礼”、“征伐”、“游田”、“杂事”、“文字”十二类收录甲骨文拓片，每半页所收拓片的数量和大小不等，每张拓片标明号码。《考释》二册，半页十行，每行字数不等，按《徵文》十二类之编码顺序，先用楷书译写甲骨文，再加以诠释。书末为版权页并附“印刷金石拓片者注意”启事。

下面，抄录我在王襄签名后的那段题识，以说明这部书的难得：“右系本书作者王襄先生所题辞。时先生任天津文史馆馆长，余之旧同事张墺老为该馆馆员，乃托墺老转请先生于是书首页签名留念，先生即于一九五八年二月十一日上午手题于文史馆，亦收藏是书者之一大幸也。巴县涂宗涛谨识。”王、张二老早已谢世，驹光易逝，王老签名和我题识，距今垂五十年矣，特在此谨伸对这二老的怀念之情!

《簠室殷契类纂》(以下简称《类纂》)的开本和版式，完全与《徵文》相同，是作者王襄全部手书上石的。线装二册，收藏者王汉章另制函套。封面签纸题“簠室殷契类纂”，封里用大字题写书名(均为王襄手笔)，右上钤“河北第一博物院(原天津博物院更名)印行图书”阳文印一方，左下钤“福山王氏”阴文印一方，次页为作者照片

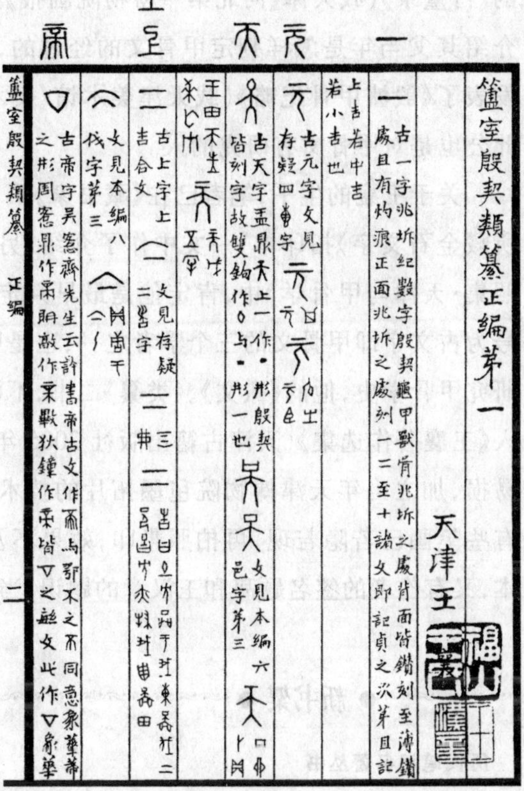
簠室殷契類纂正編第一
天津王
簠室殷契類纂 王編 二

和七绝诗三首，接着为王襄自序两篇和王守恂与华鼝硂序文各一篇。在王氏自序天头钤“娱堪”(王汉章之号)阴文印一方，正文首页下端钤“福山王氏”(阴文)、“王汉章”(阴阳对应文)印各一方。正文分为“正编”、“附编”、“存疑”、“待考”四编，按说文部首先后次序，将已识别之甲骨文收入“正编”，在边栏外之天头，先标小篆，在其下将同字异体之甲骨文一一列出，注明出处并作适当解说；凡不能判定之甲骨文字，分别收入“附编”、“存疑”、“待考”。据书前自序得知，收入“正编”可识之字八百七十三个，重文(即同字异体)二千一百一十个，合计二千九百八十三个。

本书的先我收藏者王汉章，在封套里襟面上的题识全文为：“往与先翰辅兄考释殷墟文字，颇拟汇集所得，编为《殷墟文解字》一书，先兄曾戏云：‘许氏之学，及宋有大小二徐，今吾兄弟抑有志于此耶？’乃先兄没世，余又迫于衣食，鲜所成就，今阅此册，适得我心所同，然亦间有不同者，则须自为其说矣。近来耑研此学者，大有人在，埏儿颇嗜此学，他日倘能有成，亦足以补吾之憾也，勉之！汉章。”(标点为笔者所加)按王汉章，是1899年最早判定殷墟甲骨所刻符号为贞卜文字的三个学者之一王懿荣的儿子，他曾于1933年的《古董录》(载天津《河北第一博物院画报》第50—51期)一文中，介绍其父当年是怎样判定甲骨文的经过的，此外，他还在1931年发表了《殷墟甲骨纪略》(载天津美术馆《美术丛刊》创刊号)，可见此公也是对甲骨文有研究的人。

关于王襄的生平，笔者已在《藏书家》第12辑所载《〈纶阁所见所藏金石文字〉拓印本》一文中作了介绍，另外，我在拙著《苹楼夕照集·天津与甲骨学》中，肯定他是最早判定殷墟甲骨上刻划的符号为古文字即甲骨文的三个学者之一，也是甲骨学奠基人之一，要研究甲骨学史，他的《徵文》、《类纂》二书，不可或缺；此二书虽已收入《王襄著作选集》(天津古籍出版社2005年版)，但由于甲骨脆弱易损，加之当年天津博物院毡墨拓片的技术不精，又是石印，其中有些笔画已若隐若现，再拍照影印，效果不及原石印本，作为初版本，又有作者的签名题辞和王汉章的题识，当然是可贵的。

鲁迅照片出版的掌故

倪墨炎　倪　平

鲁迅照片的发表和出版，也有不少令人惊喜和感叹的掌故，值得收藏者们细细玩味和品评。

一　最初发表的照片

鲁迅并不热心把自己的照片拿出去发表。但是对于编者、译者、出版者希望刊出他的照片时，他也会给予通情达理的支持。

鲁迅生前发表过多少照片，没有人编过目录，也没有人介绍过这方面的史料。就笔者视界很有限的所见，鲁迅拿出去准备出版的第一张照片，似是应《阿Q正传》俄文译者王希礼之请寄去的那张。1925年5月28日特地往容光照相馆拍摄的。1925年6月8日"以《阿Q正传》序、自叙传略及照像一枚寄曹靖华"转王希礼。据戈宝权著《〈阿Q正传〉在国外》(人民文学出版社1981年出版)介绍，王希礼译的《阿Q正传》和其他两位译者译的《头发的故事》、《孔乙己》、《风波》、《故乡》、《社戏》、《幸福的家庭》、《高老夫子》等共八篇小说，以《阿Q正传》为书名，由列宁格勒激浪出版社于1929年出版。该书没有采用鲁迅的照片。鲁迅拿出去准备出版的第二张照片，是应《阿Q正传》英文本译者梁社乾之请寄去的单人半身照。1925年7月4日鲁迅特地去中山公园同生照相馆拍摄的。7月13日，"寄梁社乾信及《呐喊》壹本，照相一张"。梁社乾译的英文本《阿Q正传》，于1926年由上海商务印书馆出版，1927年再版，1929年

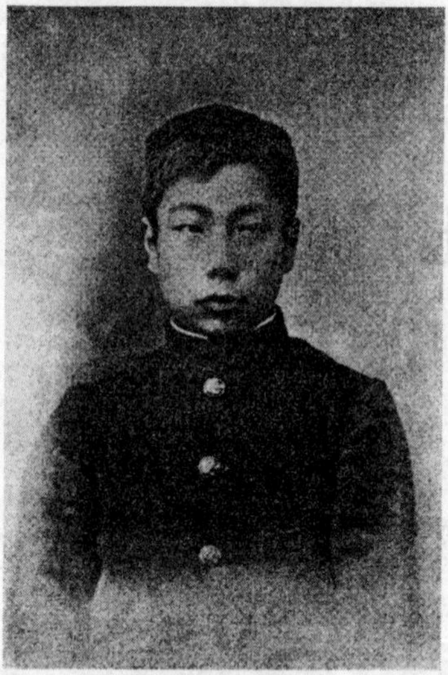

1903年摄于东京

1912年摄于绍兴

三版，1933年四版。鲁迅的照片没有被印入。笔者藏有该书1927年再版精装本，护封是前后封连在一起的一幅水彩画，阿Q坐在田边的大石上吸旱烟，远处是山野，近处有一座土地庙。这可能是阿Q的第一张画像。在当时，这书的用纸、装帧都称得上是讲究的，何以会没有原作者鲁迅的照片，令人惋叹。

鲁迅的照片正式编在书中出版的，第一本是《关于鲁迅及其著作》，台静农编，未名社1926年7月印行。鲁迅赞同台静农编辑此书的设想并谈过一些意见，排出校样后鲁迅还曾帮助代看校样。该书首次刊发了鲁迅1903年在日本东京摄的"断发照"，和辛亥革命后1912年在绍兴拍摄的直立半身照。这两张照片当是鲁迅亲自提供的。该书收入回忆和评论的文字十三篇。在这些文字之前，还刊有陶元庆1926年画的铅笔画鲁迅像，它大概也是第一次公开出版吧。鲁迅很喜欢这张画，可以肯定它也是鲁迅提供的。按照时间的序列，在寒舍的藏书中，刊有鲁迅照片的图书，就要数李何林编的《鲁迅论》了。这本1930年由北新书局出版的论文集，收文二十四篇，并编入1903年鲁迅在日本东京照像、1912年鲁迅在绍兴照像、1926年陶元庆作鲁迅画像。笔者经过对照，可以肯定地说，《鲁迅论》中的两照一画，是取自《关于鲁迅及其著作》一书的。

鲁迅的单本著作出版时，几乎都不印作者照片。像小说集《呐喊》、《彷徨》，回忆散文《朝花夕拾》，学术著作《中国小说史略》，如印上一张作者照片，读者一定会很欢迎，但出版社和作者都没有这样的考虑。《两地书》出版之际，要是在今天，从经济效益和社会效益考虑，都会印上鲁迅、许广平的单照，两人合照更佳，但当年出版社没有这样的考虑，即使考虑了，两位作者未必会同意。但在鲁迅著作中，却有一本例外，那就是《鲁迅自选集》，其在 1933 年 3 月由天马书店出版时，书前有一张鲁迅 1927 年 8 月 19 日在广州西关图明馆摄的单人半身照。这是鲁迅自己选定出版的第三张照片。

从鲁迅手里拿去出版的第四张照片，据笔者查找，似是印在李长之《鲁迅批判》一书上的那张。它是我国第一部鲁迅研究的专著。当它的一些篇章在报刊上发表时，鲁迅极为关注。读了以后，鲁迅多少有点失望。对于李长之来信提出的问题，鲁迅虽然并不热情但仍详细给予回答。1935 年 8 月 31 日鲁迅日记记有："复李长之信并附照片一枚。"照片当是应李长之之请寄去的。《鲁迅批判》在北新书局出版时，版权页上印：1935 年 6 月付版，1936 年 1 月出版。笔者所藏的初版本，目录上印有：鲁迅先生近影，鲁迅先生手迹。但书中既不见近影也不见手迹，照片却印在封面上。这是 1933 年 5 月 26 日为斯诺编译《活的中国》所摄的照片。(《活的中国》因改变了出版计划，没有用上这张照片，倒用在李长之的书上了。)

鲁迅生前在图书上出版的照片很少，在报刊上发表的也不多。最先发表鲁迅照片的报刊应是《良友画报》。据《鲁迅日记》载：1928 年 3 月 16 日，"晚梁得所来摄影二并赠《良友》一本。"这里所记的《良友》即《良友画报》，梁得所是画报的编者兼摄者。鲁迅日记 3 月 21 日又记有："晚得梁得所信并照相三枚。"这是送五天前拍的照片并告即将发表。1928 年 4 月号《良友画报》刊出两张鲁迅照片和画家司徒乔的鲁迅速写像，加上一篇鲁迅的《自传》，正好两个版面的篇幅。实际上梁得所拍的鲁迅在景云里寓所的照片，有横坐的三张、直立的一张,还为许广平拍摄一张。这些照片至今都还在流传。

鲁迅1932年11月有北平之行,那时北平报纸上集中刊载过数张鲁迅照片。鲁迅在13日至28日在北平探母病期间,曾应邀先后去北京大学、辅仁大学、女子文理学院、北京师范大学、中国大学演讲,一时成了北平文化界、新闻界关注的热点。在北师大,由于是左联北平分盟组织的,盛况空前,各校学生到者二千馀人,演讲从风雨操场搬到露天操场。在现场摄影的是王哲民、金湛然和刘之惠三人。他们是左联兄弟组织"世界语联""教联"的成员。鲁迅站在桌子上演讲周围密密地围着听众的几张照片,是金湛然拍摄的。它们曾在《世界日报》等处发表。这些照片后由刘之惠寄给鲁迅。鲁迅日记1933年4月7日记有:"午后得刘之惠信,即复。"此信就是寄的照片。这些照片至今还在流传。在《鲁迅》(照片集)中,还有一组《鲁迅在师大》,内五张照片:(一)在露天操场演讲之际;(二)在风雨操场时;(三)听众向鲁迅提问时;(四)鲁迅到来先在第四教室休息;(五)演讲后去学生会休息,群众尾随。这组《鲁迅在师大》照片刊载在《世界日报》的《世界画报》上,由台静农寄给鲁迅。鲁迅1932年12月13日致台静农信中说:"来函及小说两本又画报一份,均收到。照相能得到原印片一份,则甚感。大约问师大学生自治会中人,当能知道的。"照相的"原印片一份",后来终于由刘之惠寄来。

鲁迅晚年生活在上海,当时上海的报刊却很少刊载鲁迅照片。《现代》文学月刊在施蛰存主编期间却两次刊出鲁迅照片。该刊1933年2月号上,发表两张鲁迅照片,一张是"在女师大操场演讲",另一张是"在师大操场之演讲"。据施蛰存在《关于鲁迅的一些回忆》中说:两张照片和照片说明是当时北京的朋友寄来的。经查,这两张照片都摄于北师大露天操场;鲁迅到女子文理学院是在大礼堂讲演,听讲学生二三百人,显然和照片所摄环境不合。该刊1933年4月号上,为配合这期发表鲁迅的《为了忘却的记念》,画页上发表柔石照片及其手迹、柯勒惠支的木刻画《牺牲》,还有一张"最近之鲁迅"。据施蛰存回忆:"这张照片,并不是原件,是我在仓促之间从鲁迅和别人合摄的照片上剪截下来的。我现在已记不起原件是什么样子,仿佛是鲁迅在宋庆龄家里和萧伯纳合摄的。但并不是现在人们所看到的那一张。”这张“最近之鲁迅”,后被编入多种鲁迅照片集,但“原件”至今还没有发现。

作家孟十还1936年初在筹办《作家》月刊时,计划在每期的目录上,印上世界著名作家的头像,其中包括鲁迅在内。该计划向鲁迅征求意见时,鲁迅于3月22日复信说:“目录的顶端放小像,自无不可。但我希望将我的删去,因为官老爷是禁止我的肖像的,用了上去,于事实无补,而于销行反有害。”这就说出了当年报刊何以很少刊载鲁迅照片的原因。

由于收藏有限,我上面的介绍,会有遗漏,欢迎补充。鲁迅逝世后,许多报刊发表大量照片。人都死了,还不许纪念吗?反动派倒也无可奈何。如《文学季刊》(巴金、靳以编)、《中流》半月刊(黎烈文编)、《文学》月刊(傅东华、郑振铎编)、《作家》月刊(孟十还编)、《良友画报》(马国良编)及稍后出版的《文艺阵地》(茅盾主编),都各自发表了数十张照片。但“左翼刊物”中也有对此表示冷落的,如《光明》半月刊只刊出三张照片和书影、手迹各一。1938年版《鲁迅全集》,每卷前刊载数张照片,二十卷共刊出照片三十五张。鲁迅生前拍摄的主要照片,鲁迅逝世后,大都陆续发表了。

二　一张照片坎坷三十年

新中国成立后,鲁迅的照片在报刊上随时可以见到,特别是在诞生、逝世及其他纪念的日子里,许多报刊竞相刊载鲁迅照片,大量互相重复,也并不在意。在大量发表的基础上,开始编集出版图片集、照片集。1952年晨光出版公司出版的《鲁迅纪念馆》主要内容在纪念馆还不能算是照片集。1956年10月面世的《鲁迅图片》(共三十九幅)(新华通讯社稿、中国图片供应社出版),是第一次出版的没有装订(是袋装散页)的鲁迅图片集。作为图书形式出版的《鲁迅图片集》,由人民美术出版社于1957年8月出版(责任编辑阿维、美术设计邵景濂),收集了鲁迅照片和手迹、其他文物的图片共一百二十四幅,书前印有鲁迅《自传》,书后附有《鲁迅生平和著述年表》。这是一部初具规模的、编和印都有相当水平的鲁迅图片集。据说冯雪峰曾参与本书的审订。以后,搜集照片更多、规模更大、装帧更精的鲁迅照片集还有多种出版。

然而,新生的共和国,面临政治领域、经济领域和意识形态领域的此起彼伏、延绵不绝的阶级斗争,斗争的弦越绷越紧,直至爆发被称为"十年内乱"的"文化大革命"。已被政治化了的鲁迅研究领域,不可能不受一场又一场斗争的影响,连鲁迅照片的发表、出版也要为一定的斗争服务,对于鲁迅照片的剪贴作假的现象,也就不断地出现,而且愈演愈烈。鲁迅一方面被尊为"现代圣人"、"文化革命的旗手",他的照片频频在报刊上出现,另一方面却又像开玩笑似的,他的照片不断被涂改和扭曲。在这里,我想举出一张大家所熟悉的照片,它典型地经历了三十年的坎坷。从这张照片看,剪改鲁迅照片在建国之初就开始了的。

我所要说的这张照片,就是鲁迅、宋庆龄、蔡元培、萧伯纳、林语堂、伊罗生、史沫特莱等七人,1933年2月17日,在宋庆龄住宅花园门口拍摄的合照。鲁迅日记当天记有:"午后汽车赍蔡先生信来,即乘车赴宋庆龄夫人宅午餐,同席为萧伯纳、伊、斯沫特列女士、杨杏佛、林语堂、蔡先生、孙夫人,共八人。饭毕照相二枚。""七人照"就是"照相二枚"之一。杨杏佛是摄影者,所以不在照片中。这张照片,新中国成立前没有发表过。1951年9月出版的上海《文艺新地》第一卷第八期上,为纪念鲁迅诞辰七十周年,赫然刊出了这张"七人照",但照片上只有五个人,被涂去了林语堂、伊罗生。《文艺新地》是上海文学艺术界联合会主办的月刊,由雪峰、唐弢主编,于1951年2月1日创刊。4月,冯雪峰调北京工作,由巴金、唐弢任主编。由于主编的关系,该刊常常刊出关于鲁迅的文字和图片,几乎成了这本杂志的一大特色。

删去二人成了“五人照”

为什么要从“七人照”中涂掉林语堂、伊罗生呢？估计和他俩的经历有关。林语堂1895年生于福建龙溪一个基督教传教士家庭。上海圣约翰大学毕业。美国哈佛大学硕士，德国莱比锡大学博士。1920年代在北京几所大学任教。《语丝》周刊的积极投稿者。1926年任厦门大学文科主任。由于他的推荐和邀请，鲁迅到厦门大学执教。1930年代，跟随蔡元培在中央研究院工作；曾任中国民权保障同盟宣传委员和上海分会执委；创办《论语》半月刊。1936年起定居美国，当时左翼文坛就定他为“买办文人”。在美国用英文创作了《京华烟云》等长篇小说，内容是爱国、抗日、进步的。在阶级斗争为纲的日子里，他的投胎传教士家庭、读教会大学、留学美国德国、定居美国、用英文写作，这一系列行为都是“买办行为”。这样一个“买办文人”怎么可以与伟大的鲁迅出现在同一张照片上呢？伊罗生，美国人。1930年毕业于哥伦比亚大学。曾在上海参加《大美晚报》和《大陆报》工作，主编中英文合刊的《中国论坛》。选编中国现代短篇小说集《草鞋脚》，得到鲁迅、茅盾支持。1935年回美国后，在麻省理工学院从事科研和执教。据说他的思想和一些行为与托派有关联。

就因为这点，将他从鲁迅等人的合影中剪去，是“理所当然”的了。

自从《文艺新地》发表“五人照”以后，全国各地报刊，在纪念鲁迅的日子里，就常常刊出“五人照”，如笔者手头就有1956年10月15日出版的《文艺报》(半月刊)第十九号，10月16日出版的《萌芽》(半月刊)第十八号。上面提到的1957年出版的《鲁迅图片集》，当然也没有例外。直到北京鲁迅博物馆编辑、文物出版社1977年3月出版的《鲁迅》(照片集)、上海人民出版社1977年5月出版的《鲁迅图片集》，所采用的也都是“五人照”。据《鲁迅》(照片集)的实际编辑者周海婴、裘沙在《一部在逆境中诞生的文献》(1997年9月4日《中华读书报》)中说：他们在编《鲁迅》时是知道“五人照”原由“七人照”而来的，就千方百计搜寻“七人照”。“这张七人合影的原照，当年几乎没有人知道。许广平先生珍藏的四本鲁迅照相册没有，上海蔡粹盎女士保存的蔡元培先生的遗物中也没有，上海宋庆龄故居也没有。我们找了北京鲁迅博物馆，上海和绍兴两个鲁迅纪念馆，他们无论展出和收藏，也都是那张被涂掉了林语堂和伊罗生的五人照。后来我们知道此照片由杨杏佛先生拍摄，在杨小佛先生那里证实了这一点，但也未找到该照片的原照。最后，是唐弢先生帮助我们从他的收藏中找到的一张翻拍片（见《唐弢文集》10卷731页)。很可惜，这张费大气力找到的，很可能是唯一的一张幸存者，刊出时仍然按五十年代的惯例，又把它变成了一张五人照。”真是奈何奈何兮奈若何！这是1977年的事。原来，唐弢竟藏有“七人照”的翻拍照！唐弢是注重保存史料的鲁迅研究专家。他手头有“七人照”，而他主编的刊物只得用“处理过”的“五人照”，其无可奈何的心情是可以想见的。值得庆幸的是，“五人照”从他手里传播出去，而“七人照”也是从他手里传播到天下的。现在许许多多书、报、刊所用的“七人照”，都可能源自他的那张“翻拍照”。

那么，“七人照”是何时大白于天下的呢？那是1981年5月29日宋庆龄逝世，新华社发了一组关于宋庆龄的照片，其中一张是“七人照”。播发的这张照片说明的全文是：“一九三三年二月十七

摄于1933年的"七人照"

日，宋庆龄在家里宴请英国文豪肖伯纳等，并合影留念。前排左起：美国记者史沫特莱、中国现代著名教育家蔡元培、中国现代伟大的文学家鲁迅；后排左起：肖伯纳、宋庆龄、美国记者伊罗生、中国现代散文家林语堂。"从此，这照"七人照"才在祖国大地上完整地频频与世人相见，而且也为林语堂、伊罗生正了名。（林语堂作品集、林语堂传也就在我国大陆出版，他的名著《京华烟云》被改编成电视连续集在各地放映。据说伊罗生早已和托派没有联系，而且托派在苏联已得到了平反。伊罗生1980年应邀来我国访问时，受到友好接待。）这就是一张照片坎坷三十年的故事。

三　作假的照片还在流传

其实经历坎坷的鲁迅照片又何偿只有一张！好在历史有了正确的发展，许多被剪改的鲁迅照片正在不断地恢复原貌。然而这里还要提个醒：有些作假的照片还在流传。

最具规模最有影响的鲁迅照片集，终于在"文革"结束前后出版了。成绩和欠缺并存，惊喜和遗憾同时带给人们。谈鲁迅照片出版的掌故,不可能略去这些照片集。1977年3月文物出版社出版的《鲁迅》(照片集),收入鲁迅照片一百十四幅,是有史以来搜集鲁迅照片最多的集子。周海婴、裘沙在《一部在逆境中诞生的文献》中说:这部《鲁迅》照片集,“极大部分照片都是许广平先生生前——也就是鲁迅先生自己所珍藏的。”“海婴深感这批照片保存在自己手上极不安全,很希望能把它编集出版,公诸于世,这不但是最可靠、最安全的保存方法,同时也可以竟母亲的遗愿。”这部照片集在1975年年中就编出来了。它得到了原文物局局长、当时国务院“文物口”负责人王冶秋的赞赏,批示将它作为“纪念鲁迅逝世四十周年的献礼”出版。当时周、裘向出版社交了一份《几点设想》,其中写道:“某些合影照片,有的合影者后来起了变化,已经变成了反面教员,怎么办?我们认为:这正好反映了阶级斗争的复杂性和知识界经历了几次大分化这一历史特点。正如鲁迅先生所说:‘因为终极目的的不同,在行进时,也时时有人退伍,有人落荒,有人颓废,有人叛变。’因此,在照片上保留反面教员的形象,不予剪裁,对读者也是有教育意义的。建议在序言中把这个问题加以说明。”但是,即使有王冶秋的支持,他们的设想和建议还是得不到批准。结果,这本《鲁迅》有八张合照被剪去或涂掉了某些合照者。它们是:(一)1922年与爱罗先珂等合影,剪去周作人;(二)1923年与爱罗先珂等人合影,剪去周作人;(三)1927年在厦门与泱泱社青年合影,涂去林语堂;(四)1927年在上海与许广平、周建人等合影,涂去林语堂、孙福熙;(五)1933年与萧伯纳等人合影(即“七人照”),涂去林语堂、伊罗生(成人“五人照”);(六)1933年与杨杏佛、李济合影,涂去李济;(七)1933年与姚克合影,剪去姚克;(八)1936年与浅野合影,剪去浅野。从此,这八张残缺失真的照片就在社会上流传。

为什么要剪去或涂去这些人呢?林语堂、伊罗生,前面已有说明。周作人抗日时期落水当了汉奸,不必多说。孙福熙,孙伏园之弟,绍兴人。1919年经鲁迅介绍在北大图书馆工作。1920年赴法国勤工俭学。以后从事散文和美术创作。曾任北新书局和《贡献》月刊编辑。为鲁迅《野草》、《小约翰》等著译作封面。1957年被错划为右派。李济,清华学校毕业。留学美国。在清华、南开等大学任教。从事考古及人类学研究。曾任中央研究院历史语言研究所副所长。任中国民权保障同盟北平分会副主任(主任是胡适)。1949年去台湾,任史语所所长,一度任中央研究院代院长。姚克,浙江余杭人。翻译家、剧作家。1932年冬与斯诺合作翻译鲁迅作品,开始与鲁迅往来。他创作的剧本《清宫怨》,改编成电影《清宫秘史》,“文革”开始就受到批判。浅野,日本作家,笔名原胜,住大陆新村八号三楼,与鲁迅为邻,政治情况不明。这些人在“文革”中都可以被称为“牛鬼蛇神”,当然不可以与伟大的鲁迅出现在同一张照片中。

“文革”期间,还有上海人民出版社1977年5月出版的《鲁迅图片集》。它收入鲁迅照片十九张。其中涂改失真的两张:(一)与萧伯纳等合影的“七人照”涂去两人而成的“五人照”;(二)1935年与内山完造、野口米次郎的合影,剪去野口。野口,日本作家、教授,1935年与鲁迅交谈时,为日本军国主义侵华辩护,鲁迅当场予以驳斥。

“文革”后,人民美术出版社1981年7月出版了《鲁迅画传》(陈漱渝、张小鼎等编写)。既是画传,当然得介绍鲁迅生平,共八节:少年时代、南京读书、留学日本、回国教书、北京时期、任教厦门、奔赴广州、上海十年。又有七个专题介绍:鲁迅与古籍整理、鲁迅学习与介绍马列主义文艺论著、鲁迅与外国作家的交往、鲁迅与外国文学翻译、鲁迅与瞿秋白、鲁迅与版画艺术和木刻青年、鲁迅与劳苦大众和文学青年。六个专题介绍都排列在生平介绍之后,独有《鲁迅与古籍整理》插印在鲁迅生平的《北京时期》和《任教厦门》之间。为什么要这样编排,令人百思不得其解。画传之后,是十一篇千字左右的署名文章,总题为《纪念鲁迅学习鲁迅》。画传中有鲁迅照片、环境照片、文物照片、书影、手迹、美术作品。画传的说明文字有差错,如《南京读书》的第一张照片水师学堂遗址的说明是:鲁迅考入水师学堂,“从这时起,他取‘十年树木,十年树人’之义,改名为‘周树人’”。据周作人《鲁迅的故家》等记载:“周树人”、“周作人”的名字,都是他们进水师学堂之初,在那里任教的叔祖周椒生取的,怎么变成鲁迅自己"改名"了呢?这本画传收入鲁迅照片四十二张,由于我国政治形势已有变化,其中六张照片弥补了《鲁迅》(照片集)的残缺失真。它们是:(一)1922年与爱罗先珂等合影,不再剪去周作人;(二)1923年与爱罗先珂等合影,不再剪去周作人;(三)1927年在厦门与泱泱社青年合影,不再涂去林语堂;(四)1927年与许广平、周建人等合影的"六人照",不再抹去林语堂、孙福熙;(五)1933年与姚克合影,不再抹去姚克;(六)1933年与萧伯纳等合影的"七人照",不再抹去林语堂、伊罗生。但这本画传中仍然存在剪、涂的作假现象,如1933年与杨杏佛、李济合影,仍涂去李济;如创造社最初成员郭沫若、成仿吾、郁达夫、王独清合影,涂去王独清;又如未名社成员台静农、韦素园、李霁野、韦丛芜合影,涂去了韦丛芜。王独清与托派有关联,韦丛芜曾去国民党基层政府任职,在当年都被看成是什么"问题"了。

岁月攸攸,又过了十七年,鲁迅博物馆编著的《鲁迅文献图传》由大象出版社于1988年出版。它收鲁迅照片八十三张,其中弥补《鲁迅》(照片集)中残缺失真的照片六张,弥补《鲁迅图片集》中残缺失真的照片一张,弥补《鲁迅画传》中残缺失真的照片一张。但它收入的照片少,如没有收入"1933年与姚克的合影"、"1935年与内山完造、野口米次郎合影"、"1936年与浅野合影",因而这三张照片被剪改涂抹后收入《鲁迅》(照片集)、《鲁迅图片集》,没有能得改正和弥补。

令人瞩目的周海婴撰文的《鲁迅家庭大相簿》,于2005年9月由同心出版社出版。这本大相簿的优点是:(一)第一次发表鲁迅"四十七岁时照片"和《良友画报》记者拍摄的头像;(二)第一次注明了不少照片中合照者的姓名;(三)第一次披露了不少照片背面原有的文字;(四)第一次披露了极具历史意义的鲁迅题赠照片,如冯雪峰将离开上海去苏区时,鲁迅送他五十岁时拍的照片,照片上题写"雪峰惠存,鲁迅一九三一年八月十八日"。我们对大相簿稍感不满足的是:(一)收入鲁迅照片仅一百幅,太少,有的好像是有意不收的,如1923年与爱罗先珂等人的合照(鲁迅周作人并肩在一起);有的不知什么原因不收,如留学日本之初的“浙江同乡会摄影”;(二)个别照片有错,如北师大演讲的同一张照片,裁剪成一直一横的两张照片。

由于大相簿也存在欠缺,现存五种鲁迅照片集,形成谁也代替不了谁的局面。许多装帧者、编辑者乃至报社、杂志社、出版社的资料室,很少有五种鲁迅照片集齐备的,这就失去了相互对照的条件,以致剪改作假的鲁迅照片至今仍在流传。如团结出版社2004年出版的《鲁迅画传》,鲁迅与泱泱社青年合影中,林语堂仍被神话般地化为三块石头。2005年现代出版社的《鲁迅画传》中,鲁迅、萧伯纳的“七人照”仍是去掉了林语堂、伊罗生的“五人照”;鲁迅1922、1923年与爱罗先珂等人摄的两张照,仍然都被剪去周作人。我在此要向有关人员大喊一声:五本鲁迅照片集,不能不用,可要慎用啊!

四　另种性质的作假失真

前面所谈的大都是由于政治原因而不得已剪改涂抹鲁迅与他人合拍的照片。多年前又出现另种性质的即由于某种需要,而剪改作假的照片。例如,鲁迅与许广平从来没有过两人的合照,而鲁迅博物馆鲁迅研究室编的《鲁迅致许广平书简》(河北人民出版社1979年出版)的书前,赫然印着鲁迅许广平的合照,照片下的说明文字是:“与许广平合影。一九二七年九月十一日摄于广州。”其实,这是鲁迅、许广平、蒋径三的合影,将蒋径三剪去,鲁、许两人的合照就诞生了。(蒋径三是中山大学图书馆人员,曾对鲁、许多有服务,而且友好。)

又如,应内山完造之邀,鲁迅于1930年8月6日赴上海功德林菜馆参加漫谈会,会后与会的十八人合影。合影时鲁迅、郁达夫坐在一起。近年有人从这张合影中剪取鲁迅郁达夫两人,成了两人的"合照",在一些书刊上使用。其实,鲁迅郁达夫是好友,但两人没有拍过合照。

更为令人吃惊的是,2005年版《鲁迅全集》第九卷上,赫然印着《在西安讲学时合影(1924)》的照片,其实它是1926年6月13日拍摄的女师大欢迎新校长的师生员工合影的长卷照片的四分之一。将照片张冠李戴固然令人意外,更令人深思的是:为什么又剪照片?剪下这四分之一的长卷照片原是派什么用场的?实在令人费解。无独有偶,2005年版《鲁迅全集》第七卷上,又赫然印着不是原刊的《浙江潮》封面照。原版封面上印有正在放光的灯塔、"癸卯年第一期"等字样,都被抹去。堂堂的出版社出版的堂堂的鲁迅全集,竟然印着剪改失真的照片,这给读者带来了多少遗憾!

与许广平合影
一九二七年九月十一日摄于广州

最后,必须谈到笔者个人的遭遇。1991年,《上海滩》杂志约我写篇鲁迅与许广平的文章,责任编辑要我提供照片。我借给她《鲁迅》(照片集),并夹了纸条,建议采用鲁迅、许广平、海婴的三人照。文章刊出了,当我收到样刊时,真是"大跌眼镜":"三人照"采用了,另外还采用了鲁迅、许广平与周建人等1927年拍的"六人照"而涂去了林语堂、孙福熙。我和陈九英合著的《鲁迅与许广平》于2001年出版,书中有一幅整页的鲁迅、许广平、蒋径三的三人照,后几页

的题底又印有剪去蒋径三的鲁、许的“合影”。虽然读者可以明白后者是前者的局部，但这总也是对鲁迅照片的剪改。我们看到时，已无法改变。2006年我和陈九英合编《郁达夫谈鲁迅全编》(已由上海文化出版社出版)，版面设计编辑从鲁迅等十八人在功德林素餐馆合照中，剪取鲁迅郁达夫而成的两人“合照”，我们见到了，与责任编辑、版面编辑商量，没有采用。正是这些我所遇到的情况，促使我写本篇文章，以向广大的书报刊装帧编辑、美术编辑、文字编辑呼吁：应尊重和珍惜鲁迅照片的原貌！不论出于何种原因，剪改涂抹鲁迅照片的做法都应该叫停！我不希望我这篇文章在数年后再来写续篇！

关于《好文章》及其作者小考

谢其章

我买《好文章》时只是因为自己没有这本杂志，价钱低也能接受，到手后并没有像以往收到旧刊物那样查查刊物背景，办刊宗旨，哪些作者，有无资料，这两本《好文章》(我先买到的是第一、二辑)实在是太平常了，登完记也就冷置了。某天电话中与止庵先生闲聊，他说到《好文章》里有周作人的文章。我怎么没注意呢，赶紧又把《好文章》重新捋了一遍，没找到周作人，有点失望，可还是启发了我一个想法，不该轻率地放松对貌不惊人的刊物的追踪。不久，追踪有了回报，我的一位上海老年书友藏有全套四期《好文章》，我们交往已五六年，他把《好文章》寄到北京。老先生对旧期刊的熟知程度及私藏之丰富我感觉就是专业人员也比不上，还有一点，他是旧期刊的同代人，刊海沉浮，亲闻亲见，许多杂志老先生当年是一本一本按期买的，这样他对刊物的时代背景的

真切了解，当然远胜我这样的隔代的“隔靴搔痒”的爱好者。老先生经常在信中批评我对某些旧刊物背景的定位和误识，除了姜德明先生，老期刊版本上对我教益最大的也就是这位老先生了。他虽然从未在报刊上发表过这方面的文章，可是他给我的这封信，实在是胜过许多期刊研究之“大作”。

其章先生：您好，三月底收到大札，又是一个多月了，乏善可陈，又懒于执笔，至今未写回信，歉甚。今天上午忽接先生电话，蒙垂询《好文章》作者笔名的猜测(谢注：老先生在《好文章》粘一纸条，写有他的猜测，如辛奥——金性尧；怡然，司徒然——陶亢德；吴商——柳雨生(柳存仁)；岳得，无得——纪果庵等等)，根据什么？因事前没有准备，临时应对，只能凭记忆所及略抒己见，事后稍作补充，供先生参考。

《好文章》文章分两个类型，一部分是名家已发表过的文章(或单行本)的重刊，另一部分是特稿，关键是这些特别组织的稿件没有一篇熟悉的名字，但看其内容，却又合本人口味，因而见即购之。此刊是解放前几个月才创刊的，那时一切刊物都已奄奄一息，忽然又新出一种《好文章》，本是一件令人感到奇怪的谜，这个谜团过了四十馀年以后，才续渐明朗起来。首先在周作人热潮中，周的各种作品重新出版，发觉《好文章》中有多篇出现在《知堂乙酉文编》、《过去的工作》和《周作人佚文集》中，才确知当年在《好文章》中出现的“丁鹤生”“王寿遐”“孟开舟”“十鹤”原来都是周作人的化名。之后我又在1992年四月号《民国春秋》双月刊中发现一篇《周作人出狱之初》的文章，才知道《好文章》的来龙去脉。原来在解放前夕，周作人由其弟子尤炳圻保释出狱后到上海四川北路福德里（横滨桥南侧)他的家中，此时一批抗战胜利后以汉奸罪入狱的如陶亢德、柳雨生也都获得释放。为了解决他们的生计，有个出版社愿意为他们出版一个小本子丛刊，条件是：内容不得触犯时忌，不能用真名，不料创刊号一出，销路不差，据说共出版五集(但我只买到四集,关于这一点我尚有疑问,第四集是1949年2月出版的再过两个多月上海就解放了,这第五集是否出版过只能存疑了)。

根据这篇文章的启示,这些特稿的作者真相就有条件可以逐渐明了,因为可以将符合条件的那些落水作家,根据作品的内容逐个对号入座:"怡然"是陶亢德的化名,因为他写的有关邹韬奋的文章,别人都对不上号,陶曾经在二三十年代邹主办《生活周刊》时作过邹的助手。"吴商"必是柳雨生的化名,他那篇《沦陷日记》内容就是柳雨生的当年活动纪录。"无得""岳得"和"吴庸"曾在《好文章》发表《所得录》和《罔且殆哉劄记》,其文字风格和当年《风雨谈》上纪果庵的《风尘澒洞日抄》《不执室杂记》类似,都是文言的读书笔记,而且,"吴""无"南方口音相似,纪的本名为"纪庸",那末"吴庸"一名更要算到纪果庵头上了,不过"吴庸"还有长篇连载的译文特稿《奇人奇事录》,若此说成立,纪果庵也有译文发表,那是异乎寻常的。这些猜测是否合乎情理?虽已大胆设想,还望先生继续补充证据,以致进一步证实。(谢注:老先生后又有长信,修改了"吴庸"是纪果庵的推论,认为"吴庸"更可能是另一位作者吴实斋(实斋)的笔名。)"朱庵"是"铢庵"的同音,而后者在三十年代《人间世》上发表文章都用此名,而且在沦陷期间才改用"瞿兑之",估计不会有错。"镇岳",我认为是"赵尊岳",他在《古今》上用赵叔雍署名写的《人往风微录》连载多期,他是汪伪上海特别市政府的秘书长,凡在沦陷后上海的人们都熟知此人,不会有错,而况文章内容也是二三十年代政坛掌故。此外金性尧取名"辛奥",先生已写过考证文章,令人信服,不详谈了。"一士"为"徐一士","季木"为"许季木",那根本不算用笔名,一目了然。"文基""何文基",我怀疑即是当年《宇宙风乙刊》《天下事》等"孤岛"期刊中的翻译能手"何文介"(有时用"何浑介"),不知确否。

先生既然对《好文章》的作者署名,考证出其真相感到兴趣,我上面的这些可以供先生参考,但还需进一步核实补充证据,同时还存在不少问题需进一步探索,例如还有部分特稿的作者署名还是空白,如"叔异""查子仁""周歧隐"等等,很可能就是上面提到各人的另外"别名",但需证实。至于译稿的署名,也同样有不少老手,我没有化工夫去探索,同时数据也不在了。我还认为还有几位"知名人士"没有考证出来,例如:周黎庵,周越然,苏青……他们虽未被捕,但也迫于形势,不便用真名写作,为何没有出现呢?其它如实斋、周班公、谭正璧、谭惟翰等也同样可能用其它署名出现在《好文章》内,均需有待继续探索。幸而目下当事人尚有健在者,虽多已逾耄耋之年,是否有条件获得他们的"一言九鼎"呢。

先生的电话,引起了我的好奇,化了二天工夫草了上面一些内容,但我感觉,这项工作以前很少有人注意到,是研究旧社会文坛的一个空白,值得继续探索。先生今后如有新的发现或有纠错内容,烦请告知。专此匆匆,即祝撰安。钊敏五月十七日。

又,《藏书家》12期,不知何日出版,上海尚未出现此期。因有先生精彩文章的下编,望告之,以免失之交臂。《民国春秋》的那篇文章,我查到的是当年阅后摘要,原文估计有,但不在手边,如先生需要,须待之异日。

现在回过头看,前二期是试探性的,后二期才是办刊的真实意图(或说是效果)。抗战胜利后,那些在沦陷时期写作很多露面很多的文人,如何度过生活和写作两个关卡,似乎反映这方面的正面材料很少。好像到了四八年,这些文人化名写作的多了,才使人感到他们还存在还能写,周边环境似乎也比胜利初期宽松,或者说有更现实更急迫的事务使得舆论暂且忽略了这些文人的存在。

名称《好文章》的杂志我知道的有两种,两种都出自上海,一种是1936年创刊的,至第二年8月停刊,总出十一期,是文摘性质的刊物,没什么可说的。另一种《好文章》是不定期的,总出四集(1948

年8月至1949年2月)，小本，每期百馀面，第一集(版权页作"甲集")特殊些，一百四十面。这本《好文章》有很多可议(可疑)之处，它的外型和版式都不像常规的杂志，没有一点美编的迹象，从头到尾只有字(惟一的变化就是目录的字号比内文大一点)，没广告(只作过徐一士著《一士谈荟》一次，但实在不像广告，倒像补白)，没主编或编辑的名字，只署"好文章社"(社址第一期在"上海南京路慈淑大楼五二三号"，后面三期就是"上海东长治路二八八号"了)，没发刊词，编后记云"这是一个新的尝试!集古今中外，作的译的选的好文章于一集。我们第一注意的是作，曾经分请国内有地位的作家撰稿"，这后一句话很可疑，请的名作家在哪呢？且将第一集的目录抄给大家看："最早的一部官场现形记/朱庵；社会上有好人/唐芝轩(摘自5月13日上海《大公报》)；我乡的绿林好汉/何尚(摘自《论语》第八十期，1936年1月16日)；人种无优劣/自浣(原载beadoradigest 1946年九月号)；所得录/无得；奇人奇事录/吴庸 (wlliiam f me dermottand karl detzer)；扇子的艺术/丰子恺(转载《艺术漫谈》，人间书屋出版)；庐山游记/胡适(摘自《庐山游记》)；霍乱菌的故事/恺悌；狗像人的地方/三人(摘自《西洋杂志文观止》)；庄蕴宽外传/镇岳；训子书/文基；新疆女儿/纪陶(摘自《新闻天地》第四十二期，1948年6月)；拿破仑的晚年/季木(注：据老先生考证，此文原刊1944年2月《天地》杂志，转载时有删节)；舐犊情深/云玖(摘自《在英伦前线》一书，原作者v.brittain)；爱花谈/何若(摘自《何若杂文》)；苏东坡传/林语堂著，何义基译；编后记"。

如此杂乱无章的编排，一望而知是在胡乱拼凑，编者是故意这么作的(这种故意在当年读者是看不出来的，因为破解某些化名在当年做不到，多少年后某些作者的化名才被读者所知)，编者在制造混乱，只有把那些化名者一一还原真身，编者的真正用意才会显露。为什么这么多作者要用化名(有的连笔名都算不上)，不用本名？那就是有不可人知的事。胡适、林语堂、丰子恺是"有地位的作家"，但在当时都不大可能给《好文章》写稿，个人的情况国家的情势都不可能(胡适在北大忙着呢,林语堂在美国),他们的文章都是摘来的,编者用名人作障眼法。

直到《好文章》出现了周作人的文章才不同寻常起来,才使得有有心人下功夫考证某些化名的原身,才使人联想到有必要问一问这本杂志出版的真实意图。终于,这个谜团,接近解开了,有了个说得通的说法,可是这个说法再也无法得到当事人的确认了,他们多数不在了,我知道还有一两位尚在,但人家九十往上的岁数了,还是算了罢。

周作人的文章在《好文章》第三集出现(《五十年前之杭州府狱》,署"丁鹤生",文尾落的写作日子是"三十七年九月",即1948年9月,此集出版于1948年11月,此时周还在南京老虎桥狱中,文章如何到的上海?止庵《苦雨斋识小·乙酉文编考》有云:"《五十年前之杭州府狱》曾刊于《好文章》1948年第三集(十一月),篇末引自作《花牌楼》诗,作于丁亥(一九四七年)暑中,文章当写于此后。"这是相当细心的推论,而钟叔河张菊香张铁荣等只看到此文收入《知堂乙酉文编》,就想当然的把写作日期系在1945年(乙酉)了,同样是没看到《好文章》原件,胡适说的"读书当于不疑处疑之",有些同志没做好。

在《好文章》第四集(1949年2月),有周作人三篇文章(《希腊运粮记》署"十鹤",作于1948年10月;《孔融的故事》署"孟开舟",未署写作日期;《谈胡俗》署"王寿遐",未署日期)。这三篇中,《孔融的故事》,止庵与钟叔河诸位均未见过《好文章》原刊,但后者仍沿袭了前面说的那个"想当然",还是止庵说了:"惟《孔融的故事》一篇写作时间难以推测,《小说的回忆》中曾摘引此文,说是'我近时说过一节话',当写在后者之前,然而不宜因收入《乙酉文编》,即轻言是那一年的作品。"(《苦雨斋识小·乙酉文编考》)周作人为发表《孔融的故事》而使用"孟开舟"这个笔名,似乎还没有人在研究周作人时提起过。

只有把《好文章》四集全部看过,事情才能看得比较清楚——

这是不是一本值得深究的刊物,到底是谁主持的这本杂志,是不是当年惟一的专门为了给此类特殊文人以出路而创办的杂志。另一本叫《子曰》的杂志比《好文章》做的张扬得多,后来的《亦报》也有同样的思路,既便不纯是为了吃饭,文人也需要发表的空间。

《好文章》四集除了摘译文的作者,另有查子仁(第二集《一谈顾孟余》作者)、许桐华(第二集《华尔街的神秘人物》作者)、叔异(第四集《怪现状一脔》作者)、周歧隐(第四集《浙西奇境白塔洞》作者)对不上号。查某数据周歧隐是位名医,浙江人,但是不是同一个人,存疑。《好文章》上的周歧隐自言:"近编两浙名胜考,凡吾浙名区胜地……无不详为记述,积稿二十万言。"又称:"近得浙江通志馆同事徐映璞君见示其白塔洞游记……爰为迻录,以飨读者。"可见两个人虽是同乡,但干的行业相距太远,似乎仅是同名同姓而已。剩下的三人,许桐华的文章可能是译文;"叔异"是不是陈绍闻(1912年生人,字叔异,1940年毕业于中央大学经济系,五十年代初在复旦大学任教),待考;查子仁谈的顾孟余是位中等名人,查说:"我和顾先生,风马牛不相及这句话正用得着,我久居南边,他是河北省人。"

《好文章》中以柳雨生的《沦陷日记》(刊第三集)最为胆大,最为直接,把别人都不愿再提的那段经历细致入微地记录下来,自1945年1月1日至2月12日,共四十天的日记,虽多记个人生活琐事,正可见社会情势,如物价(柳称他月入六万元只抵战前五十元。此时黄金七万八千五百元一两;四个人吃一顿席"两虾子,醉蟹一,大鱼头豆腐,白蹄,烧菜心,又酒饭,共九千馀元";"配给纸每令将至万八千一令";"余雇洋车回家,价五百,外加一百")、空袭、交通、书业、食品等。当时柳主政太平书局,还主编《风雨谈》杂志,可惜这些内容不曾载入,只2月2日记有"今日余赴福建路某书肆购木板书共十馀册,价约四千,贮以此为纪念。明日书价又增。折返肆中,知上月份开支计九十馀万,殊可惊人,未来长策之不筹,将伊于胡底耶"。此处的"肆中"当为太平书局,另有数处"至肆"的记录,但皆一笔带过,不详其事,柳的日记估计后来有所增删才拿到《好文章》发表。

《沦陷日记》所涉彼时书人书事者,有我感兴趣的,摘录一二:“一月八日,星期一,晨起窗外俱白,大雪飞舞。街道泥湿,清道夫绝迹,忽忆周启明有两个扫雪的人(民国八年一月十三日作),见《初期白话诗稿》。今日盖已无如此勤洁之人矣。”“一月十一日,星期四,绛老函欲买北新版《风雨谈》《秉烛谈》,赴福州路亲为搜求寄赠之,价九百三十馀元。”“一月二十四日,星期三,某君言国光印刷断电,《大众》及《语林》均停中。夜访君浩,未遇,在忠清处。读起架上《自己的园地》,《雨天的书》,《谈龙集》,《永日集》,《瓜豆集》,《泻泽集》等。”“一月二十八日,星期日,十时半起,漫步去看极司非尔路旧书摊,予欲购林译《孤星泪》,二小册索价三百,未买。”“二月八日,星期四,午后二时偕盛武及L,Z步马路,买《大众》二月号(注:此期有柳雨生文《三考记异》),三百元,以赠L君。晚过LZ室,见一人寂伏看书,则《传奇》也,云楼上众人围炉殊扰扰,不如冷处为愈。”

《沦陷日记》不大合“有个出版社愿意为他们出版一个小本子丛刊,条件是:内容不得触犯时忌”的说法,倒从另一面说明老先生推测《好文章》的幕后编者是陶亢德和柳雨生,不无道理。

明王海潮《五经会解》全套的发现

车锡伦

周启晋先生出身书香名门世家，是已故著名文史学家周绍良先生的哲嗣。周老生前收藏许多孤本、善本明清宝卷。笔者研究宝卷每多获得到周老的指导和关照。启晋先生继承先人遗志，继续发掘、收藏宝卷，每有所获，笔者常先睹为快。近期启晋先生入藏明王海潮编著、民国初年石印本《五经会解》(书口题)一套，是笔者迄今所知该书仅存的一部全套，弥足珍贵。此书用当时价格低廉的竹纸印刷，历近百年，纸已黄脆，不能翻检。启晋先生不惜重金请高手装

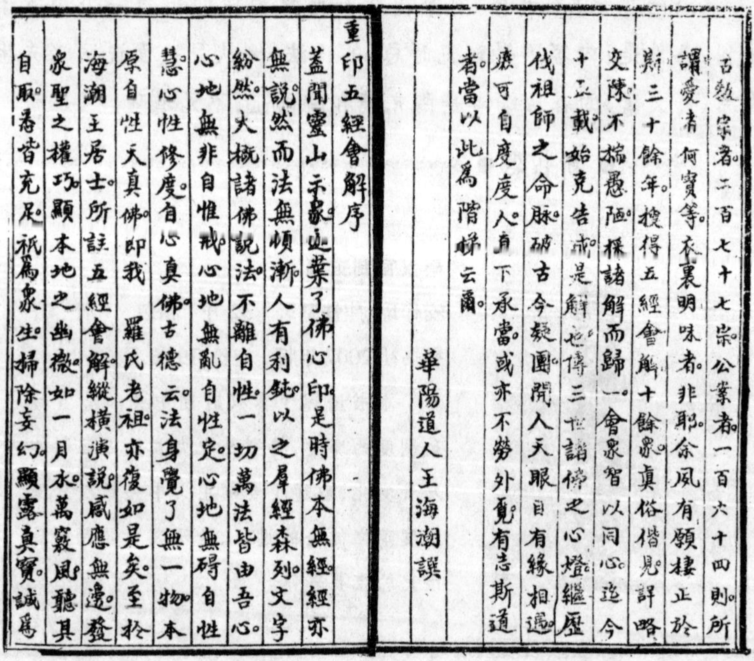
古教宗者二百七十七宗公案者一百六十四則所
謂愛者何實等衣裏明味者非耶奈風有願棲止於
斯三十餘年搜得五經會解十餘衆真俗借見評略
交際不揣愚陋採諸解而歸一會衆智以同心迄今
十五載始克告成是解也傳三世諸佛之心燈繼歷
代祖師之命脈破古今疑團開人天眼目有緣相遇
庶可自度度人直下承當或亦不勞外覓有志斯道
者當以此為階梯云爾
華陽道人王海潮譔

重印五經會解序
蓋聞靈山示衆迦葉了佛心印是時佛本無經經亦
無說然而法無頓漸人有利鈍以之群經森列文字
紛然大概諸佛說法不離自性一切萬法皆由吾心
心地無非自性戒心地無亂自性定心地無礙自性
慧心性修度自心真佛古德云法身覺了無一物本
原自性天真佛即我　羅氏老祖亦復如是矣至於
海潮王居士所註五經會解縱橫演說感應無邊發
衆聖之權巧顯本地之幽微如一月水萬壑風聽其
自取吞當充足祇為衆生掃除妄幻顯露真實誠為

帧一新，使这部珍本文献得以保存、使用，功莫大焉。

《五经会解》是明罗清《五部六册》的注解本之一。罗清(又名梦鸿、无为道人等。1442—1527)，山东即墨人，隶军籍，年轻时即到密云卫古北口(在今北京市密云区)当兵。与一般农民出身的士兵不同，他为追求解脱“无常生死”之苦，参学修行、“苦功悟道”十三年，于成化十八年(1482)“开悟得道”，创无为教(后人又称“罗教”)。正德初年(约1500年后)由罗清口授，信徒记录他的宗教理念，整理成五部宝卷：《苦功悟道卷》、《叹世无为卷》、《破邪显正钥匙卷》、《正信除疑无修证自在宝卷》、《巍巍不动泰山深根结果宝卷》(其中《破邪显证钥匙卷》二册，故世称《五部六册》)，刻印流传。这是中国宗教发展史上的一件大事。明代中叶以后众多的民间教派大都受《五部六册》的影响，或编制宝卷，或以《五部六册》作为宗教宣传的布道书[①]。同时，《五部六册》对明代中叶后佛教界也产生巨大影响[②]，嘉靖、万历后许多佛教僧众和在家居士，成为罗清的信徒。为《五部六册》作注解者，已知有四家：一、兰风和尚评释，其法嗣、自称“临济宗第二十代”王静源补注的“开心法要”本，初刊于万历二十四年(1596)。由于南传罗教及清代斋教(龙华教)一直将这部注解本奉为经典，刊本流传较多。二、明华阳居士王海潮会解、中岳少室沙门海滨较正“五经会解”本，即今启晋先生发现的民初石印本。前此仅存明崇祯刊《正信除疑无修证自在经会解》、《巍巍不动太山深根结果经会解》两部。三、清渔阳居士王尚儒注，王宗礼重录“句解”本，存清康熙刊本。四、本如大师注释“开心决疑”本，存清道光三十年(1850)重刊本。

《五经会解》的编者王海潮，生平事迹失载。各卷卷首题名“金陵华阳居士王海潮会解”，说明他是佛教居士，金陵(今南京)人。首部《苦功悟道经会解》卷首载王作《初刻五经会解序》说：“盖闻诸佛出世，为一大事因缘。随类现形，酬还本愿。至于祖祖传灯，令一切众生议自本心，明心见性，成佛其间。机用虽各不同，要以引导群迷，而登之正觉也。逮正统年间，罗大士诞之山东即墨，苦行北京密云。在欲无欲，居尘出尘，一朝梦光得悟，开示五部大乘：……余素有愿，栖正于斯。三十馀年，搜得《五经会解》十馀家，真俗偕见，详略交陈。不揣愚陋，采诸解而归一，会众志以同心。迄今十五载，始克告成。是解也，传三世诸佛之心灯，继历伐(代)祖师之命脉，破古今疑团，开人天眼目。……”序末署“华阳道人王海潮撰”，未署年代。同卷卷首载朱之蕃序，署“万历戊戌二十六年”(1598)，则“会解”成书在此前。王序云“三十馀年”，说明他编著此书起意在嘉靖(1522—1566)末年。罗清已于嘉靖六年(1527)去世，王不可能见到罗清。但从王序和“会解”的内容看出，王对罗清极其崇拜。王序及各卷卷首题名，均讳罗清名，尊称为“罗大士”(卷首题“明金台雾灵山罗大士著述”)。在佛教界，“大士”为菩萨之通称。

在嘉靖、万历间，《五部六册》的“会解”是否如王序所说有“十馀家”?难以考实。王的“会解”，《五部六册》各卷不再称“卷”、“宝卷”，而改称“经”。“会解”按照佛教“讲经”的形式，每“经”卷首，先讲解“经题”，次“总纲”；经文分前“序分”、中“正宗分”、后“流通分”三部分。“会解”文，主要是阐述经义，兼及解释个别词语。引用有关文献，都是印证经义和解释某些故实，如《正信除疑无修证自在宝卷》第六品说无极祖化现为“贤人”劝化众生，提到许多传说人物，“会解”引“劝善书”、《焦花传》、《七宝故事》等说明这些故事。这类民间文献，现在都不见流存。

王的“会解”有多处删改了《五部六册》原文，如《巍巍不动泰山深根结果宝卷》第二十四品，批评成化年间流行的佛教宝卷和经卷有“外道”的“言语”、“邪宗”，提到有《科义卷》、《地藏卷》、《法华卷》、《心经卷》、《六祖卷》(即六祖《坛经》)等二十馀种；只肯定了《大乘卷》(《大乘金刚宝卷》)、《圆觉经》(《大方广圆觉修多罗了义经》)、《金刚经》、《心经》是“正道”。这一段韵文近三十句，全删掉了。改动原卷的文字，因手边没有《五部六册》刊本，不能比较。王为什么如此大量删改罗著《五部六册》原文，值得研究者去深入研究。

从“会解”文，看不出嘉靖、万历年间无为教和其它民间教派已经在宣扬的“无生老母、真空家乡”教义的说词，而编者将《五部六册》视为“传三世诸佛之心灯，继历代祖师之命脉”的禅宗经典，这也是“新科状元”朱之蕃乐于为它作序的原因。

朱之蕃《罗祖五部经序》，亦载《苦功悟道经会解》卷首。朱之蕃(?—1624)，字符升，一作元介。山东茌平人，入籍江宁(今南京市江宁县)。明万历二十三年(1595)乙未科状元，授翰林院修撰，官至吏部侍郎。万历三十三年(1605)曾奉命出使朝鲜。著有《使朝鲜稿》四卷、《纪胜诗》一卷、《南还杂著》一卷等，编选《诗法要标》三卷。朱兼工书画，所作《君子林图卷》(作于泰昌元年，1620)，现藏故宫博物院。朱序末署“万历戊戌(二十六年，1598)中秋赐进士及第翰林院国史修撰承务郎朱之蕃书”，序末有摹写的篆文“朱之蕃印”、“状元及第”印章。王海潮请这位“新科状元”作序，自然是借助其名声。从朱之蕃长达一千五百馀字的序文看，他认真读过这部《五经会解》，认为它是佛教禅宗的一部重要经典。序中说：禅宗“列圣友分，诸宗瓜□，□皆冥契一心，绍隆三宝。求其真指了洁之奥义，显阐□烁之窍言，作渡海之慈航，为破昏之慧炬，则无如我朝罗祖所著五部真经焉”；罗祖“点化本来面目，证明不动虚空；仿依四圣宗纲，开为五部经卷。……言言入壳，字字印心，诚慧业之文人，信佛门之开示”。序文的主要篇幅是激扬罗清的“虚空”观。据罗清《苦功悟道卷》所述自己因“惧怕无常生死之苦”，而参学悟道，悟得“虚空老真空”，“才得自在纵横，里外透彻，打成一片”，达到最高境界。

据罗清门徒所作罗清的传记，1527年罗清去世后，曾为他在密云卫建十三层“无为塔”。此塔于清乾隆三十三年(1768)被官方拆毁。《苦功悟道经会解》卷首所载“北京众士赞祖塔之文，请利(刊?)在经，是众闻而嘉信”，录这座“祖塔”的赞文和诗，作者有翰林院中书鹿成王秉忠等三教名流多人，末附礼部侍郎朱之蕃的赞诗。上述三教众人的赞颂，可见罗清的无为教及其《五部六册》，在明嘉靖至万历年间，在儒、释、道各界都有广泛的影响。

关于王编《五经会解》最初刻印和这套石印本印刷的年代，可以结合在一起谈。现存刻本《正信除疑无修证自在经会解》，系明崇祯二年(1629)南京句容县信女孔氏助刻;《巍巍不动太山深根结果经会解》亦刻于崇祯二年,上卷句容县信士强守礼等助刻,下卷张廷珠等助刻。石印本《破邪显证钥匙经会解》上卷末有“书牌”,题“南京应天府句容县奉佛弟子张世芳同妻徐氏男张尚德发心助刊《破邪会解》上卷,……崇祯元年(1628)正月上元日刊”。这个书牌是石印本依底本画出。由上述三部“会解”的题识,可知《五经会解》最初刊于崇祯元年至二年(1628—1629)。这个时候王海潮仍在世,估计年纪已经近九十岁。他本是金陵人,请了入籍南京江宁的状元朱之蕃为《五经会解》作序,最后由南京句容县的信徒们捐资刻印了这部书。这也说明王海潮一生大概都在南京一代活动。

南京應天府句容縣奉佛弟
子張世芳同妻徐氏男張尚德
發心助刊破邪會解上卷
上報四重恩下濟三塗苦惟願
見聞者悉發菩提心佛光常往
照三業盡永清存亡皆吉慶祖
道永隆興
崇禎元年正月上元日刊

破邪顯正鑰匙經上卷會解 上卷上册終

这套石印本《五经会解》所据的底本,不止一种。上文提到《破邪显证钥匙卷会解》底本是崇祯元年刊本。《苦功悟道经会解》卷首在朱之蕃序后有“红日为记”,下为题识“北京党尚书家铜板/原样今姑苏经坊徐/涵辉捐资校正重刻/印造红日招牌为记”。“北京党尚书家铜板原样”是虚张声势[③],实际上它是由“徐涵辉捐资校正”,由这家苏州的“姑苏经坊”根据明崇祯刻本重刻的。重刻的时间是清代,因为本卷卷首所刊“北京众士赞祖塔之文”末,另附有“校正重刊,谨赞”云:“大清一统,洪福齐天,……”。这个清代姑苏经坊原刊本,今未见。

石印本《苦功悟道经会解》卷首载邑南乡人吉居士《重印五经会解序》称,石印本的集资印刷者,是“晋阳南”的“懿范之士”,即山西太原地区的人士。因为“资乏枣梨”(木刻),而石印“成经便捷”,历时“寒暑有五”(五年),共印了二百馀部。序文未署年代。石印本卷首载“御制”“十六条规则”,即清康熙九年(1670)颁发的“上谕十六条”。雍正皇帝将康熙“上谕十六条”,“寻绎其义,推行其文”,作《圣谕广训》。自雍正以下,历朝政府均有政令,令各地“宣讲圣谕”。清代的民间教团也以“宣讲圣谕”为幌子讲唱宝卷,今江苏靖江佛头做会“讲经”(讲唱宝卷)开始敲一记“佛尺”(醒木),大声一句:“圣谕!”即为此风之遗留。《五经会解》将康熙“上谕十六条”置于卷首,其渊源即如此;但改称“十六条规则”,则说明这部石印本出版于民国初年。民国年间,各地石印本宣讲“圣谕”(如《宣讲集要》《宣讲拾遗》等)印刷很多,卷首均载康熙“上谕十六条”。本书讳言“上谕”,可能是在民国改元之初。

笔者客居北京,手边无可参考的书籍,只能将启晋先生入藏的这套石印本《五经会解》简介如上。进一步的研究,尚待来者。

注:

①据笔者调查,直到近现代,江苏靖江佛头“做会”时,“大乘作”“讲经”(演唱宝卷)仍演唱《五部六册》。

②晚明佛教大师如憨山、莲池、密藏等都曾著文批评罗清《五部六册》及其注解者为“外道”。当代研究者已注意研究罗清《五部六册》为什么对佛教信徒产生巨大影响?如释见晔《以罗祖为例管窥其对晚明佛教之冲击》,载《东方宗教研究》,台北,新五期,1996。

③据明清民间教团传说,正德初年初刻的《五部六册》系“铜板”,但至今未发现此“铜板”的印刷本。

翁方纲写《金刚经》

——兼驳代笔说

沈　津

大约是中国的佛教文化博大精深,以及统治集团的特殊需要,清代康熙、雍正、乾隆三代帝王都提倡信仰佛教,极力支持佛教典籍的整理刊刻,甚至虔心发愿,端楷缮录佛经,以表达向佛之心。俗话说,"上有所好,下必甚焉"。于是朝廷中的大臣们,薰香沐浴,诚惶诚恐地恭楷写经进呈御览,也是常有的事。

现今存诸北京故宫博物院图书馆的清代帝王及名臣写经还有一些,都是装潢考究,精美华丽的写本,如清康熙三十七年玄烨写《药师琉璃光如来本愿功德经》一卷、康熙五十四年玄烨写《金刚般若波罗蜜经》一卷、乾隆十二年弘历泥金写《白衣大悲王印心陀罗尼经》一卷、乾隆四十六年弘历写《佛说文殊师利巡行经》一卷等。至于名臣则有于敏中写《大乘显积经》二卷、王际华写《维摩诘所说经》三卷、沈初写《佛说普门品经》一卷、陈邦彦写《佛说阿弥陀经》一卷、和珅写《佛说无量寿经》等。

然而各种写经中,书写得最多的应该是《金刚般若波罗蜜经》,即《金刚经》。《金刚经》为《大般若经》六百卷中的一卷,是记录释迦牟尼佛和他的大弟子须菩提问答对话的一部经。禅宗五祖弘忍大师教人受持此经即可见性。六祖惠能大师聆闻至"应无所住而生其心"时,因而大彻大悟。其后,禅门更藉此经印心,净土宗诸祖并劝上根人受持此经,以期上品往生。持诵此经遂成为佛门中重要日课之一,是佛教中诵读、受持、书写、流通最广的一部经典。

有清一代,书法家辈出,如若说书写《金刚经》成帙最多者当推翁方纲,这是无可置疑的。方纲,字正三,号覃溪,晚号苏斋,北京大兴人。乾隆十七年进士,历官乾隆、嘉庆两朝,官至内阁学士。在乾隆、嘉庆间,翁的书法颇负盛名,所谓清代四大书家“翁(方纲)刘(墉)梁(同书)王(文治)”,他位居第一。他的书法,初学颜真卿,继习欧阳询,其临写的《化度寺碑》,可窥功力之显著。刘承幹序《复初斋诗集》云:“大兴覃溪翁先生,以碑版题跋之学震烁当世,藻鉴家倚为斗极,今尚流风未沫也。工书法,尤足奔走海内,虽诸城之雄厚,丹徒之华润,钱塘之秀挺,艺林次其高下,称翁、刘、梁、王,翕然无歧声。”

翁方纲写《金刚经》,是有记载的。上世纪六十年代读张廷济《清仪阁题跋》,中有“翁覃谿学士楷书金刚般若经”一则,云:“大兴翁学士覃谿先生早年不谭释典,中年病癃,颇资佛力,遂极崇信。此乾隆五十一年丙子,先生年六十四,写法精紧,纯从《化度寺邕禅师碑》出。”那也就是说,翁氏在乾隆五十一年即已书写《金刚经》了。七十年代后期,我曾在浙江图书馆读到了一册辑有多位乾嘉学者往来手札的《朋旧尺牍真迹》,其中有嘉庆十五年四月翁方纲(时翁七十八岁)致石韫玉札,有云:“昨接阮公[元]札云,云林经藏,先以拙集为之缘起。此愚初想不到者,念拙诗得与香厨庋阁,曷胜惭悚。意欲将今岁所写《金刚经》一部,再求代送寺中,以忏悔劣诗罪过。此部经写尚未讫,未知可候阮公之便,托其箱箧奉上?”

在上海图书馆,我也读到了嘉庆二十二年八月二十八日翁方纲致铁保札,云:“再有欲奉劝者,如有禀请尊大人台安家报,乞为谆致,如临池作字时,何不专写《金刚经》,如不写细楷,即装册作界格,随意或一寸内外之楷皆可。日写此经,即日诵此经。方纲每年写四部,写一部讫,即再接写一部,其功益无量,消灾积福,不能一言尽也。古人如东坡,如董香光,皆多写此经,但每见此二先生墨迹,内中尚有脱误(今见尊刻临帖内亦然)。大约每写一行即细校一遍,每写完半部即细校一遍,写完一部再细校一遍,昔人谓作字甚敬即

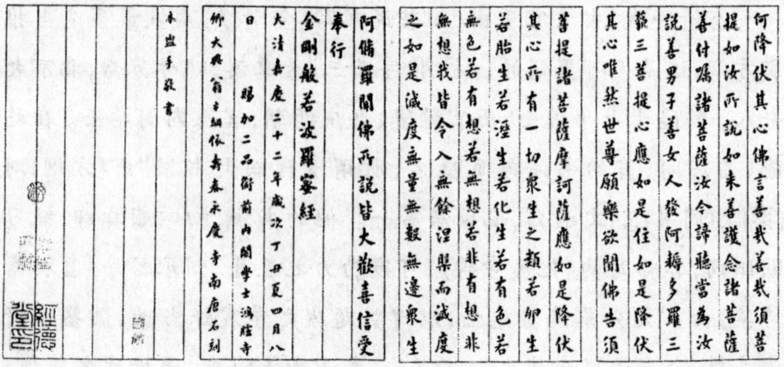
何降伏其心佛言善哉善哉須菩
提如汝所說如來善護念諸菩薩
善付囑諸菩薩汝今諦聽當為汝
說善男子善女人發阿耨多羅三
藐三菩提心應如是住如是降伏
其心唯然世尊願樂欲聞佛告須
菩提諸菩薩摩訶薩應如是降伏
其心所有一切衆生之類若卵生
若胎生若溼生若化生若有色若
無色若有想若無想若非有想非
無想我皆令入無餘涅槃而滅度
之如是滅度無量無數無邊衆生
阿修羅聞佛所說皆大歡喜信受
奉行
金剛般若波羅蜜經
大清嘉慶二十二年歲次丁丑夏四月八
日 賜加二品銜前內閣學士鴻臚寺
卿大興翁方綱依壽春永慶寺南唐石刻
本盥手敬書

此，可以养福，可以永年。区区私祝，愚陋之见，幸见采择。”那一年，方纲八十五岁，次年，即归道山。

《金刚经》为最上乘法，阐扬般若相应的大悲妙行，功德甚深广大。据说持诵《金刚经》，可以延寿、消灾免难、愈病、生子等等，持诵功深，临终时可预知时至，沐浴端坐，或异香满室，或天乐盈空，种种灵应祥瑞，多可得见。翁方纲是信奉佛教的，以他的学识，他是非常清楚此经的功用在养福永年，所以他每年都要写四部。

翁氏于学术是极为勤奋的，所以法式善说“予于并世士大夫中所见读书好古无片时自暇者，先生一人而已”。方纲留下的等身著作，包括他的诗文集，以及各种题跋、笔记、提要、手札等，都较明、清两代任何一位学者要多。这其中也有关于翁氏写《金刚经》的记载。如嘉庆四年秋八月，翁氏写了一部《金刚经》，后署“大清嘉庆四年秋八月望日，鸿胪寺卿翁方纲敬依南唐寿春永庆寺石本盥手书。谨因安邑举人宋葆惇寄奉杭湖灵隐禅寺，永资讽诵”。

再如邵松年编《古缘萃录》，就著录翁氏楷书《金刚经》二部，第一部题《翁覃溪楷书金刚经册》，纸本，三十开，计六十页，乌丝方格，每纸七行，行十四字，分三十二章。书法整肃浑朴，无一笔放松处。后署“大清嘉庆六年，岁在辛酉秋八月之吉，鸿胪寺卿大兴翁方纲依寿春石本盥手敬书，为同邑知州高晟发愿勒石，为母史氏祈寿，永资持诵。臣方纲敬书。吴县支云从镌”；“敬书此经后十四年，静夫复持来求题签，并属书于册后，盖既勒石，广为搨施，欲敬识此，以志净信诚笃无间之意。时嘉庆乙亥春三月望，方纲时年八十有三。臣方纲敬书”。第二部题名同上，纸本，三十一开，乌丝直界，每纸十二行，行十四字，工楷，较前册字稍大，三十二章，一气直书，不分章记目。书法谨严，时有松秀之笔流露行间。后署“大清嘉庆八年癸亥四月八日，鸿胪寺卿大兴翁方纲依寿春石本盥手敬书”。而《续修四库全书总目提要》(稿本)第十八册中的“翁书金刚经”，则是写于嘉庆十一年，方纲七十四岁时。

翁氏称每年写《金刚经》四部，如以嘉庆元年(1796，六十四岁)始，至二十二年(1817，八十五岁，逝去的前一年)止，共二十二年，那他应写有八十八部之多。这些经写竣，多赠给朋友，或送至一些庙宇保存。如清金芝原撰《蔬香馆日记》中即有庚申七月十五日，“翁宜泉以覃谿夫子手书金刚经命送虎邱禅林敬谨收讫”的记载。庚申为嘉庆五年，宜泉为方纲二子树培。遗憾的是，如今二百年都不到，所存却是难得一见的了。笔者仅知的一本，是嘉庆二十二年方纲八十五岁时书写的一本，那是见诸于《美国苏富比拍卖行图录》的，如今“经”落何家，则不得而知了。

北京故宫博物院还藏有翁氏《楷书多心经册》(《心经》为《般若

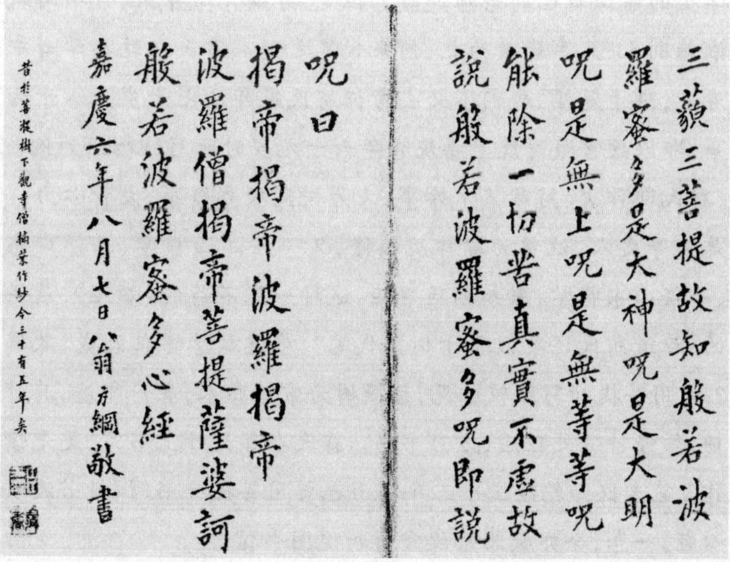

波罗蜜多心经》之简称,因卷数太多,内容庞杂,故撮取其旨要而成此经。以心为名,言其最重要,如同人之有心),书在菩提叶上并装册,款署“嘉庆六年八月七日翁方纲敬书”。这可见诸史树青主编的《中国艺术品收藏鉴赏百科》(书法卷, 大象出版社,2003 年 9 月)一书。然而奇怪的是,这本绝佳的翁氏手迹,却被天津的所谓鉴定家误认为是出自翁树崑的手笔。在《鉴赏百科》中有对翁方纲书法中的代笔作了这样一段叙述:“在文献的记载中, 并不曾有翁方纲代笔书一事,因此人们多不知翁方纲书法中有代笔的一种。刘九庵先生曾见翁方纲次子翁树崑一幅《楷书对联》,所书字极似翁方纲。于是他反复比较传世翁方纲书作, 发现翁氏晚年书作中颇多翁树崑的代笔。经刘九庵先生揭破,平日略做观察,确实如此。嘉庆六年时,翁方纲已经六十九岁,此册即出自翁树崑的手笔。”又说翁氏“以其为内阁学士,又以书法著称于乾嘉年间,求书者必多,以其子代笔应酬是不可避免的。只是其子代笔之事,大概是隐讳至深,人多不晓,向不为人识破”。笔者于书法之鉴定略知皮毛,然而虽为门外之汉,却对刘先生所说及鉴定家的“新发现”实在不敢苟同。

翁树崑为方纲之四子,儿子学父亲的字那是很正常的,就像有些学生的字似自己的老师一般。但是,方纲几十年来,作书写跋从不依赖别人,凡事皆亲为之,何来代笔之说? 翁氏在乾嘉学者中是长寿者,限于篇幅,我们不必去考证翁氏晚年从七十岁至八十六岁之事,即以故宫藏翁氏于嘉庆六年六十九岁时所写《心经》为例。此年,翁氏即作文、写跋三十馀事,又为树崑操办婚事,大费心力。翁氏是何等之人,他曾为翰林院编修,又一任江西督学、三任广东督学、一任山东督学,深知朝廷规矩,这种一笔不苟的《心经》,是供御览的,难道翁氏还要假手于树崑代笔? 难道敢于冒犯天威,欺瞒皇上? 且用菩提叶写经较少见,菩提树为常绿乔木,原产印度,其叶似白杨,须经特殊处理后,方可书写。翁氏在菩提叶上书写,更是慎重之作。笔者仅知乾隆三十三年弘历也曾用菩提叶书写《般若波罗蜜多心经》一卷,今亦藏北京故宫博物院图书馆。

而嘉庆五年四月,翁方纲六十八岁,嘉庆帝召见翁方纲,当面说:“汝文诗皆好,字画亦佳。”嘉庆十九年二月,翁方纲八十二岁,嘉庆帝召见潘世恩,问翁方纲“其精神尚好否?”潘答:“尚能作小楷。”请看,翁氏如此高龄,仍能作书,甚至在八十六岁卒前还可以在胡麻上细书“天下太平”四字呢。

树崑之卒在嘉庆二十年八月,翁方纲有诗三首哭树崑。即是树崑卒后的次年,翁氏八十四岁,他有札致朝鲜友人金正喜,文长二千字,笔者所见方纲致友朋手札近六百通,而以此通为最长。而翁方纲去世之前一年,他所作题跋序文已知有二十馀篇,而诗作竟有百首之多。

刘九庵先生是经验丰富而德高望重的书画鉴定家,经他鉴定过的书画也不知凡几。然而刘先生仅根据翁树崑楷书对联极似翁方纲,即作出“翁氏晚年书作中颇多翁树崑的代笔”的错误结论,而此说又误导了文物商店的专业人员,包括这本书法卷的文字写作者。大凡书画鉴定或重要书迹,除了目验,更需查证有关文献资料或著录,这也是要有一些学识的。可惜的是,刘先生忽略了对当时书经背景的考察,如若刘先生能够见到翁氏晚年的众多书法作品,或是见到如今收藏在台北中央图书馆的翁氏手稿本《复初斋集》三十二册(自四十岁至八十一岁时所写题跋、序文、楹联、手札的部分草稿及笔记)的话,那他一定也会认为原先所云翁氏写字要树崑代笔之说,实是无稽之谈。

翁方纲除写《金刚经》外,他还写有其它佛经。如嘉庆十三年,翁氏写了一本《大般若波罗蜜多经》卷第三百二十三,计四十一页,后署“大清嘉庆十三年,岁在戊辰秋九月之吉,赐加三品卿衔大兴翁方纲依南唐寿春永庆寺本,盥手敬书《大般若波罗蜜多经》卷第三百二十三”。此经和为宋葆惇所写《金刚经》原都存放在杭州灵隐禅寺,后在太平天国战事中毁去,此事可见《云林寺续志》卷五。光绪戊子,丁丙又重刻于《武林掌故丛编》中。此外,他还写有《佛说无量寿经》二卷,今存卷六,藏诸东北师范大学图书馆。

顾禄与《桐桥倚棹录》

王稼句

顾禄，清苏州府吴县人，字铁卿，一字聪之，一作总之，号茶磨山人，有颐素堂等室名。他的生卒年无明确记载，一生事迹为人所记者，也仅韦光黻《闻见阐幽录》中寥寥数语，曰："顾铁卿禄，吴附生。恃才华，纵情声色，娶妾居山塘之抱绿渔庄，刻《清嘉录》、《桐桥倚棹录》，外洋日本国重锓其版，称为才子。为友陈某诱致邪僻，事连同系于官。陈某逸去，旋以疾卒。《易》曰：'比之匪人，不亦伤乎。'如曹、顾两君，皆可深惜者。"凡论述顾禄生平者，大都据此而言之。

苏州图书馆藏道光二十六年《金阊陈乡贤顾将军祠堂志》(以下称《祠堂志》)钞本，可补充顾禄家世的一点情况。

顾氏是苏州望族，支脉繁复，顾禄则属"六安归吴支"，为顾野王第三十八代裔孙。该支迟在嘉庆、道光之际方与本族通谱。顾禄的父亲顾兆熊，字渔村，所业不详，在通谱过程中起主要作用，并对宗祠活动不遗馀力，《祠堂志》卷八称其"力修祠、墓、谱，助复光福寺祠(捐刻祠志，捐入祠产)"。这本《祠堂志》即为他捐资刊刻，书前有牌记曰"道光丙午夏五月六安归吴支裔孙兆熊敬刊"。顾禄有兄弟四人，据《祠堂志》卷三记载，道光十年祠立"经文纬武"匾，下款是"六安归吴支裔孙兆熊同男开圻、开均、禄、开增，孙宗鎏、宗鍈、宗鏐、宗镳、宗鎜、宗鋐、宗鏊、宗钺百拜恭上"。又据《祠堂志》卷二所列议捐修祠名录，可知顾禄字总之，兄开圻字守安、开均字仲安，弟开增字听安。另据顾禄《题画绝句》末所署"男宗鏐、宗鎜、宗鏊同校"，可知他至少有三子。顾禄热心宗祠活动，据《祠堂志》所记，道光九年祠内启贤阁立“祖功宗德”匾，下款是“道光己丑仲秋穀旦诰封奉直大夫裔孙顾兆熊恭立，子禄敬书”；同年捐购祠田、修缮祠屋并启贤阁楹联诸事，顾禄均列名其中；并协助顾震涛校订祠堂志稿，道光二十七年增补本有顾震涛跋，称“余呈总之叔，叔偕予校订”。其兄开均能诗，吴翌凤辑《卬须续集》卷三录其诗四首，小传曰：“顾开均，字仲安，吴县人。国子生，候选理问，有《颐素草堂诗》。”据《江苏艺文志·苏州卷》著录，开均另有《紫薇花馆诗钞》，并辑《玉玲珑馆盆梅唱和集》二卷。开均有女德华，即《桐桥倚棹录》卷八“抱绿渔庄”条所称“犹女德华”者，胡文楷《历代妇女著作考》卷二十著录其《花韵楼诗》，并称“德华字鬘云，江苏吴县人，州同顾开均女”。

顾禄的名和字，与兄弟不同，不合谱例，或为入学后所改；其号茶磨山人，茶磨山在苏州府城西南十里的石湖西北，他早年或在那里居住过，也有可能是因为顾野王墓在茶磨山北楞伽山的缘故。他的生年，不晚于嘉庆元年，《清嘉录例言》有曰：“余年二十有五，丁母氏忧，闭门却轨，日与父老谈吴趋风土。目之所见，耳之所闻，辄寄之于墨，以资歌咏，以助剧谈。阅数年，积若干帙，都为十二卷。”《清嘉录》初刻于道光十年，书前《题辞》有顾震涛诗一首，曰：“思入才人笔，翻新旧亦妍。胸怀除俗韵，援引富陈编。卷帙留三寸，工夫阅十年。太平真有象，歌舞颂尧天。”杨秉桂有诗三首，其中一首曰：“吴娘解唱晚凉天，此日何劳画舫编。低亸云鬟脂粉尽，风光略异十年前。”两诗都提到“十年”，则《清嘉录》自起笔至刊刻，或许费时十年或超过十年，如果是十年，他的生年是嘉庆元年，如果超过十年，他的生年极有可能是乾隆五十八年，因《颐素堂丛书》有《羽族棋谱》一卷，题“寅郎戏撰”，那年正好是甲寅年。

顾禄早年入学，其《将为北行感别》诗有“同胞既废学，上奉严亲规。老年治生计，弟兄力所资。惟余小子读，厚望青云枝”之咏，可见顾兆熊四子，惟他是正规入学的。据《苏州府长元吴三邑诸生谱》卷五所录，顾禄是嘉庆二十二年吴县诸生，与道光十二年壬辰科状元的吴锺骏同年。他道光元年秋曾参加乡试，林衍源《颐素堂诗钞序》有曰："迨道光辛巳秋以试事至省，总之枉过予寓斋，见其人豪迈跌宕，议论风生，有解衣磅礴之概。每出一语，众俱敛手推服。"明年秋又试，《省闱日记》就记其与韦光黻同赴南京与试，但都未尝得志，报罢而归。以后或又再试，惜无记载。他以诸生终其身，因家境富裕，衣食无忧，既能刊刻著作，又能挟资出游文酒诗会，"纵情声色"也就是自然的事了。

顾禄年轻时即好著书，早在嘉庆二十三年至道光元年就辑行《颐素堂丛书》，今南京图书馆藏顾氏颐素草堂刻袖珍本，存十六种，其中有的书口作"颐素草堂丛编"。署顾禄撰者，有《雕虫集》、《紫荆花院排律》、《紫荆花院诗稿初卷》、《骈香俪艳》、《买田二十约》、《酒春秋》、《看枫约》、《壶中揽胜》、《虎阜登涉图仪注》、《广杂纂》十种，各为一卷。题寅郎戏撰《羽族棋谱》一卷，先祖顾嗣立撰《御舟召见恭记》一卷附录题跋一卷。又，与褚逢椿合辑《烟草录》一卷。褚逢椿，字锡唐，号仙根，长洲人，著有《行素斋诗集》等，曾为《桐桥倚棹录》等撰序。韦光黻撰《山堂五箴》、《杂纂新续》两种，各为一卷。韦光黻，字君绣，号涟怀，又号洞虚子，著有《在山堂吟稿》、《闻见阐幽录》等。《戏局》两卷，其一是题枣花馆主人撰《散花牌谱》，一是题海棠香国主人撰《斗花筹谱》。枣花馆主人是杨韫华，字稺云，长洲人，著有《枣花馆诗文集》等，《清嘉录》选录其《山塘棹歌》。海棠香国主人是郭麐，字祥伯，号频伽，吴江人，著有《灵芬馆全集》等，《清嘉录》选录其诗甚多。褚逢椿、韦光黻、杨韫华、郭麐四位都是顾禄的少年朋友，当顾禄自己刻书时，就将他们的几本杂著一并刊行。值得注意的是，道光二年以后，顾禄又续刊《颐素堂丛书》，重订目录，共十四种，删去他人所作四种，新增《省闱日记》一卷、《题画绝句》两卷，《羽族棋谱》改题《鸟棋谱》，整部丛书所收全是自己的著作，这恰好证明寅郎正是顾禄的别署。顾禄的主要著作都在道光间问世的，五年刊印《颐素堂诗钞》六卷，八年刊印《颐素堂诗钞》八卷，十年刊印《清嘉录》十二卷，十八年刊印《艺菊须知》

两卷附《晚香吟》一卷，二十年刊印《桐桥倚棹录》十二卷，这是他最后一部著作。

道光二十年，顾禄因病移居山塘，先是塔影山馆，再是抱绿渔庄，即东溪别业。他在《桐桥倚棹录》卷八里说得很明白："塔影山馆，俗呼'大旱船'，其旁落为'小旱船'，在塔影桥内，为皖人陈氏所筑。道光庚子，予以养疴侨居于是。""卜居未几，以梅雨陡涨，徙于东溪别业。""抱绿渔庄，在东山浜。本瞿兆騤宅，为陈氏所购。予从塔影山馆移居于是，缮为东溪别业，挈蟾姬、鳌儿辈吟诗读画，消遣岁月。"这两处地方，都是皖人陈氏的产业，顾禄只是借住而已。抱绿渔庄本为瞿兆騤所有，兆騤字远村，乾隆末购城中网师园以居，这里则是他的别业。近人范广宪《山塘倚棹词》有一首咏之，小注有曰："瞿远村有花墅名摇碧，在山塘。沈归愚选吴中七子诗，内有《山塘柳枝词》。按远村，嘉定人，其年谱中自云，道光九年己丑六十一岁，四月廿二日往苏，假寓虎丘白公堤绿水桥边。出售筐中长物以佐家食，遂以'长物斋'为店额，并标题大书'聚于所好'四字于侧。"可见那是临街的店铺，山塘为阛阓所聚，寸金之地，陈氏慨然借与顾禄闲住，两人的关系自然非同寻常。

如果顾禄未曾移居山塘，或许就不会有这本《桐桥倚棹录》。褚逢椿序有曰："顾君总之有别业在斟酌桥西，年来养疴水阁，白袷芒鞋，间与花农钓叟相往还，遍历名胜，周知故事。仿顾云美《虎丘志》例，辑成一书，病乾隆间任《志》之浅漏而一归精当，名曰《桐桥倚棹录》。"顾禄自撰《凡例》亦曰："是书皆躬自采访，山前山后，雨风无间，或挐舟访古，或载笔讨今，抑且询诸父老，证以前闻，始采入集。若谬误相沿，即久在人口，不敢据为臆断。"这本《桐桥倚棹录》写得较快，不到两年即已竣事，于道光二十二年二月刻印问世。

自此以后，顾禄的活动就在文献里销声匿迹了。《祠堂志》卷三记载，道光二十三年祠又倾颓，族人再次捐资修祠，父兆熊及子宗鎜(绶龄)、宗鏊(莼龄)等捐资襄事，顾禄不在其中。二十四年重辑祠志，兆熊、开圻、开均、开增及其子侄都参与其事，顾禄也不在其中。

而在《祠堂志》卷四“东庑从祀”人名中，他却赫然在焉。由此可知，至少在二十六年《祠堂志》定稿之前，他已从祀祠之东庑了。

韦光黻《闻见阐幽录》称顾禄“为友陈某诱致邪僻，事连同系于官。陈某逸去，旋以疾卒。……如曹、顾两君，皆可深惜者”。那“陈某”很有可能就是塔影山馆和抱绿渔庄的主人“皖人陈氏”，而为韦光黻所深惜的曹君，即曹堉，字稼山，王芑孙内侄，据《闻见阐幽录》记载，他曾佐魏源校核《皇清经世文编》，所作诗古文多规模古人，为陶澍所赏识，后为人所诬而下狱，“既出罪，贫甚而卒。其残帙，徐紫珊刻之，然非全豹也”。有学者认为，曹堉遗著为徐紫珊所刻，而徐紫珊后因小刀会事下狱，既然顾、曹两君并为韦光黻“深惜”，顾禄的被“诱致邪僻”，也就并非“挟妓聚赌”，乃是“行僻而坚”、“饰邪荧众”之谓，故怀疑与政治活动有关。这是牵强附会的，太平军攻陷金陵，小刀会上海起义，已是咸丰三年，而顾禄早就不在人世了。

袁学澜《适园古文稿》卷下有《重过抱绿渔庄感旧记》，记了一件事：“癸卯五月，余挈眷观竞渡于山塘，过抱绿渔庄，念郡人顾某事，不禁怃然，有感于怀。忆辛丑重午，余偕友人泛舟白公祠畔，见有碕岸陡出，绣榭凌波，曲槛雕窗，湘帘掩映，中有人焉，携燕婉，凭棐几，薰炉茗椀，笑傲其间，谛视之，则顾某与其姬人，在抱绿渔庄也。昔乙未秋，余与顾曾相识于青溪邀月榭，时彼豪气方盛，志方恣，挟赀出游，骛声逐势，遍交贤杰，衔杯接欢，日驰骋于酒场文社间，颇以豪侠自命。后闻顾觊觎郡中一富族，诬以不轨，富人出金求解，顾未餍，富人讼之官，致受杖下狱以没。嗟乎，人生于世，衣食裁足，托迹士流，生文物之邦，处名胜之地，倚偎红翠，结纳贤豪，花月畅其襟情，江山发其文藻，如顾者世能有几人哉？乃邪谋惑志，嗜欲焚身，传秽士林，遗羞门阀，岂不惜乎！夫孰使之然哉？特以其骛外猎名，骄淫佚矩，少小无沈潜笃实之学植其根柢，长大无冰霜松柏之操砺其廉隅，但以浮华邀弋名誉，一涉靡丽，鲜不隳败，若顾者可为戒矣。而今之居抱绿渔庄者，其裙屐歌酒之会，颐指气使，侈汰之盛，大都皆顾类也。可不云乐乎，可不以为鉴乎？”

这位在抱绿渔庄里的“郡中顾某”，实非顾禄莫属。袁学澜初识他是在道光三年，二十一年重阳还遥遥地见他“笑傲其间”，至二十三年作此文时，“不禁怃然，有感于怀”。可见顾禄之殁当在二十二年下半年或二十三年上半年。至于他如何陷诬某富人之不轨，袁学澜没有详说，但当与韦光黻说的被陈某“诱致邪僻”是一件事，想来与他的“恃才华，纵情声色”有关。

正由于顾禄的死因，不容于社会道德，故亲友就讳言其事。如韦光黻与他关系甚为密切，他刊印《颐素草堂诗钞》，乞陈文述为序，陈文述称他是“韦君君绣之执友”。早年刊印《颐素堂丛书》时，他称韦光黻的《杂纂新续》是“语语诙谐，切中今时情弊”；韦光黻称他的《广杂纂》是“调侃之处尤令人掩口不得”，互相溢美。他刊印《艺菊须知》，自序里也不忘提一句“惟吾友梅花庵主与洞虚子所著《艺菊说》，尽泄不传之秘”。当刊印《清嘉录》时，韦光黻为题诗三首。他移居抱绿渔庄，韦光黻还赠楹联一副。但当他殁后，韦光黻在刊印自己的《在山堂吟稿》时，就将有关他的篇什全部删去，找不到一点与他交往的痕迹。韦光黻况且如此，其他人更是讳莫如深了。或许正是这个缘故，关于他的生平事迹，就少有记载了。

周作人在《夜读钞》里曾谈到顾禄，苦雨斋藏有《颐素堂丛书》零本八种和《颐素堂诗钞》六卷。丛书中五种为顾禄自撰，“其一曰《雕虫集》，内小赋三十四篇。二曰《紫荆花院排律》，凡试帖诗四十首。三曰《骈香俪艳》，仿《编珠》之例，就花木一类，杂采典故，列为百五十偶。六曰《省闱日纪》，道光壬午(一八二二)秋与韦光黻应乡试纪行之作，七月朔至八月二十日，共历五十日。八曰《买田二十约》，述山居生活的理想，简而多致。以上五书均可以窥见作者的才情韵致”。“《颐素堂诗钞》六卷，共古今体诗三百二首，道光乙酉(一八二五)年刊本，刻甚精工。诗中大抵不提岁月，故于考见作者生活方面几乎无甚用处。惟第三卷三十七首皆咏苏州南京中间景物，与《省闱日纪》所叙正合，知其为道光壬午秋之作耳。《雕虫集》刊于嘉庆戊寅(一八一八)，褚逢椿序云，顾君总之髫龄时所撰也。《颐素堂诗钞》出板于七年后，林衍源序云，总之之才为天所赋，尚在少年，而诗之多且工若是，是则可传也。约略因此可以知其年辈，其生卒出处则仍未知其详。至于诗，诸家序跋题词虽然很是称扬，但在我外行看去却并不怎么好”(《清嘉录》)。顾禄富有才情，兴趣广泛，勤于著述，《清嘉录》和《桐桥倚棹录》乃是他的最大贡献，两书实为清代地方风土小志的翘楚。

《桐桥倚棹录》以虎丘山塘一隅为记录范围。书名由来，《凡例》称“以桐桥为虎阜最著名之处，故名曰《桐桥倚棹录》，盖摘取李嘉祐‘春风倚棹阖闾城’诗意也”。桐桥一名胜安桥，在山塘，跨越桐溪之上。“春风倚棹阖闾城”一诗的作者，《中兴间气集》、《三体唐诗》、《文苑英华》等均作刘长卿。如果说《清嘉录》以时间为经，那么《桐桥倚棹录》就以空间为纬，而互有详略，间亦追溯史迹，隐寓感慨。全书十二卷，卷一山水，卷二名胜，卷三寺院，卷四祠宇，卷五冢墓、塔院、义冢，卷六坊表、义局、会馆，卷七汛地、堤塘、溪桥、场衖，卷八第宅，卷九古迹，卷十市廛，卷十一工作，卷十二舟楫、园圃、市荡、药产、田畴。以后三卷最为人推重，所记多为昔日士大夫未尝措意或不屑著录之生活史料。顾禄自己对此也最为得意，《凡例》有曰：“山塘市廛、工作、舟楫、园圃之属，志皆缺而不载，止偶载一二物产，志体自应如是。是书与府县山志不同，市廛如酒楼、耍货，工作如捏相、洋人，舟楫如沙飞、灯舫，园圃如盆景、折枝，皆虎丘生涯独绝，虽琐必登。”褚逢椿序亦称“是编末卷，备载茶樯酒市、歌楼灯舫之华，玩好器具品羞之美，其即此意也夫”。故此书提供了嘉庆、道光年间苏州商业、手工业、园艺业诸多情状，堪补史乘之不足。

《桐桥倚棹录》印出后第二年，作者就悄然去世，故其影响甚小，流传至寡。1953 年，来青阁主人杨寿祺觅得一本，后由沈燮元之介，归于顾颉刚。1980 年 5月，上海古籍出版社出版简体字排印本，为王湜华点校。笔者据苏州旧家所藏钞本的点录本，参校部分徵引诗文，并迻录王湜华点校本的附录，即将由中华书局出版。

我收藏的许批《猛悔楼诗》

张　南

淘书多年,在我藏书中,最让我难忘,最让我自豪的是一本民国线装旧体诗集《猛悔楼诗》。诗集共五卷,为安徽贵池才子王调甫所作,抗战期间重庆京华印书馆出版。我的这本藏书最独特、最珍贵之处是书中留有大量的批注,批注者是重庆市著名书法家、诗人许伯建先生,且批注内容涉及民国时期陪都旧体诗诗社、诗人、诗作及地方掌故、文化人之传闻逸事等,具有一定的文化价值。

向来认为旧书市场有"黄金",只要肯跑、善跑、勤跑是一定有收获的。当淘到《猛悔楼诗》后,首先就被书中密密麻麻的批注所吸引,蝇头小楷、行草密如蚁脚,其书艺绝非一般人所能达到。而且书中还钤有十多枚风格迥异的鲜红名章、闲章,对于学问浅薄的我来说,虽一时不能识其堂奥,但让我初步明了其价值并下决心购藏的缘由是我从批注中识出了"容庵"二字。容庵何许人也?乃重庆已故著名诗人、收藏家柯尧放先生(1904—1965)。因爱好藏书,先已拜识了其哲嗣,同样也是诗人、作家、藏书家,现已年过六旬的柯愈勋先生。柯先生赠其父旧作《容庵丛稿》(上世纪九十年代自印本,柯愈勋夫妇整理、校勘),从而使我知晓容庵的生平、学识,现在"容庵"二字再次映入眼帘,能与其过从甚密的人,绝非等闲之辈。

通过多方打听和了解,我对批注者许伯建先生有了更多的认识。许伯建(1913—1997)是著名诗人、书法家,名廷植,字伯建，别署蟫戡、阿植、芳蟫词人、补茅主人，重庆巴县（今重庆市）人。抗战期间，参与章士钊、沈尹默、乔大壮、潘伯鹰等人组织的著名文学团体“饮河诗社”。抗战胜利后，诗社总社东迁上海。许伯健被推为理事，与在渝同仁成立“饮河渝社”，并主持编务工作。解放后由银行调任中学教师，上世纪六十年代初因疾提前退休，遂有暇潜心研究书法、诗词。1980年，与友人发起成立重庆书法研究会，乃重庆市书法家协会开创人之一。曾为中国书法家协会会员、重庆书法家协会副主席、重庆诗词学会名誉会长、重庆文史研究馆馆员。

许伯建以书法闻世。他幼年便在其父的督教下学习书法，曾学过颜、柳、赵诸家，打下了良好的基础，继而又学过欧、黄以及魏碑中的“崔敦敬”、“吊比干文”等。抗战中，与著名书法家潘伯鹰、沈尹默等交游，其书风日臻成熟，形成刚健潇洒、沉雄互动的艺术风格。许伯建书法以小楷最为精妙，其正斜相倚，生动自然的艺术效果为潘伯鹰、李天马诸名家赞赏。书法界有“郑愈大愈妙，许越小越精”的评价（郑指郑涌先，四川人）。他不仅工书，还工诗词、篆刻。其诗词文集有《补茅文集》行世（重庆诗词学会等编，1998年1月自印）。著名国学大师吴宓将他的书法，诗词、篆刻并称为“三绝”。许伯建为人谦逊，淡于名利，笃于友谊，虽功深化境，但不矜已长，不攻人短，其风度、其修养亦足以为后学典范。

《猛悔楼诗》是民国间王调甫旧体诗集，五卷，收诗作四百馀首。许世英、乔大壮分别为之作序。王调甫即王世鼐（1901—1943），字调甫，号心雪，安徽贵池县人。早年曾就读北京大学，后曾留学美国，赴欧洲考察，历任国务院参议、北平政府参事、苏浙皖区烟草专卖局局长等职。虽他一生多从政，却喜诗，以“昔事追维，则生猛悔，江山文藻，相对沾襟”，将诗集命名为《猛悔楼诗》。集中多伤时慷慨之作，为时贤推许，也最为许伯建心仪（其批注中言此诗集为“晚近人集中必传之作”）。

在许伯建批注《猛悔楼诗》中，汇集了许先生三十多幅（则）书法作品，楷、行、草兼而有之，精琢小巧，情趣雅然，且历时数十年（汇集他上世纪四十至六、七十年代作品），自成一体，风格显著，是研究、欣赏他书法不可多得的佳本。但我认为，许批本最重要的，还是在于它的文化价值，有以下几个方面。

一、辑录现代文学家、教育家、诗人乔大壮的史料

乔大壮因不满黑暗现实于1948年自杀，其在抗战中曾为《猛悔楼诗》作序，且同为饮河诗社同仁，故许伯建批注较多：“大壮翁此序哀丽如晋宋间作，其自戕之志亦露倪于此矣。”“壮翁丙戌冬还锦里上塚，丁亥东下赴台澎，任台湾大学中文系主任、教授。戊子夏，归大陆。感愤时事，以阳历七月三日夜自沉于苏州平门外梅村桥下。遗嘱火化骨灰在苏州灵岩寺。余曾为短文志悼，刊于《新民报》副刊及《世界日报》[《饮河渝集》渝世字二十九期（三七、八、一）]。国内挽壮翁诗有叶遐庵、江翊

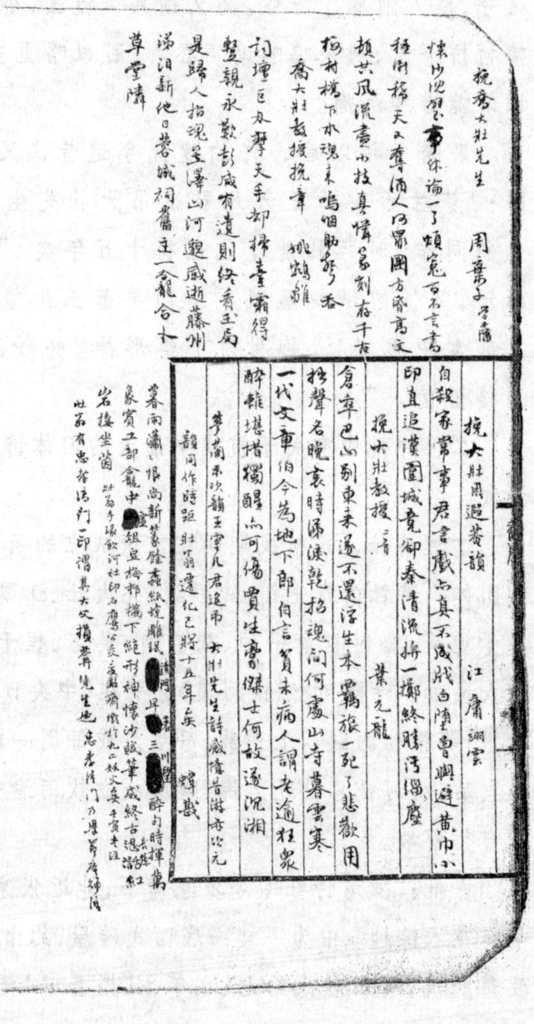

云、叶元龙、姚鹓雏诸公,其未见及者当不尠也。"

乔大壮去世后,国内文化界展开了浩大的纪念活动,不少人写了挽诗、挽词来寄托哀思,其中不乏精品;但这些挽诗、挽词散见于当时各大报刊中,很难收齐。在批注里,许先生集中辑录了周学藩、姚婉雏、江庸、叶元龙、曾小鲁、叶恭绰六位诗友(关于挽诗作者,笔者在拙著《许伯建批注〈猛悔楼诗〉辑考》中有介绍,《辑考》已于2005年9月印行)的七首挽诗,非常难得。下面仅举周学藩的挽诗:"怀沙沉璧事休论,一了烦冤百不言。书种渐稀天又夺,酒人何罪国方昏。高文顿共风流画,小技真怜篆刻存。千古梅村桥下水,魂来呜咽助声吞。"可以略见当时学人对乔先生去世的惋惜和沉痛。

事隔多年以后, 许伯建抚今追昔, 又做诗一首, 前有诗序:"梦兰示次韵王云凡君追吊大壮先生诗,感忆昔游,亦次元韵同作。时距壮翁迁化已将十五年矣。"诗曰:"暮雨潇潇恨尚新,篆馀蠡纸蜕雕珉。清门早著三川望,醉句时挥万象宾。工部龛中虚俎豆,梅村桥下绝形神。怀沙赋笔成终古,长忆红岩接坐茵。"

二、许批中有关于抗战中最大的旧体诗诗社——饮河诗社的记载

饮河诗社, 是抗战期间在重庆成立的研究和创作旧体诗的文学团体。诗社由章士钊、沈尹默、乔大壮、江庸等人发起,1940年创办于重庆,当时有俞平伯、朱自清、吴宓、程千帆、沈祖棻等一百馀诗人参加。诗社刊出《饮河集》分别在《中央日报》、《益世报》、《世界日报》等报刊的副刊上刊载,每半月或每周一期,共出百馀期。抗战胜利后,饮河社总社迁上海,重庆成立饮河渝社,继续活动,1949年底自行解散。

许批:"罗湾诗社即今罗家湾下,地近张家花园之叶氏小别墅,略有花木馀地。中为一楼一底西式砖屋,约十七、八间,旧为钱商叶敦彝所筑,履川居此约七、八年,其楼署曰'樱宁',甲申乙酉之际,余亦尝应颂橘邀宴于此。当日集此者忆有章行老、沈尹老、乔壮翁、徐曼老、蒋峻斋、陈真如先生、刘禺老、沙孟海、陈仲陶、吴稚鹤、黄墨翁、鹰公、潘国渠及颂橘戚陈松樵诸公也。”

据我考证批注中的罗湾诗社就是著名的饮河诗社，该批注详细介绍了诗社地点、环境及聚会诗人，是很珍贵的现代文化资料。

三、许批中有关于陪都重庆的地方史资料

如当时陪都名流云集的大型私家花园生生花园，许批为“一心花园”，“一心花园地在江北相国寺对岸牛角沱，高显鉴昆仲所筑。继辟为饮啖之肆，地颇幽胜”。关于迁渝的出版机构京华印书馆，“京华印书馆在渝市打铜街川康银行斜对面，其大商招伯鹰老兄已卯庚辰间所楷书也。字大至二尺馀，数百步外依可赫然见之，今久已夷去廿馀年，犹存末画痕迹。”

四、许批中有关于文化名人事迹或遗闻的介绍

如关于陈独秀，陈于抗战中流亡四川江津并病逝于此。“陈仲甫葬江津鹤山坪。今闻其墓空存，柩已迁还怀宁另葬矣。陈先生壬午卒于江津吴芳吉宅或谓是邓宅。邓蟾秋理其葬事。年未七十也。陈殁于吴芳吉宅则后晤芳吉之嗣君吴汉骧君所面告。”经考证“陈殁于吴芳吉宅”不确。

此外还有徐志摩、陆小曼、徐曼略、黄苗子等文化名人的逸闻轶事。

五、许批体现了老一辈文化人做学问“贵疑”的优良学风

许老在第五次阅读《猛悔楼诗》后，题写：“此集藏箧中三年，已往复数四，信晚近人集中必传之作。往闻容庵语余：闻之春坪言，《猛悔楼诗》遗稿颂橘点窜颇多。初疑信置之。以伯鹰、履川皆未尝语及此事也。时鹰公已东还，又不便举质。履川嗣朱守一兄应聘赴宁乡民国大学，道过渝中，共往晤颂橘，偶及此诗，颂橘自举其润色之警绝处，然似十常七、八，于字面多所偏重而出入原意。始知容庵之言信有征也。‘文章千古事，得失寸心知’。然作者往矣！三十五

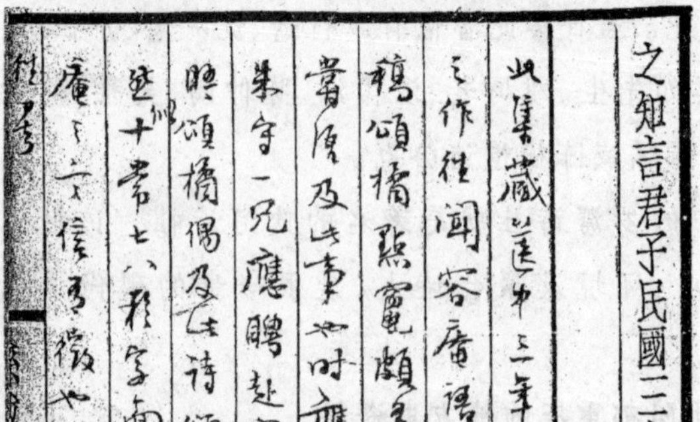
之知言君子民國三十三年三月無錫孫燕華謹撰

年十二月六日五读偶识。”

许伯建的许多批语，读来让人感慨万千。在现代经济浪潮的冲击下，能安心书斋，潜心钻研的学者越来越少，大量的人显得浮躁、草率，更有甚者于廉耻不顾，还剽窃、盗用他人的成果。与许老这批文化人相比不得不让人汗颜。而此许批《猛悔楼诗》就是我淘得的“黄金”，从中不仅汲取知识，而且学会做人，我将永远什袭珍藏。

● 新书架 ●

刘蔚华解读周易

刘蔚华著　异型16开　平装　1册　齐鲁书社2007年版　定价:36.00元

本书全面分析探讨了易学的起源、性质、发展和流派，并对《周易》六十四卦卦爻辞作了全新的解读，观点新颖独到，解说透辟到位，语言晓畅易懂，既是一部很好的易学入门著作，也是一部优秀的易学研究著作。

元刻本的鉴赏和收藏

——古书版本知识

林 夕

元刻本概说

1234年蒙古灭金,1271年建国号大元,大元之前是蒙古时期。1279年南宋灭亡,1368年元代灭亡。元代一统中华大地不过九十年,远远少于有三百多年历史的宋代。然而由于时代较近,元刻书籍存世数量跟宋本比,却不这么悬殊。人心免不了贵远贱近,谈起元刻本来,人们也不是那么肃然起敬。然而元刻本上承赵宋,下启朱明,在保护和传播文化遗产方面功不可没,许多重要的典籍有赖元刻接续宋本的香火。元刻本以其厚实浓重的墨色和圆活流动的行笔在印刷史上作出了新的探索,建立了特色分明的元刻风格。这种风格一直延续到明代前期,明代正嘉以后所谓"宋体"的疏朗风格兴起以后,它才退出主流地位。

元代刻书地区很广泛,官府、书院、私家等都有刻书活动,刻书也很多。今天可以看到的元刻书籍经史子集四部都有,经部《九经三传》有宜兴岳氏刻本,《十三经注疏》有福建书坊刻本,史部正史则有官府和儒学刻本,这些都是享有盛名的版本。子部的医家、术数、类书等日用之书元刻本都很常见,元刻《藏经》过去所知不多,近年各地陆续有新发现。至于历代和本朝诗文集更是元刻本的大宗,受到后世博雅之士的推崇。

元刻本的版式风貌

一般地讲,从宋到元,版式风貌有比较大的变化。宋刻本版面清爽疏朗,一般是左右双边,白口,偶有细黑口。而元刻本倾向于四周双边,大黑口,墨色浓重,黑白比例明显大于宋本。宋元版刻风格的差异跟社会生活、经济状况和审美眼光等有关系，元人来自北方,天生的气质、习性和民俗有所不同,粗犷的风格也影响着南宋旧有的印刷技术的艺术取向。如果从各个阶段看,蒙古和大元合在一起虽有七十来年,但是当时蒙古族地处北方,还没有占领中华大地,刻书事业蓬勃发展的江南地区在南宋版图之内。蒙元以战功立国,刻书活动还在继承北方和金源刻书的馀绪,逐步发展之中,遗留到今天的蒙元刻本很少,从零散的样品《孔氏祖庭广记》、《云笈七签》、李贺《歌诗编》、中统刻《史记》等书看,字画有清疏和茂密的些微差异,但是都有草创之风,结体趋于横平竖直,方正整齐,而笔划质拙，还没有成熟的工艺风格。而金代印刷事业兴盛的平水地区,刻书活动一直延续到元代,今存平水张存惠晦明轩刻本《重修政和经史证类本草》和《增节标目音注精议资治通鉴》虽有金代年号,往往当作金刻,实际已经进入蒙古时期。

元代建国以后,很快占领了江南地区,南宋各地蓬勃发展起来的刻书事业归入元代范畴。书坊集中的福建地区就成为元代刻书事业的中坚力量,今天所见的元刻本以建刻最为大宗。福建刻书事业从宋到明,长盛不衰,刻本有明显的地方和行业特色。南宋时期福建刻本就有颜体墨重的倾向,版心多有细黑口,跟清疏的浙刻不同。但是宋刻建本笔画横细竖粗,起笔顿笔分明,有颜书前期《多宝塔碑》轻倩峭丽的流风。至于版心用大黑口,标题用阴文,加上墨盖子,字体平整,笔划重拙,那是南宋末期的发展,到元代才成为主流。如果细看,元代建刻笔画还有些变化,起笔住笔往往有尖勾,传统的颜体风格之中多少也融入了赵孟頫的笔法。

元代崇尚赵孟頫的书法,这对版刻字体有很大影响。赵氏的书法崇尚圆润，笔画轻巧流动，起笔和住笔有锋芒，带有行书意味。如果说宋代刻书各种书体分流竞爽，福建刻本宗法颜体，那么赵体就是元刻本的典型风格。元代刻本不仅笔意受到赵体影响，有些书甚至有似赵氏法书，像元大德三年广信书院刻的《稼轩长短句》，就有赵氏行书的风范。

元刻本的版本价值

元代有些书是用宋代遗留的旧版重印，版片大都有修补，这就是所谓宋刻元代修补印本。翻翻《中国古籍善本书目》就能看到，真正的宋刻宋印本十分难得，今日所见的许多宋刻已经是元代甚至明代印本。尽管宋刻元印不如宋印精彩明丽，版片经过修补往往还会出现讹误，然而元印毕竟仅下宋印一等而已，其价值仍然不可小看。不妨举个例子，宋刻南北朝《七史》，今日所见几乎都是明印本，其中《南齐书》幸有元印本，结果从明以来各本所缺的四叶，竟有二叶岿然独存。

元代覆刻宋本也是普遍的现象，特别是福建书坊大多是刻书世家，书版毁损后自然就用旧本覆刻，继续出版。覆刻本难以维妙维肖，一般不如原本精美，字体不那么自然，还会出现讹误。但是年代一久，原本世间无存，覆刻本就由乙而推甲。元代重刻古书一般也是出于宋本，有时候加一些校勘，增补一些内容，像元刻《事林广记》等类书有些内容就是随着时代进展而更新或增补。这些书是宋刻的嫡嗣，一旦宋本散佚，它们就是最古老的版本。而且宋本也不只一种，元刻所依据的版本也有可能今天人间已无，元刻就为宋刻别本留下一颗种子。像《诗外传》、《白虎通》、《风俗通》等要籍印本如今都以元刻为最早，元中统段子成刻《史记》二家注、至元彭寅翁刻《史记》三家注以及元九路刻正史则以版本重要而著称。

至于元人的著述，像元代作家的诗文集，元代本朝的刻本可以跟宋刻宋人著述相比，当然最值得珍爱。我们在评定一部古书不同版本的价值时，一般而言，出版年代距著作年代越近，价值越高。像这些书就不能说它们是元刻,价值不如宋刻。

概括地说,元刻本的价值在于承前启后,许多宋本依靠元人重刻得以流传下来,元本又为明清重印古书提供了丰富的资源。明清时许多书就是据元本重印,而且元代有大量版片存世很久,一直到明代还在修版、补版刷印,像建刻《十三经注疏》和九路本正史等,而王应麟的《玉海》元刻版片甚至到清代还在修补刷印。

元刻本的版本鉴定

元刻本跟其他古书一样,版本鉴定不外乎注意版式印制、内容文字、文献资料这么几个方面。元代在宋明两代之间,在宋元之间和元明之间,元刻本的鉴定最容易出现问题。特别是交界地带,要截然划开往往十分棘手。

从总体上看,元刻本有特殊的风格,形式特征比较明显。习惯了宋刻清疏的版式和斩方的笔画,再看元刻本,会觉得二者感觉上很有不同。一目了然的是元刻给人墨色浓重的印象,字体似乎方方正正,甚至还有些规整质拙,但是笔画圆活,毫无斩方的感觉。我们可以从两方面认识这一点。一方面,这是因为今存宋本中各种地域风格都有足够的表现,而元本中福建刻本占了很大的比例,从南宋后期发展起来的建刻风貌从峭厉逐渐走向质拙,墨色浓重。另一方面,元代刻本受赵体书法的影响,笔画带有行书的笔意。从某种角度看,多少有些匆促和急就的感觉,而不是那么端庄和凝重,这可以说是元代印刷业的一种行业规范给人的印象。在欣赏和鉴别元刻本时,这一点可以作为观风望气的一个出发点,但是它不能概括元刻的全貌,而且风格的改变也不亦步亦趋地跟改朝换代齐步走。

宋元之间 宋元之间划界的经典例子是十行本《十三经注疏》,宋讳或避或不避,有清一代一直看作宋本。这些刻本起源于宋代建刻本,书坊前后接续,翻版覆刻。今日偶然还有带有刘氏一经堂刊记的宋本存世,两相比对,可以确定孰为原版,孰为覆刻。根据版心刻工名姓,可以认为翻版覆刻已在元代。这批书版后来传到明代，不断刷印，如今所见大抵已是明代修版印本。

一个更为煊赫的讹传是相台岳氏所刻《九经三传》，明末以来一直误传为宋岳珂刻本，清乾隆甚至建“五经萃室”珍藏内府所得的五经，并珍重摹印，昭示天下。其书不避宋讳，刻工名见于元刻他书，二十世纪初期以来经学者先后考证，已确认为元宜兴岳氏所刻，跟岳珂无关，参看张政烺《读〈相台书塾刊正九经三传沿革例〉》。宋沈枢的《通鉴总类》是另一个例子。这部书南宋嘉定初刻于潮阳，元至正平江路儒学重刻于苏州。元刻本版式字体、讳字等都有宋本之风，大概是覆刻宋本。但是前面有周伯琦的序，说明此书初刻和重刻的经过。然而今传本往往撤去此序，伪称宋本。真宋本今日未见著录，如果没有周序，不认真核查，确实真假莫辨。而以往文献中所著录的宋刻本是否可靠，不能不予以质疑。幸运的是元刻本有刻工名，可以跟其他元刻本关联，而且文献中记载此书有苏州郡庠刻本，而刻工中恰好又有“平江张俊”可为佐证。

元代福建书坊覆宋本《十三经注疏》和相台岳氏翻宋本《九经三传》长期以来矜为宋本，无人置疑，这件事一经深思，不能不令人瞿然心动：如果没有宋本原书，没有刻工名姓，或者照刻宋本刻工名，那就难以断言它们是元版。依此类推，见诸目录的宋刻本是否都那么可信就值得研究。在谈宋刻本的版本鉴定时我们已经指出了一些问题，这里不再赘述。

传统上以避不避宋讳为准则，其实仅靠讳字一项还不能作出仲裁，因为有些书不避宋讳，今天也把它们归入宋本，而抬头、敬避似宋本的也有元刻本。事实上，对于畅销书和长销书，年代一久，版片毁坏，书坊就要翻版重刻。元刻本常常有告白，说本书旧本难得，今觅得善本校正重刻云云。像元刻《重刊孙真人备急千金要方》识语说“近得前宋西蜀经进官本，不敢私秘，重加校正，一新绣梓，与世共之”；元至正甲午翠岩精舍重刊《注陆宣公奏议》识语有“中兴奏议，本堂旧刊盛行于世，近因回禄之变，所幸元收谢叠山先生经进批点正本犹存，于是重新绣梓”云云。重刻时难免保留一些旧版的样式，甚至直接用原书上版，没有原书参照，没有相关记载，也就难以作出准确的判断。

不妨说，宋末元初时期，特别是福建刻本，由于天然的模糊和人为的疏失，至今还是个混沌地带。一些文坛大家的诗文集，如《杜工部草堂诗笺》、《黄氏补千家注杜工部诗史》、《集千家注分类杜工部诗》、《王状元集注分类东坡先生诗》等，还有一些通俗类书，都是名目多变，版本纷繁，或宋或元或明，文献记载错杂，藏家矜贵拔高，很难梳理清楚，本文不便赘述。有志于研究古书版本学，这里不乏一试身手的课题。

元明之间 跟宋元之间的情况差不多，元明之间也是个模糊地带。元刻与明前期刻本字体、纸张、版式风貌都相近似，不易分辨。有些书坊从元至明，延续年代久远，刻书活动连绵不断，更难断代。这段时期两朝都不避讳，讳字鉴别法根本用不上。以刻工名定性是长距离的兵器，元末明初时间相接，而且好多书没有刻工名，效用也大打折扣。在许多情况下，断定属元属明只能依赖原书的序跋、刊记和前人的文献记载。应该广泛浏览，注意书目题跋的记载，掌握有助辨认的信息。

前人鉴定版本大都依赖自己的直觉，看看版面风格和序跋就会作出结论，没有坚实的根据就容易出错。过去藏家书目著录的一些元刻本，今天改为明刻本，原因就在这里。我们且看几个例子。

叶德辉在《郎园读书志》中指出，瞿氏《铁琴铜剑楼宋金元本书影》收入的《东坡全集》，标为元刻本，其实是明成化刻东坡七集本。按：叶氏之说正确。由书影看，四周双边，上下大黑口，很容易误作元刻。《北京图书馆善本书目》(1959 版)著录明成化四年程宗刻《东坡全集》一部，注为“瞿捐”，应即此本。《宋史》也是一个典型的例子，元刻本仅有清内府旧藏残本，但是看旧日藏家书目几乎哪一家都有元刻本，《皕宋楼藏书志》甚至注明系元刊元印本。等到张元济编《百衲本二十四史》去寻访时，才发现都是明成化朱英刻本。而《辽史》和《金史》各家著录的元刻本恐怕也靠不住，除《金史》有清内府旧藏元刻残本外，不闻有真元刻。

《四部丛刊》初编所收韩愈、柳宗元、欧阳修三家文集著录为元刊本，其实都是明刻本。其中《朱文公校昌黎先生文集》有书林王宗玉岁在戊辰的识语，跟元明各本比较，可以确认此本是明正统十三年覆刻元建本。《增广注释音辩唐柳先生文集》跟同时期刻本比较，别本有刊记，可以确定是明正统十三年善敬堂覆刻元本。韩、柳二集都有多种编纂本，以这两种流传最广，版本最多，都有元刻，也都有明代多种覆刻本，很难理清头绪。《四部丛刊》所收《欧阳文忠公集》则误从《天禄琳琅书目》之说，以为“其字仿鸥波，深得其妙”，称之元本，其实是明天顺程宗刻本。张元济撰《涵芬楼烬馀书录》著录程刻《居士集》时，已经改称明本。诸名人大家的诗文集和通俗类书传刻綦广，不仅宋元之间，元明之间也会纠葛不清。如《唐翰林李太白诗集》、《分类补注李太白诗》以及上文提到的杜诗、苏诗等，分辨不同的版本，都需要认真地比较，多方参证，才能得出结论。

元代书坊刻书经常相互翻印，或重刻，或覆刻，本来版本混杂就不易辨认。书贾为了冒充古本，动辄剜去年款，更增加了分辨的难度。《针灸资生经》一书有元刻本，也有明刻本。明刻本目录后有明正统叶景逵刊记，今日所见此书此叶不存，于是经常被误认为元刻本。同样，《韵府群玉》也是有元刻，也有明代覆刻，凡例后本来有刊记，今见本大都不见此叶。这些情况十之八九出于坊肆贾人之手，没有刊记，我们就失去了考辨的依据，一不小心，就会上当。瞿氏所藏《针灸资生经》曾收入瞿氏《书影》和《中国版刻图录》，都作为元刻本，《中国古籍善本书目》已经纠正。

博览多识　古书的版本鉴定的第一要义是多看实物，比较和发现不同版本和不同印本之间的差异，上文所举的例子都可以说明这个道理。这里简单说一下怎样借助各种有用的资料，补益自己的学识和功力。在这方面，最重要的是阅览各书的序跋，刻书者的序跋往往会说到之前曾有哪些本子，他的本子来自何处，各个本子有什么特点。上文提到的元刻《通鉴总类》周伯琦的序言提供了宋本和元本的重要信息，书贾撤去此序正是害怕泄露他们以元充宋的天机。但是明万历重刻本序言有“是书初刻于宋嘉定间，再刻于元至正”这样的话，而且附有周伯琦的序，知道了这些情况，认真的读书人就会怀疑那到底是不是宋本，而不会轻易上当。

读前人的藏书序跋和题识要有批判的认识，就元本而言，问题比较突出，要防止仅凭观感而把元本认作宋本，把明本认作元本。在上文所举的例子中，已经暴露出这个问题。

元刻本的收藏

一般印象，元刻本似乎差着一大截，远不如宋本珍贵。其实根据一些资料统计，元刻本存世数量比宋本要少。道光年间汪氏艺芸书舍是富藏宋元本的大家，《艺芸书舍宋元本书目》著录宋本有三百一十九部，而元本只有一百五十来部。清末四大藏书家中，以瞿、杨二家宋元本最多，瞿氏《铁琴铜剑楼宋金元本书影》著录宋本一百六十种，元本一百零六种，杨氏《宋存书室宋元秘本书目》著录的元本只有宋本的一半。虽然这些数字都不十分准确，版本鉴定也有差错，但是元刻本存世数量少于宋本却是事实。认识到这一点，我们对元刻本也就不能不刮目相看。

人人都知道宋本极其罕见，片楮零卷都值得珍藏，其实元刻本的珍罕并不下于宋本。元代官修三部正史《宋史》、《辽史》、《金史》就是个典型的例子，当时有至正江浙官刻本。往年张元济先生编百衲本《二十四史》时，百计寻访，只得到元至正刻《宋史》、《金史》残本，全书遍觅不获。今《中国古籍善本书目》所载，仍为当年所见的残本。正经正史是传统文化的重器，不料元代官修三史如今竟得不到元代初刻本，真是咄咄怪事。

不同印本的书品和刷印情况也值得注意。元刻各书版片往往多年存世，延续到明代还在修修补补继续刷印的情况并不少见。不同时期的印本质量有很大的差别，初期印本清晰可观，后期印本模糊漫漶，甚至有烂版、补版和缺叶。元刻元印跟明修本，明代初修跟后期补版重修，无论是学术价值还是文物价值，都不能同日而语，一个简单的“元刻”标签难以揭示一部书的真正的价值。

有些元刻本今日所见大都是明代修版后印本，初印本很难得到。像元刻十行本《十三经注疏》历来享有重名，后世各种注疏刻本源出于此。初印本稀如星凤，如今所见大都是明代修版印本，近年《中华再造善本》使用的底本也是明修本。元大德九路儒学所刻的正史的情况相同，初印本今天也难以见到。

元刻《乐府诗集》，版片一直流传到明代，递有修补，到明嘉靖年间还在补版刷印。前面本来有周慧孙和李孝光的序，后印本或阙如，或漫灭缺字。明末毛氏汲古阁翻刻本无周序，李序也有缺字。时当明末，毛氏又多藏书，竟未能觅得完本。今日所见各本大多缺序、缺叶、缺字，不一而足，未见完整的初印本。清末陆心源称其藏本为元刊元印，然而《皕宋楼藏书志》所录李孝光序言缺字累累，哪里会是元印。像这些版片长期存世多次刷印的元刻本，就需要注意印本的先后，看看内容有没有不同之处。原则是尽量选取初期印本，特别要注意序跋是否齐备，有无缺叶。明代修版本就要分辨修版先后，补版多少，这方面有很多工作可做，一旦有所发现就会感到其乐洋洋。

我们经常说“地不爱宝”这句话，对于元刻本情况也是如此。元刻释藏过去只知道有《普宁藏》，近年忽然报告有所谓“元官藏”，各地陆续发现此藏的零册，而且不断地在拍卖会上出现。佛经一般贮藏在寺庙，偶然散在民间一般人也不关注。事实说明，只要引起注意，相信佛经会有源源不断的新发现，近来艳称的所谓“元官藏”仅仅是其中的一朵幽葩而已。日用通俗书籍也是元刻的一个重点，近年拍卖会上出现的《莹原总录》就是一个很好的例子。

总而言之，对收藏家而言，元刻本是一个不乏神秘色彩的世界，随便看看好像没有多少光景，认真考究却又有许多地方尚无人迹，值得认真探索。

友朋赠书录(三)

来新夏

《徐志摩未刊日记》(外四种) 虞坤林整理 北京图书馆出版社 2003年1月

2004年6月,我在海宁参加海宁图书馆百年纪念会,得识虞坤林君,虞君即以《徐志摩未刊日记》一书相赠。后自陆子康副馆长处获知虞君简况:虞君是一位勤奋好学、自学成才的普通学人。他不慕荣利,穷全力于海宁地方文献之搜求、整理与研究,特别是对当地名人书信、日记的搜求与整理,更是情有独钟。我有幸在海宁与虞君获一面之缘,始知其为老友海宁文献专家陈伯良门人。很难想到这样一位朴实无华的读书人,在很艰难的条件下,做了很多他人都难做到的事。他不仅辗转搜寻到徐志摩未刊日记,加以整理,还订补了某种已刊日记,合成为《徐志摩未刊日记(外四种)》。这是连《徐志摩全集》都未能全部包罗的《徐志摩日记》的最完整版本。

《徐志摩未刊日记》包括两种:一是1911年在杭州读书时所写的《府中日记》,从正月写到六月,共五个月零两天,用现成格式纸填写,记阴阳历、干支、曜日、气候、授课细目、自修课程等。另一种是1919年留美时所写的留美日记,从头到尾,几近一年,正值一战结束巴黎和会召开五四运动爆发之际,所记多爱国活动及交往友人。从这两种日记中看到,徐志摩是一位严于律己,热血激昂,豪情满怀的爱国者。这两部徐志摩未刊日记的被挖掘与整理,对于研究徐志摩和中国近代文学史,都有重大参考价值,更让人们看到徐志摩纯正品格的另一面。让文学史上有一个完整的诗人形象,起到了提供足资参考的真实史料的作用。"外四种"是整理者选择已刊日记的最佳底本,重加校订,使徐志摩的爱情生活得到更完善的表述。

这本书由华东师大中文系教授、著名学者陈子善为之序，有这样一段话："徐志摩的日记既是这位中国新诗坛祭酒毫不作假的生活真录，即真实的日记；同时也是优美隽永的散文作品，即上乘的日记文学。两者合二为一，这是十分难得的。"我认为这是对本书的确评。

《清宫档案揭密》 李国荣主编 中国青年出版社 2007 年 1 月

2007 年 3 月初，中国青年出版社编审张国锋来舍访谈选题计划，送我《清宫档案揭密》一书。这本书很有卖点，已是第五次印刷，达一万五千册。编写者是第一历史档案馆的人员，主编是我十几年前的旧识李国荣。他们利用掌握档案资料的方便，编写出这么一本能吸引人的书。他们透过翔实可靠的皇宫秘档，解析种种民间传闻，破解桩桩清宫疑案，共立专题二十三件，均以秘档资料加以解惑，其中如孝庄太后下嫁、乾隆身世之谜、慈禧出生地、光绪之猝死、选秀女的过程、李连英的宠辱一生等等都是民间多所置疑的谜团，该书一一加以解答。随文插图甚富，文字亦流畅平易，图文并茂，读之饶有兴趣。历史学家戎笙先生所作序中，评其书说："该书在充分挖掘清代宫廷档案的基础上，配以相当数量的珍贵插图，选题都是在民间广为流传的清代历史中的人物和事件，是各行各业人们最希望知道的。或已从屏幕上知道一些但又不能确信是真是假，每个选题都相对独立。我觉得这是一项非常有意义的工作，对广大干部、广大青年，提高文化素养，增长历史知识，促进全民族的精神文明建设，都是十分有益的。它的趣味性，是建立在科学性的基础之上。用清宫档案告诉你真实的历史。对学术上尚有争议的一些问题也尽可能地向读者客观介绍。"这是对该书比较公允客观的评语，可供读者参考。

《文心雕虎》 刘绪源著 少年儿童出版社 2004 年 4 月

2000 年 11 月，我有杭嘉湖之行，路经上海，刘绪源先生来宾舍看我，随身带来他的新著《文心雕虎》送给我。我是几年前与绪源相识的，是作者与编辑的关系，这次是第一次晤面。这本书顾名思义好像是《文心雕龙》书名的演化，我想当然地认为是文学评论集。在旅途中把书读完，真是为我打开眼界。坦率地说，我除了童年时看过一些儿童画报、安徒生童话和几种漫游记外，对于儿童文学几乎一无所知，而绪源的这本书无疑给我填补了我的知识空白。绪源的文笔好，问题也讲得透，所以能通畅地读下去，成为我旅途中的良伴。这本书是以他在《中国儿童文学》季刊上的一个专栏名称命名的。

书分两辑：一辑名《雕虎之辑》，即专栏中的全部已发表的文章，是作者历年潜心研究儿童文学理论的精华；另一辑名《画龙之辑》，是作者二十年来所写有关儿童文学的论文、随笔、对话、通信的精选，既有个人观点的争鸣，也有对一些儿童文学作家的评论。我读完此书，至少已得儿童文学的大要。原来这里还有这么大一块文学领域。

这本书的扉页上题有“献给在寂寞大道上怡然前行的朋友”字样，虽寥寥数字，但作者这种愤愤不平之气，却令我自愧浅薄。这本书序跋俱全，序的作者是本书的责编唐兵，书看得很仔细，所以序写的较长，有深刻的内容，非一般略加浏览即操笔作序者可比，直可做导读用。他挖掘出绪源的两个理论原点说：“在刘绪源的世界里，我想有两个理论原点至关重要，他们就像一对巨大的翅翼，带着他遨游广袤的文学天地，无往而不利。”这两个原点就是“真”和“美”。这无异给读绪源作品的人一个重要的切入点。如果说唐兵的序是说绪源的“学”，那么张洁的跋——《清洁的灵魂》则是写绪源的“人”。这两篇序和跋非常写意式地为读者勾画出一个立体的刘绪源，不是一般书上的泛泛之论，至少他们为这本书起到了托月之功。我愿经眼的书能经常读到这样的序和跋。

《潜庐藏书纪事》 徐明祥著 中国文史出版社 2006 年 12 月

我和徐明祥先生是从他们办《日记杂志》时开始有所交往，是有多年友谊的朋友，不仅有函件互通音问，还曾共游过泉城。他的《潜庐藏书纪事》在付印前，我还应邀为他写过序，2007 初我就收到他这本赠书。这本书的书名是从叶昌炽的《藏书纪事诗》套用出来的，但其不仅是诗，而是散文，包含了藏书、读书、写书三项活动，文后又系以诗，而以“潜庐曰”冠其首，是作者的评点。我认为这也是书话的一种。

本书所收是明祥私藏的三十五位老中年作者的四十八种书的评说。虽以随笔散文集子为主，但又不仅限于此。作者从每位被收者的人与书中，抽绎其特色，成一篇名，文章内容颇多演绎于题外，笔墨也不受拘束，谈风可随意所及。所收三十五位作者真是少长咸集，老的有张中行，以《哲人细吟岑寂歌》为题，剖析了张老的写作风格和意境说：“张老的行文不同常人，均属小处入手，大处着眼，须臾中寻永恒，芥粒内求大道。既雅又俗，雅在以布衣之身，担负起一种大任；俗在食人间烟火，处街头巷尾，不傲视芸芸众生。大雅大俗，舒卷自如，令读者难抑怅惘之情。”寥寥数语，紧扣张老行文意境。少者如伍立扬先生，年仅近不惑，而文名鹊起，明祥以《天涯听潮有思绪》论其人其地其文，而用彼此来往信札和一些生活细节串成一文，亦别有风趣。

《雕刻在石头上的王朝》 聂还贵著 中华书局 2004 年 8 月

2004 年冬，韩小蕙女士介绍山西大同文联主席聂还贵所著《雕刻在石头上的王朝》一书来请我写书评。小蕙是不轻易推荐他人著述的，这一定是看该书不错，又是有关历史的，所以邀我来评。我同意后不久，聂就把书寄来。这本书从其出版者——中华书局和精美的装帧设计看，就已显示其内容的分量。这是一部以云冈艺术为题材，用诗一般的语言，从历史的长河中掬取出一个本应辉煌但却有点暗淡的王朝——北魏，并勾画它的历史，使文史艺三者完美地融合成一部令人向往的史诗式的专门性著作。

北魏的改革为历史家所艳称，但对它的开创者和导演者，史家却吝惜自己的笔墨，没有足够的闪亮装饰。本书的作者却以细腻的笔触，把一位北魏宫廷中执掌两代朝政、培育一代英主——北魏孝文帝的汉族女子冯太后，从政治大事着眼，略其生活细节，作了完整的描述，而没有沿用旧说，侈谈宫闱琐事，却能自抒特识，为这位伟大的女性做出高度的评价。作者认为：“冯太后是中国历史上第一个女改革家，她高举一盏'太和改革'明灯，光照北魏，留下一抹永不凋谢的灿烂，并使我们油然而生的钦敬之情，远远超越了对吕雉、武则天和慈禧的历史兴味"。

这本不到二十万字的书，按我的读书常规，只消三四天；但却用掉了足足十天。就是因为这本书包含着大量有见识的内涵，令人深沉地思考，仰屋凝思许多有穿透力的观点，而文字的优美更令人流连往复去重读若干片段和篇章。

《张静江传》 张建智著 湖北人民出版社 2004 年 10 月

《诗魂旧梦录》 张建智著 上海远东出版社 2006 年 6 月

2004 年 11 月间，我到湖州师范学院讲学，张建智先生来参加讲演会，听完全程。会后还赠我他的著作《张静江传》。经主持人湖州师院图书馆馆长王增清介绍，悉张建智先生原来是湖州市外事方面的领导。一位公职人员在公务繁忙之馀，尚能从事专业性研究，的确难能可贵，令人敬佩!

张静江是中国现代史上的一位重要历史人物，他出身于湖州富商世家，大力资助过孙中山的革命活动，与国民党的权贵们颇有交谊，与蒋介石私交也很深，成为国民党的"四大元老"之一；后半生又从事多项经济建设方面的工作，获有佳绩。他是浙江湖州南浔人，又做过浙江省长，所以我在童年时就对这个名字已经非常"耳熟"了，但对他的具体生平历史却不够"能详"。张建智先生的这部著作为我填补一处历史知识的空缺，所以迫不及待地在旅途中就断断续续地把书读完。张建智先生是张静江的乡人，为乡贤立传，自然笔端常带感情，文字也显得流畅好读；但这些文字又建基于丰富的资料之上，因而不失为一本具有学术性的历史人物传记。而更值得注意的是，张建智先生写了一个十九世纪后期和二十世纪前半期一个应受重视而反被忽略的人物。本书分上下篇，上篇写 1928 年前的张静江，偏重其政治活动；下篇写 1928 年后的张静江，着重其经济活动和晚年生活。较完整地描述了张静江的传奇一生，评价的基调是给以同情和肯定，为近代人物传记填补空缺。